**GOLDMANN
GRENZWISSEN-
SCHAFTEN**

W0087235

# ERHARD F. FREITAG

## Kraftzentrale Unterbewußtsein

*Der Weg zum positiven Denken*

*Mit einem Vorwort
von Dr. Joseph Murphy*

Originalausgabe

**GOLDMANN VERLAG**

Der in diesem Band erwähnte Titel
»Die Macht Ihres Unterbewußtseins«,
Dr. Joseph Murphy, ist im Ariston Verlag, Genf, erschienen.

Der Goldmann Verlag
ist ein Unternehmen der Verlagsgruppe Bertelsmann

Made in Germany · 3/89 · 17. Auflage
© 1983 by Wilhelm Goldmann Verlag, München,
und Script Buchagentur GmbH, Grünwald b. München
Umschlagentwurf: Design Team München
Umschlagfoto: Fotodesign Mall, München
Satz: IBV Lichtsatz KG, Berlin
Druck: Elsnerdruck, Berlin
Verlagsnummer: 11954
Lektorat: Cornelia Schmidt-Braul/Michael Görden
Herstellung: Peter Papenbrok/Voi
ISBN 3-442-11954-5

# Inhalt

Vorwort von Dr. Joseph Murphy . . . . . . . . . . . . .  9
Vorwort des Autors  . . . . . . . . . . . . . . . . . 11
Einführung: Verschüttete Weisheit  . . . . . . . . . . . 13
Mißbrauch der Gedanken 13 · Die ewigen Wahrheiten 16

KAPITEL 1
**Kraftzentrale Unterbewußtsein** . . . . . . . . . . . . . 18
Die Manipulation unseres Verstandes 18 · Die unkontrollierte Machtfülle der Gedanken 20 · Der Geist: Quelle der
schöpferischen Kräfte 22 · Du bist, was du denkst 25 · Wir
sind der Ausdruck unserer Vorstellungen 29 · Die schöpferische Denkpause 32 · Die Kunst des positiven Lebens 33 ·
Verwirklichen Sie sich selbst 35 · Kraft aus der unbewußten
Tiefe 39 · Leben im Hier und Jetzt 42 · Mein Weg in die geistige Freiheit 43 · Die Tarnkappe des falschen Denkens 45 ·
Die vier großen Sehnsüchte 47 · Ihr Intellekt – größtes Hindernis auf dem Weg zum Selbst 49 · Schlüsselworte: Harmonie und Liebe 51 · Sie haben sich für das Glück entschieden 59

KAPITEL 2
**Positive Gedanken – eine Bastion gegen die Welt der
Probleme** . . . . . . . . . . . . . . . . . . . . . . . 62
Das Gemüt steht über dem Willen 62 · Neugewonnenes
Selbstvertrauen 64 · Alte Ehe in neuer Liebe 66 · Erst sich sel-
ber lieben lernen 68 · Überwindung von Aggressionen 70 ·
Selbst erheben aus der Unselbständigkeit 72 · Die Frau mit
dem Waschzwang 74 · Das Mädchen ohne Handschrift 77 ·
Heraus aus der Antriebsschwäche 79

KAPITEL 3
**Die Macht der Suggestion** . . . . . . . . . . . . . . . 81
Durchschauen der Umwelteinflüsse 81 · Unsere willkür-
lichen Wunschsetzungen 83 · Reflexe und Imagination 85 ·
Tiefe Entspannung durch autogenes Training 86 · Sugge-

stionstraining 91 · Wie lerne ich mit Suggestionen richtig umzugehen? 96 · Auftrag an das höhere Selbst 98 · Katalog der
Suggestionen zur individuellen Auswahl 99 · Gruppensuggestionen 105 · Geistig durch den Körper wandern 106 · Bestimmen Sie Ihren Alltag selbst 109 · Geistige Kraft überwindet die Materie 111 · Suggestionen der Gesellschaft 115 ·
Das Geheimnis des Erfolgs 117 · Frische Programmierung
für Ihr Unterbewußtsein 121 · Die tägliche Übung 122

KAPITEL 4
## Die Hypnose als Suggestionsverstärker . . . . . . . . . . 125
Was ist Hypnose? 125 · Was kann Hypnose leisten? 129 ·
Was geschieht in der Hypnose wirklich? 133 · Die drei Phasen der Hypnose 136 · Sinnestäuschungen 138 · Wie erleben
Sie Hypnose? 139 · Hohe Ansprüche an den Therapeuten
141 · Versuche mit Kriminellen 144 · Grenzen der Hypnose
148 · Was bewirkt die Hypnosetherapie? 150 · Wie Sie Ihren
persönlichen Erfolg in der Hypnose erleben 152 · Wissen und
Lernen in der Hypnose 153 · Der Trick mit dem Schlaf 155

KAPITEL 5
## Der ungehobene Schatz der Seelenbilder . . . . . . . . 158
Was ist ein verdrängter Komplex? 158 · Das katathyme Bilderleben 159 · Die verschieden wirkenden Gehirnhälften
162 · Psychische Kraft zerstreut Probleme 165 · Berge versetzen können 167 · Spiegel des Ehelebens 169 · Ängste zer-
fließen in Licht und Liebe 170 · Entdeckungsreise in die Vergangenheit 173

KAPITEL 6
## Die Kunst, vollkommener zu werden . . . . . . . . . . 176
Die Jagd nach dem Glück 176 · Befreiung von Fanatismus
und Egoismus 177 · Negatives Denken beherrscht und formt
ganze Berufsgruppen 178 · Die Kunst der positiven Imagination 180 · Mit Freude in jeden neuen Tag 182 · Jeder ist so
reich, wie er es sich vorstellt 183 · Frei sein von aller Schuld
184 · Schicksal als Aufgabe: Harmonie im realen Leben 186 ·

Positive Wandlung in drei Schritten 189 · Systematischer Kontakt mit Ihrem Unterbewußtsein 191 · Wünsche werden Wirklichkeit 192 · Abschirmung vor fremder Beeinflussung 194

KAPITEL 7
**Wir überwinden Weltfeind Nr. 1 – die Angst** . . . . . . 196
Die Angst hat tausend Gesichter 196 · Liebe zu sich selbst 198 · Außergewöhnliche Wege zu höherem Bewußtsein 201 · Ich spüre Gott in meiner Mitte 203 · Heraus mit der Angst – aus jeder Körperzelle 205 · Imponiergehabe in der Politik 207 · Die Übung der Gedankenstille 209 · Aufladen der Lebensbatterie 209 · Das Ende eines Minderwertigkeitskomplexes 211 · Machen Sie sich zum entschlossenen Praktiker alter Weisheit 213 · Positive Hilfe, Zwangssituationen zu entweichen 214 · Kraft aus natürlicher Tiefenatmung 215

KAPITEL 8
**Ist Denken Glücksache? Der Gedanke als Ursache psychischer Krankheit** . . . . . . . . . . . . . . . . . . 219
Testen Sie Ihr Gedankenspiel 219 · Narrende negative Gedanken 221 · Was ist verrückt, was ist normal? 222 · Neurosenersatz: Liebe und Harmonie 224 · Die natürliche Funktion des Sexes 226 · Unser Kraftquell Schlaf: Stelldichein mit dem Unbewußten 228 · Die Aufträge an das höhere Selbst 230

KAPITEL 9
**Die Überwindung von Krankheiten – Der Gedanke als Ursache physischer Krankheit** . . . . . . . . . . . . . . 233
Eine Basis schaffen für die Gesundheit 233 · Der Weg zur Selbstbefreiung 235 · Die psychosomatischen Krankheiten 236 · Erkennen Sie das Verrückte im Normalen 238 · Der Weg zur psychosomatischen Gesundheit 240 · Schutz und Geborgenheit im geistigen Gesetz 241 · Krebs, unsere härteste Aufgabe 243 · Es gibt keinen »hoffnungslosen Fall« 246 · Der positive Schlußstrich 249

Register . . . . . . . . . . . . . . . . . . . . . . . 252

# REV. JOSEPH MURPHY
D.D., D.R.S., Ph.D., LL.D.

3242-2H SAN AMADEO
LAGUNA HILLS, CALIFORNIA 92653
Phone: (714) 768-7471

## FOREWORD

Erhard Freitag is an outstanding spiritual psychologist who gives a forceful and inspiring message on the Laws of Life, and has shown thousands of people how to live life triumphantly and gloriously. He has studied all of my books and lectures frequently on "The Power of Your Subconscious Mind", "Psychic Perception", and many of my other books.

Erhard Freitag is an outstanding teacher. He shows you how to lead a finer, happier, and richer life. I recommend this new book of him, which will bless you in countless ways.

Dr. Joseph Murphy
Laguna Hills, California
14 March 1981

Erhard F. Freitag ist ein hervorragender Psychologe, der durch seine Inspiration und seine geistige Kraft die Gesetze des Lebens vertritt. Er hat bereits Tausenden von Menschen den Weg zu einem erfüllten und glücklichen Leben zeigen können. Er hat meine Lehre studiert, kennt alle meine Bücher und hält immer wieder Vorträge über »Die Macht des Unterbewußtseins« und über meine anderen Bücher.

Erhard F. Freitag ist ein hervorragender Lehrer. Er kann jedem den Weg zu einem besseren, glücklicheren und ausgefüllteren Leben zeigen. Ich empfehle Ihnen sein neues Buch, das Ihnen in vielfältiger Weise Segen bringen wird.

Dr. Joseph Murphy
Laguna Hills, California
14. März 1981

Mit herzlichem Dank für meine Mitarbeiter,
die meine Therapieerfolge erst ermöglichten:

Heidi Spuler
Graf von Moy
Karl H. Jaeckel
Irene Luy
Peter Chiragath
Monika Walz
Karl Klingbeil

und viele andere.

# Vorwort

Wir leben in einer Zeit geistiger Umbrüche. Noch nie haben sich die einzelnen wissenschaftlichen Disziplinen so viele Angriffe wegen Methoden oder Denkrichtungen gefallen lassen müssen. Das Be-wußt-sein hat für uns alle eine größere Weite angenommen. Besonders unsere Heilkunde sieht sich einer Flut neuer, ungewöhnlicher Behandlungsarten gegenüber, die unserem westlichen Denksystem bisher fremd waren. Manche fernöstliche Praktiken haben uns gezeigt, vieles aus einem anderen Bewußtseinswinkel heraus zu betrachten und gelten zu lassen.

Für mich ist es immer vorrangig gewesen, einem Patienten zu helfen, auch wenn die Psychologie beispielsweise den Wert geistiger Energien, mit denen ich hauptsächlich praktiziere, im therapeutischen Einsatz immer noch nicht logisch und objektiv auszudeuten vermag. Mir hat das »Positive Denken«, wie ich es von meinem verstorbenen Lehrer Dr. Joseph Murphy übernommen habe und weiterentwickle, klare geistige Positionen beschert, von denen aus ich für mich persönlich sehr plausible Erklärungen dafür gefunden habe, weshalb die Psychoanalytiker den rechten Durchbruch zu echten Erfolgen bis heute nicht geschafft haben. Unsere vollen Nervenheilanstalten sprechen davon eine beredte Sprache.

Wer dieses Buch aufmerksam liest, wird die Erklärung dafür selbst finden, besonders in den Passagen, in denen die Arbeitsweise des Intellekts beleuchtet wird. Mit diesen Zeilen möchte ich der Wahrheit und der geistigen Kraft, die jeder von uns in sich birgt, den Weg ebnen und versuchen, eine mögliche Form des Umgangs mit ihnen nicht nur einem wissenschaftlich gebildeten Leserkreis nahezubringen, sondern sie mitten in den Alltag zu stellen. Jeder Mensch bekam das Recht mit auf die Welt, sich selbständig mit den höchsten Kräften des Seins und seinem Urgrund zu beschäftigen, ohne den fachmännischen Filter von Psychologen oder Theologen. Dieses Recht nehmen wir immer mehr in Anspruch. Jeder, der Hilfe braucht, jeder, der sich in seinen Lebenssituationen verfangen hat und nach Auswegen sucht, kann den Weg zur Lösung von Problemen und Krankheiten in sich selbst entdecken.

Ich bin glücklich und dankbar, in meinem Leben Dr. Murphy begegnet zu sein, dem ich den Abschluß meiner Suche nach Zugängen zu meinem höheren Selbst verdanke. Meine gesamte therapeutische Arbeit habe ich auf seiner Lehre und Weltsicht aufgebaut. Indirekt verdanke ich es ihm, in meiner Praxis eine völlig von der Norm abweichende Erfolgsquote zu haben.

Januar 1982                                          ERHARD F. FREITAG

Sehr geehrter Leser,
dieses Buch »Kraftzentrale Unterbewußtsein« ist bis zum heutigen Tage bereits über 100 000 Mal verkauft worden. Mehr als 10 Auflagen in zwei Jahren ist für einen Ratgeber ein solch außerordentlicher Erfolg, daß ich mich bei Ihnen und allen Förderern herzlich bedanken möchte. Das allgemeine Interesse an angewandter Lebensphilosophie ist in den letzten Jahren enorm gestiegen. Ich empfehle Ihnen die im selben Verlag erschienenen Bücher von meinem Lehrer Dr. Joseph Murphy. Mein zweites Buch wird im April 1985 unter dem Titel »Hilfe aus dem Unbewußten« erscheinen. Bei der nun folgenden Lektüre wünsche ich Ihnen viel Freude. Sollten Sie irgendwelche Fragen haben, schreiben Sie mir. Ich werde gern, wo möglich, behilflich sein.

In geistiger Verbundenheit
Ihr
ERHARD F. FREITAG, im Herbst 1984

# Einführung: Verschüttete Weisheit

*Nur der Unwissende wird böse –*
*der Weise versteht.*

*Indische Weisheit*

## Mißbrauch der Gedanken

Viele Bücher sind über die Psyche und ihre Behandlung geschrieben worden, doch im Grunde ist der Mensch ein unerklärliches Wesen geblieben. Seine tiefsten Sehnsüchte blieben unbefriedigt und seine schwerwiegendsten, persönlichen Anliegen unbewältigt. Leid und Krankheit nahmen zu, trotz allem wissenschaftlichen Fortschritt. Erst das stärkere Eindringen fernöstlicher Weisheiten – gerade in den letzten Jahrzehnten – in die westliche Gedankenwelt machte mehr Menschen mit höheren Bewußtseinszuständen vertraut.

In unseren wissenschaftlichen Denkschemata würde es geradezu als vermessen angesehen, wenn es jemand unternähme, der notleidenden Menschheit eine Patentlösung anzubieten, durch die sie sich selbst erlösen könnte. Und doch wissen wir alle, daß dieses Angebot in den größten Weisheitsbüchern der Menschheit, wie z. B. der Bibel und den Veden, längst erfolgt ist. Buddha und Jesus, Moses und Lao-Tse wiesen den Weg aus der Unvollkommenheit. Sind ihre Worte ungehört verhallt?

Seit Jahrtausenden mißbrauchen wir die uns gegebene Kraft der Idee zu belanglosem, oft auch tückischem Spiel. Jeder denkt und manipuliert seine aufschießenden Gedanken in der Überzeugung, damit die Welt zu erfassen und zu beeinflussen. Keiner macht sich klar, daß die geistige Energie, die jeder Gedanke darstellt, ihn selbst am meisten formt und ausrichtet. Wer ständig erzählt, wie krank er ist, den wird seine Umgebung nie gesund erleben. Wer stets eine Wand von Problemen vor sich sieht, der wird sie nie überwinden. Die Kraft seiner Gedanken zwingt den Menschen in die ausgemalte Lebenslage.

Hier liegt der Ansatzpunkt für die große Möglichkeit, uns selbst zu überwinden, uns tatsächlich in die Richtung zu entwickeln, die die großen Religionsstifter empfahlen. Sie erwartet jetzt keine psychologisch verbrämte, religiöse Hilfslehre. Sie werden vielmehr verstehen lernen, wie über die unbewußten Kräfte in uns, die transzendenten Bereiche unseres Seins, bereits die Religion, die Rückverbindung zu unserer Schöpfungskraft, mit eingeschlossen ist; mögen Sie nun Gott dazu sagen, Lebenskraft, höheres Ich, Über-Ich oder einfach Schöpfung.

Sie brauchen nicht zu befürchten, auf einen intellektuellen Höhenflug entführt zu werden, wenn ich Ihnen Ihr inneres Selbst erschließe. Sie werden nicht der Realität entrissen und entschweben auch nicht zu den Sternen, die wir vielleicht nie erreichen. Theoretische Erwägungen halte ich nur dort für wichtig, wo ich Ihnen die inneren Zusammenhänge komplizierter Bewußtseinsvorgänge klarer verdeutlichen möchte. Manchmal wird es notwendig sein, Vorurteile auszuräumen und falsch gespeichertes Wissen in den richtigen Zusammenhang einzugliedern. Denken Sie nur daran, welche Vielfalt an falschen Definitionen zum Beispiel über das Fachgebiet Hypnose kursiert.

Im allgemeinen birgt Buchwissen ein Handikap: Wer über die Lebensbewältigung anderer nur liest, weiß sich selbst noch lange nicht zu helfen. Dieses Buch soll deshalb ein Handbuch für Sie sein, mit dem Sie Ihre ganz persönlichen Zwänge und Motivationen erkennen und lenken lernen können. Es soll Sie befähigen, ohne weitere äußere Hilfe in das diffuse Gewirr Ihrer Gedanken ordnend und richtungbestimmend einzugreifen.

Das beinhaltet eine tiefgründige, klare Auseinandersetzung mit Ihrer geistigen Energie, mit der magischen Kraft Ihrer Gedanken. Mich faszinierte diese Kraft, die als Wort die Umwelt erreicht, von Kindheit an. Das Wort wurde mir zum Energieträger geistiger Kraft, nicht nur, wie üblich, zum beschreibenden Bildwerkzeug. Die lebenswichtige Bedeutung, die darin liegt, läßt sich an einem Zeitungsleser verdeutlichen, der die Inhalte in Gedächtnisbilder umsetzt. Vier Fünftel der Zeitungsnachrichten sind negativ, lebensverneinend. Krieg, Mord und Tauziehen um materielle Werte füllen die Gehirne und mindern ihre Lebenskraft durch das Erzeugen von Angst und Aggression. Wie verblüfft war ich unlängst in

Honolulu, als die Nachrichtensprecherin nach einer Reihe zufriedenstellender, positiver Informationen plötzlich ankündigte, nun kämen einige schlechte Nachrichten – diese Durchsage für diejenigen, die rechtzeitig abschalten wollten. Soviel Menschenfreundlichkeit und seelische Schonbehandlung sind wir nicht gewöhnt. Im harten Alltag haben wir einfach keinen Sinn mehr dafür. Daß wir uns auf diese Weise unermeßlichen Schaden zufügen, das hat noch nicht einmal die Psychologie bei allem Abtasten seelischer Verhaltensmechanismen entdeckt.

Wenn Sie sich von allen verlassen fühlen und von keiner Seite mehr Hilfe erwarten, die Ihnen Ihr Los erträglicher machen könnte, dann ist es ein entscheidender Trost zu erfahren, daß Sie *die Hoffnung nicht aufgeben müssen.* Das will ich Ihnen vermitteln: Der Ansatzpunkt für eine positive Wende im Lebenslauf eines jeden liegt in uns selbst. Unser Umgang mit Intellekt, Gefühl und Bewußtsein birgt das Geheimnis unseres Lebensglücks. In unserer Lebensführung sind wir völlig abhängig von der Qualität unserer Gedanken. Wenige durchschauen diese geistige Macht, die alles steuert, was wir Lebenserfahrung nennen.

Wir wollen den Intellekt also weitgehend in die Schranken seiner Zuständigkeit verweisen. Er dient der Kommunikation mit der Außenwelt. Die Seele verlangt nach einer anderen Praxis zur Schicksalsmeisterung. Im allgemeinen sind wir weit entfernt davon, die Ursache ihrer echten Nöte erkennen zu können.

Die Dramatik der Einzelschicksale in meiner täglichen Praxis ist so überwältigend, die seelischen und körperlichen Bedrängnisse in unserer Zeit zerstören so nachhaltig unsere Illusionen, sozial, medizinisch oder psychologisch gesichert zu sein, daß es hohe Zeit ist, dem Kernübel unserer Epoche, dem falschen Denken, dem Verhaftetsein an unnötige, kraftzehrende Vorstellungen, zuleibe zu rücken. Der amerikanische Psychotherapeut Dr. Joseph Murphy erreicht das mit seiner Lehre vom »Positiven Denken«. Auch für mich als sein überzeugter Schüler und Verfechter seiner Weltanschauung ist das falsche Denken das verantwortliche Übel für den Verschleiß unserer seelischen Energien.

Wir sind durchaus nicht bis an das Ende unserer Tage an unsere eingeschliffenen Denkgeleise gebunden. Es ist nur eine seelische Schwäche des einzelnen, wenn er in Lethargie oder Fehlmotivationen versinkt. Er kann sich sehr schnell – und selbst – wieder befreien. Gewiß haben Umwelt, Erbgut und Erziehung ihren starken Einfluß auf unsere Selbstdarstellung zur Mitwelt, doch auf keinen Fall in dem Ausmaß, wie es uns die Analytiker glauben machen wollen.

Sie sollen die in Ihnen vorhandenen Möglichkeiten Ihres Geistes nutzen lernen. Sie sollen erkennen können, daß wenig bis nichts von den anderen, sondern alles von Ihnen ganz allein abhängt, wenn Sie Ihr Leben meistern wollen. Es gibt kein Problem, keine Krankheit auf dieser Erde, deren Ursache wir nicht in uns selbst erfahren könnten. Unsere erweiterten Bewußtseinsebenen bergen unerschöpfliche Energiereserven, die der Mensch des zwanzigsten Jahrhunderts soeben wieder entdeckt.

Alles führt in unserer Seele wieder zusammen, was wir in der äußeren Welt so peinlich zu trennen bemüht sind. Die tiefsten Erkenntnisse der Psychologie, der Philosophie, der Medizin und der Theologie ergeben erst im Zusammenklang wieder jene geistige Einheit, die uns von der Schöpfung mit ins Leben gegeben wurde.


## Die ewigen Wahrheiten

Im Buch der Bücher, in der Bibel, sind uns diese ewigen Wahrheiten vor Augen gehalten. Jesus fand den einfachsten Weg, auch der schlichtesten Seele die geistige Macht des Göttlichen verständlich zu machen: Er sprach in Gleichnissen, durch die das Unsagbare über die göttliche oder kosmische Kraft in jedem von uns spürbar wurde. »Glaubet, und ihr werdet selig sein«, sagte er den Menschen. Lazarus, den er von den Toten erweckte, oder die Aussätzigen, die er heilte, nahmen diesen Satz wörtlich und mit ihrer Seele auf. Sie erfuhren die Kraft ihres Unbewußten in herrlicher Größe.

Nehmen Sie jedes hier geschriebene Wort hintergründig. Versuchen Sie, seinen neuen Sinn im neuen Zusammenhang zu erfassen. Wir haben das in der Gebrauchssprache längst verlernt. Wir über-hören mehr, als wir auf-nehmen. Sparen Sie sich Ihre Kritik bis zu dem Zeitpunkt auf, an dem Sie eine an sich selbst vollzogene Übung tatsächlich beurteilen können. Markieren Sie im Buch jene Stellen, von denen Sie sich besonders angesprochen fühlen, mit dem Bleistift oder mit Zetteln. Wenn Sie das echte Bedürfnis haben, sich ändern zu wollen, um glücklicher, gesünder und lebensfroher zu werden, dann nehmen Sie mein Angebot voll an, und beginnen Sie heute noch, nach den ersten Kapiteln, die ersten Anwendungen in ihrem eigenen psychischen Haushalt vorzunehmen. Der Inhalt dieses Buches muß Ihnen näherbleiben als Ihre Tageszeitung, dann garantiere ich Ihnen positive Lebensveränderungen innerhalb der nächsten zwei Monate.

Jesus, Buddha, Mohammed, Konfuzius und Lao-Tse sprachen nie von der unauflöslichen Verbannung der Menschen in Leid und Elend. Sie wiesen den Weg der Befreiung. Nur die kleinen Geister vollbrachten aus Machtgelüsten und Unverständnis gegenüber den ewigen Wahrheiten die weltweit wirkende Untat, die Menschen in sklavische Verstrickung unter das Joch eines zürnenden Gottes zu drücken. Sie müssen nicht auf die Erlösung in einer unendlich fernen Zukunft warten. Sie sind Meister Ihres Schicksals und durch Ihre Handlungen – jede einzelne – verantwortlich für Ihre negativen Erfahrungen und für Ihren Weg in die Höhe harmonischer Lebenserfüllung. Sie sind Ihr eigener Erlöser.

# KAPITEL 1

## *Kraftzentrale Unterbewußtsein*

> *Wer ist blind?*
> *Der eine andere Welt nicht*
> *sehen kann!*
> *Wer ist stumm?*
> *Der zur rechten Zeit nichts*
> *Liebes sagen kann!*
> *Wer ist arm?*
> *Der von heftigem Verlangen nicht*
> *lassen kann!*
> *Wer ist reich?*
> *Der von Herzen zufrieden sein kann!*
>
> *Indische Weisheit*

### Die Manipulation unseres Verstandes

Glauben Sie an den Zufall? Es gibt ihn nicht! Unser eingeengtes Bewußtsein läßt uns einfache Gesetzmäßigkeiten übersehen, die unser Schicksal bestimmen. Wir erfassen die großen Zusammenhänge nicht mehr. So steuern wir manchmal in Geschehnisse, die gerade in diesem Augenblick, an diesem Punkt unseres Schicksalsweges große Bedeutung für uns haben – und nennen das Zufall.

Uns fehlt meistens die Übersicht, die feine Technik des Unterbewußtseins zu durchschauen. Wer das Puzzlespiel seines eigenen Lebens einfach so geschehen läßt, dem erscheint das überraschend Passende als Zufall, wie ein unerwartetes Geschenk. Oder haben Sie den Ausruf »Welcher Zufall!« schon einmal auf negative Ereignisse bezogen gehört?

So ist auch dieses Buch etwas, das Ihnen zu-fällt, gerade in dem Augenblick Ihres Lebens, in dem Sie offen für diese Ideen sind oder aus irgendeiner Not einen Ausweg suchen. Über Jahrtausende hinweg haben wir uns angewöhnt, unsere bewußte Aufmerksamkeit hauptsächlich den gesehenen, gefühlten Dingen unserer Umwelt zuzuwenden. Die Abenteuer der realen Welt, des sinnlich Greifbaren, waren uns seit jeher interessanter als die Versenkung in geistige Tiefen. Das heißt aber, daß wir uns mit unserem Daseinsgefühl, unserem Be-wußt-sein, voll dem unaufhörlichen Gedankenstrom anvertraut haben, der uns vom Aufwachen bis zum Schlafengehen durchpulst.

Erkennen Sie, daß fast alles, was wir Probleme nennen, darauf zurückzuführen ist, daß wir unsere geistige Kraft nicht durchscheinen lassen? Wir haben sie ins Unterbewußtsein verdrängt. Wenn Ihr Bewußtsein glückstrahlend das Erlebnis genießt, eine besonders wohltuende, berufliche Anerkennung bekommen zu haben, dann verdanken Sie das nicht einem *Zufall*, einer plötzlichen Aufmerksamkeit Ihres Vorgesetzten. Ihr eigener, persönlicher Einsatz ist die Ursache dafür. Sie identifizierten sich mit Ihrer Aufgabe so vollständig, daß auch Ihre vom Unbewußten her mobilisierten geistigen Kräfte einen durchschlagenden, unaufhaltsamen Erfolg anbahnten.

Aus ganz natürlicher Quelle nutzten Sie Ihre Intuitivkraft auf der positiven Lebensebene. Wenn Ihnen der Zu-Fall des Erfolges dabei so ungewohnt und leicht erschien, dann nur deshalb, weil Sie Ihre vorigen Unternehmungen stets mit harter, methodischer Willenskraft angingen. »Die Energie, die Sie einsetzen, um ein Ziel zu erreichen, ist das Hindernis auf dem Wege zum Ziel.«

Das Paradoxe daran für einen westlichen Kulturmenschen ist schnell geklärt. Die Intuition ist dem vom Willen gelenkten Verstand haushoch überlegen. Keine Planung eines Intellektuellen mit allen Finessen seines vielseitig gebildeten Verstandes kann einen einzigen, intuitiven Geistesblitz ersetzen. Das beweist der Lebenserfolg aller großen Forscher und Dichter. Intuition ist größer als Wissen! Der Intellekt kann sie weder erfassen noch hervorrufen.

Wer kein Vertrauen zu seinem geistigen Wesenskern hat, wer dieses Leben nur mit den Kräften seines Verstandes meistern will, der wird ewig bleiben, was er ist: ein grobstoffliches Wesen im Ozean der Unwissenheit und vielleicht ein Mensch, der sich ständig über die Schwierigkeiten und Widerwärtigkeiten des Lebens beschweren wird. Sie wollen das jetzt ändern.

Was uns in diesem Leben manchmal verzweifeln läßt, ist nur unsere falsche Bewußtseinslenkung. Der Verstand glaubt gerne an den Zufall. Das ist eine Zeitkrankheit, weil der moderne Mensch meint, nichts zulassen zu dürfen, was sein Verstand nicht erklären kann. Bewußtsein ist für ihn der schmale, reale, weltliche Ausschnitt, den er mit seinen fünf Sinnen erfassen kann. Themen wie »Das Leben nach dem Tode« oder »Wiedergeburt« umgeht er ängstlich. Den sechsten Sinn hat er verdrängt, jenes Gefühl für die feinstoffliche, geistige Welt, die viel bedeutsamer für uns ist, als wir oft zuzugeben bereit sind. Sie ist der Ursprung allen Seins, unsere wahre Heimat.

## Die unkontrollierte Machtfülle der Gedanken

Bewußtsein hat seltsam wechselnde Schattierungen. Sind wir traurig, erscheint die ganze Welt in Grau, selbst wenn uns der herrlichste Sommertag umgibt. Keimt in uns dagegen der Übermut, dann kann uns auch der ärgste Regenschauer nicht aus unserer fröhlichen Stimmung bringen. Was verschiebt unsere Bewußtseinsskala ständig zwischen positiv und negativ?

Welche Gedanken gehen Ihnen zum Beispiel morgens beim Frühstück durch den Kopf? Überdenken Sie alles mögliche, was Sie am Vormittag erledigen wollen? Vielleicht kommt eine kleine Freude auf über eine Einladung am Abend, oder ein Ärger durchfährt Sie wegen des Lackschadens am Auto gestern, weswegen Sie schon wieder in die Werkstatt müssen.

Dann haben Sie einen Lichtblick. Sie werden heute die geliebte Person treffen oder den lang ersehnten Vertrag unterschreiben. Gute Stimmung ist für den ganzen Vormittag gesichert.

Ganz anders, wenn Sie eine tüftelige Aufgabe vorhaben, die nach Ihrer eigenen Einschätzung Ihre Fähigkeiten überfordern könnte. Wenn Sie dann dem Chef vielleicht auch noch einen schweren Fehler eingestehen müssen, ist das zuviel für Ihre Magennerven. Sie lassen das zweite Brötchen liegen und gehen mit zerfurchter Stirn aus dem Hause.

Nichts ist geschehen bis morgens acht Uhr. Und doch haben Sie Ihr Bewußtsein mit wenigen Gedanken bereits gepolt. Überlegen Sie einmal: Sie haben durch Ihre Gedanken Ihre Stimmung festgelegt! Sie werden vielleicht entgegnen: »Aber die Tatsachen sind doch schuld...« Die Gedanken haben Sie jedoch damit konfrontiert, und Sie selbst haben die Gefühlswerte für die kommenden Ereignisse in sich festgelegt und sich ausgemalt, was Sie in den nächsten Stunden erwarten würde. Ihr Unterbewußtsein war damit geprägt; der Tag wird Ihrer unbewußten Erwartungshaltung entsprechen.

Entspricht die Außenwelt Ihren persönlichen Wünschen, dann sind Sie zufrieden. Paßt sich die Umgebung nicht Ihren Vorstellungen an, dann sind Sie mißmutig – ja, Sie entwickeln unter Umständen eine gewaltige Potenz an Unlustgefühlen in sich, die Sie hemmen und Ihr Dasein verdunkeln. Mächtige Aggressionsgelüste können in Ihnen entstehen und Sie zu unberechenbaren Handlungen hinreißen. Sie können aber auch die Ursache für Krankheit und physische Störungen sein.

Das ist natürlich eine sehr weitreichende Behauptung, die gedanklichen Vorstellungen für das Wohl und Wehe des Körpers und der Seele verantwortlich zu machen. Die Psychosomatiker gestehen der Psyche nur teilweise diese Tragweite zu; immerhin führen *sie* aber bereits achtzig Prozent der Krankheiten auf seelische Ursachen zurück.

Was hat es mit diesem seltsamen Bewußtsein auf sich, das unser volles Leben auszumachen scheint und von dem östliche Weise sagen, es erfasse nur einen ganz geringen Prozentsatz unseres Daseins? Ein Jurastudent meint, sich nach Abschluß seiner Studienzeit im Wortdickicht menschlicher Ordnungssysteme voll auszukennen, und ein Astronaut glaubt, bis an die gerade erkennbaren Grenzen der Natur vorgestoßen zu sein. Die Wissenschaft hat es uns schwer gemacht, uns außerhalb des Verstandes eine Bewußtseinserweiterung vorstellen zu können.

Wir benutzen unser Gehirn wie eine Datenbank. Für jedes Geschehen soll es eine Erklärung, für jedes Problem eine Lösung finden. Was machen Sie, wenn Sie sich krank fühlen? Sie gehen zum Arzt und lassen sich helfen. Das ist so selbstverständlich, daß niemand ein Wort darüber verlieren würde. Dahinter liegt jedoch das Zugeständnis des Verstandes, in der Umwelt manches, im Körper selbst aber nur sehr wenig ordnen zu können. Wir alle, aus jedem Beruf und jeder Bildungsstufe, verlassen uns einhellig auf den Verstand als einzigen Umschlagplatz unserer Informationen und

Handlungsimpulse. Auch die Wissenschaft baut ausschließlich auf diesen einmaligen, gottgeschaffenen Computer, der uns das Leben in einer wilden, gefahrvollen Welt lebenswert gemacht hat und sichert.

Wie kommt es, daß er uns immer wieder in Irrtümer verstrickt und uns den Blick auf viele Geheimnisse des Lebens verstellt? – Wir haben ihn zu ernst genommen, zu absolut. Deshalb nimmt sich unser Ego die Freiheit, uns nicht mehr spüren zu lassen, wenn eine Krankheit uns mitteilen will, was wir falsch gemacht haben. Uns interessiert nicht mehr, welche Kraft uns bewegt, sondern nur, was wir damit anfangen können. Den Raubbau, den wir heute auf der Erde an den Naturschätzen erleben, haben wir an unserem Körper schon lange begangen. Das Gros unserer Mitmenschen hat noch nicht erkannt, daß in unserer turbulenten Welt der Zugang zu unserem Unbewußten zu einer Lebensfrage wird.

## Der Geist: Quelle der schöpferischen Kräfte

Ihr Leben kann sich nur zum Guten wenden – ganz gleich, ob Sie berufliche, psychische oder körperliche Probleme haben –, wenn Sie Ihren ureigensten Kraftkern entdecken und wieder aus ihm zu leben wissen.

Wenn die Neurologen uns sagen, wir nutzten nur etwa fünf Prozent unserer Gehirnkapazität, dann sind wir leicht verleitet anzunehmen, jede Lebensverbesserung nur über größeres Wissen erreichen zu können. Ein größeres Lernpensum und geschicktere Trainingsmethoden würden vielleicht einige Prozente mehr unseres Gehirns aktivieren.

Mit dem Verstand unser Bewußtsein erweitern zu wollen, ist ein Griff zum unsachgemäßen Werkzeug. Nicht einmal unsere größten Genies, etwa Goethe oder Einstein, kamen über diese 5-Prozent-Klausel der Psychologen. Wenn sie es trotzdem schafften, ihr Bewußtsein auszudehnen in nur erahnte höhere Regionen, dann geschah das nicht über den Verstand. Höhere geistige Kräfte, die in jedem von uns verborgen sind, versorgten sie über die Intuition mit starken schöpferischen Impulsen.

Sie brauchen sich nicht hinter der Feststellung zu verstecken, »das waren eben Genies!«. Die entscheidende Erkenntnis unseres psychologisch-philosophischen Streifzuges über das Bewußtsein ist die Tatsache, die ich eben in dem kleinen Nebensatz erwähnte, daß in jedem höhere geistige Kräfte vorhanden sind. Jeder Mensch ist in der Lage, seine reinen Verstandesanlagen weit zu übertreffen, wenn er nur endlich aufhörte, sich von ihnen gängeln zu lassen.

Einstein beschrieb selbst, wie manche bahnbrechende wissenschaftliche Erkenntnis in ihm nicht durch besonders sorgfältige Kombination verschiedenster Überlegungen entstand. Er pflegte ein physikalisches Problem so eng wie möglich mit seinen Gedanken einzukreisen. Dann vergaß er das Ganze, kümmerte sich nicht mehr darum und überließ es seinem Unterbewußtsein. Tage oder Wochen später, manchmal dauerte es sogar Jahre, schoß dann plötzlich die große Idee in ihm hoch. Die Weisheit seines unbewußten Selbst hatte ihm eine Intuition zukommen lassen.

Jeder von uns verfügt über diesen unbewußten Bereich, in den die Psychologen alle Seinsvorgänge verbannt haben, die dem Verstand als unverdaulich erscheinen. Alles Magische, Okkulte, die Parapsychologie und die außersinnlichen Wahrnehmungen beziehen ihre eventuell mögliche Daseinsberechtigung nur aus dem Vorhandensein des Unbewußten im Menschen. Nach unserer Vorstellung haben übersinnliche Vorfälle im Alltag im Bewußtsein des Normalmenschen, einschließlich des Wissenschaftlers, keinen Platz.

Es gibt jedoch so offensichtliche paranormale Geschehnisse, daß man diese geistigen Bewußtseinsüberschreitungen nicht leugnen kann. Ein ganz persönlicher Beweis wurde für mich ein Schulbub, dessen Eltern ihn mir wegen einer psychischen Schwäche in die Praxis brachten. Wir machten mit ihm in der Hypnose eine ganz seltsame Erfahrung. Manchmal konnte er uns genau sagen, wo sich ein Mitarbeiter von uns außerhalb der Praxis befand oder was seine Mutter zu Hause gerade tat. Des öfteren überzeugten wir uns durch sofortigen Telefonanruf von der Wahrheit seiner Visionen. Einmal beschrieb er sogar mein eigenes Wohnzimmer außerhalb Münchens, das er nie kennengelernt hatte, bis in alle Einzelheiten. Im Trancezustand durchstieß er die Barrieren seines Tagesbewußtseins und tauchte in die unbewußten Tiefen seines Selbst.

Wenn ich von der Erschließung unbewußter Regionen im Menschen spreche, dann meine ich vorrangig diese innere Stimme, die wir bei unserer rationalen Lebensbewältigung weitgehend in den

Hintergrund treten ließen. Es sind Schildbürgerstreiche unseres Verstandes, geistige Regungen, Ahnungen oder plötzliche, tiefe Erkenntnisse aus unserem seelischen Urgrund als Aberglaube abzutun und alles Übersinnliche für Hokuspokus zu halten. Was mit unseren fünf Sinnen nicht klar erfaßbar ist, wird sofort negiert und bekämpft. Viele der neuen religiösen Gemeinschaften, Sekten und Meditationsgruppen erleben das heute ständig. Ohne Beachtung ihres möglichen geistigen Gehalts werden sie von den etablierten Kirchen bekämpft, weil sie sich aus der gewohnten abendländischen Vorstellungswelt herausbewegen.

Auf der anderen Seite zeigen die Wissenschaftler mit triftigen Beweisen die Gefahren auf, die Phantasten mit Drogenexperimenten zur Bewußtseinserweiterung heraufbeschworen oder die andere durch magische Praktiken verursachten. Bevor sie es zum Meister der Imagination gebracht haben, landen sie meistens in den psychiatrischen Abteilungen der Kliniken. Eine Frau ist mir in guter Erinnerung, die ich während meiner Anstaltspraxis in der größten psychiatrischen Klinik Europas, in München-Haar, traf. Sie hatte unter anderem auch die Einatmung von Kräuterdämpfen vorgenommen, wie sie als Hexenbrauch zum »Flug auf den Blocksberg« beschrieben werden. Ihr verwirrter Geist fand aus den Trancezuständen, in die sie die Pflanzengifte getrieben hatten, nicht mehr zurück. Sie litt unter schwerem Verfolgungswahn.

Es gibt also auch gefährliche Wege zur Bewußtseinserweiterung. Die Praxen der Psychiater und Psychotherapeuten sind voll von Beispielen. Ich kann nicht genug davor warnen, Bewußtseinswandlungen mit Drogen oder Chemikalien anzustreben. Sie entführen noch weiter vom echten Menschsein, als es böse Gedanken vermögen.

Wenn die Basis unserer Gesundheit, unser Körper, erst gründlich ruiniert wurde, muß auch die Hilfe zur teilweisen Regenerierung Stückwerk bleiben. Die Liebe ist eine der Grundvoraussetzungen unserer unabdingbaren Lebensbedürfnisse, über die wir bald ausführlicher sprechen wollen. Sie muß vor allem zu uns selbst vorhanden sein, wenn wir unser Schicksal meistern wollen. Bewußtsein ist eine feststehende, gottgegebene Tatsache. Wir können es beeinflussen, ohne uns manchmal der Umstände richtig bewußt zu werden, die es veränderten. Wir können daraus eine erste wichtige Erkenntnis entnehmen: gesteuert von unseren Trieben, Gefühlen und Verstandeskräften, erschaffen unsere Gedanken unsere Vorstellung vom Leben. – *Sie erleben, was Sie denken!* Diesen fundamentalen Erkenntnissatz stellt Dr. Murphy an den Beginn seiner Lehre vom »Positiven Denken«, die ich voll in meine Praxis und in mein Leben integriert habe.

Wie kommt es, daß so viele neue Denkanstöße auf dem weit gefächerten Feld moderner Psychologie hauptsächlich aus den Vereinigten Staaten von Amerika kommen? Die amerikanischen Psychologen haben den europäischen Methodikern und Empirikern seit jeher die pragmatischere Note voraus. Sie fragen nicht lange, was passiert da eigentlich? Sie kümmern sich sofort um die Beantwortung der Frage, wie helfe ich am besten und gleich?

Während wir die Lösung der Seelenrätsel in analytischer Grundlagenforschung suchen, in hochkomplizierten Denkmodellen und spitzfindigen Erklärungen, steht bei den Kollegen in den USA das möglichst schnelle Wiedereingliedern des Patienten in den Aufgabenkreis der Gesellschaft im Vordergrund. Im gesellschaftlichen Sinne ein nützliches Mitglied zu sein, ist ein wichtiger Schritt für jeden zur seelischen Harmonie und Ausgeglichenheit. Es ist nicht erstaunlich, daß die modernsten psychotherapeutischen Praktiken, wie Psychosynthese, Gestalttherapie, Leibtherapie und Bioenergetik weitgehend aus amerikanischen Forschungszentren kommen.

Wie ein Abglanz der indischen Ganzheitsphilosophie, der Einheit von Geist, Leib und Seele, schimmert darin die Erkenntnis auf, hier und jetzt wieder den harmonischen Gleichklang zwischen geistigen, meistens noch unbewußten Ebenen und körperlichen Lebenskräften zu erreichen, um den Menschen in seine gottgewollte Vollkommenheit zu setzen.


## Du bist, was du denkst

Diese Erkenntnis erscheint mir so faszinierend grundlegend und entspricht so völlig meinem östlich orientierten Denken, daß ich einen Patienten nicht einfach zum Neurochirurgen schicke oder – noch einfacher – ihn nur pharmazeutisch ruhigstellen lasse. Ich sage ihm vielmehr: »Sie sind, was Sie denken! Denken Sie, Ihre einzige Sehnsucht ist es, gesund und lebensfroh zu sein. Sie wollen in Harmonie und innerem Frieden mit sich und Ihrer Umwelt leben. Ihr Unterbewußtsein wird dann diese Gedanken als Befehl, Auftrag, Wunsch in die Realität umsetzen. Was immer Sie in Ihrer eigenen Umwelt als Form, Funktion, Erlebnis wahrnehmen, ist ausschließlich das Resultat Ihrer eigenen Gedanken. Gedanken sind lebendige Wesen, die nach Realisation, Materialisation streben.«

Wenn Ihnen in Ihrem Alltag etwas nicht gefällt, müssen Sie nur Ihr Denken ändern! So einfach ist es, glücklich zu sein. – Jetzt sind Sie an der Reihe, bei sich an die Verwirklichung dieser geistigen Gesetzmäßigkeit zu gehen. Diese Funktion gedanklicher Vorstellung ist nicht etwa der Wunschtraum eines Magiers, der Menschen beeinflussen möchte, sondern sie ist tatsächliche Auswirkung geistiger Kraft. Ist ein Gedanke erst einmal produziert und formuliert, dann drängt er zu absoluter, unabänderlicher Verwirklichung.

Machen Sie sofort einen Versuch! Suchen Sie sich einen ruhigen Platz, an dem Sie es sich bequem machen. Schließen Sie die Augen, und empfinden Sie folgende Sätze nach:

»Ich entlasse meine Gedanken! Sie verfliegen nach allen Seiten wie kleine weiße Wölkchen. In bin ganz ruhig und gedankenleer. Vollkommener Frieden herrscht in meinem Herzen und in meinem Geist. Ich empfinde mich jetzt und hier in Harmonie mit mir und der Umwelt. Harmonie durchströmt mein ganzes Sein.«

Versuchen Sie, diese Harmonie tatsächlich in sich zu empfinden, sich ihr hinzugeben. Die Echtheit und Tiefe dieses Gefühls ist maßgebend für Ihren Erfolg. – Sie werden ein wunderbares Gefühl innerer Freiheit erleben und offen sein für das Gute, das in Ihnen schlummert und nur auf Erweckung wartet. Von nun an werden Sie intensiv an der Verwirklichung Ihrer legalen Sehnsüchte arbeiten.

Die Größe des Erfolges ist allein abhängig von der Intensität der Sehnsucht, mit der Sie sich Ihr Ziel herbeiwünschen. Sokrates brachte das einem seiner Schüler auf drastische Weise bei. Der Schüler fragte ihn während eines Spaziergangs an einem Gewässer: »Meister, wie kann ich werden wie du?« Sokrates bedeutete ihm, mit ins Wasser zu kommen. Dort tauchte er ihn unter, immer wieder, bis sein Schüler in Lebensangst nach Luft japste. Da ließ er ihn wieder los und fragte ihn: »Was ersehntest du jetzt eben am meisten?« – »Luft, Meister, nichts als Luft!« – »Wenn du dich so nach Wissen sehnen wirst«, antwortete Sokrates, »wie eben nach Luft, dann wirst du sein wie ich!« Nun kennen Sie den Weg zur Erfüllung Ihrer Sehnsüchte. Ihr erster Lernschritt wäre demnach für die allernächste Zukunft, die Richtung eines gewünschten Erfolges klar und bildhaft vor Ihrem geistigen Auge zu sehen und zu fühlen.

Solange Sie noch der Meinung sind, mit Ihren Gedanken die Realität, die scheinbare Wirklichkeit, die Umwelt richtig erfassen und angehen zu müssen, übersehen Sie die Tatsache, daß Sie mit diesen Ihren Gedanken Ihr Erleben überhaupt erst schaffen. So, *wie* wir denken, wird unser Bewußtsein die Umwelt erleben.

Das bedeutet für den Verstand »Federn zu lassen« von seiner eingebildeten Herrscherposition, unwidersprochen höchste Instanz in unserer Einstellung zur Umwelt zu sein. Wenn es heißt, »Du bist, was du denkst«, dann ist damit die Abhängigkeit des Denkers von dem betont, was er gedacht hat. Denkt jemand beständig an Harmonie und Erfolg, so wird er sie herbeiziehen. Freuen Sie sich auf jeden neuen Tag, so werden Sie Angenehmes und Schönes erleben. Probleme schrumpfen allein durch die Tatsache, daß Sie ihnen durch eine harmonische Grundstimmung in sich selbst das Gewicht nehmen. Außenwelt und vermeintliches Schicksal sind ausschließlich Spiegelbild unseres Denkens – und wir haben uns dafür entschieden, nur noch positiv zu denken. Unser Körper und unsere Seele danken uns das mit Gesundheit, Friede und Harmonie.

An der 18jährigen Petra B. erlebte ich, wie negative Gedanken und unkontrollierte Gefühlsausbrüche einem jungen Mädchen die Entwicklung zur selbständigen Persönlichkeit verstellen können. Die Eltern brachten sie mir als »total lebensunfähig«. Keinen Faden könne sie einfädeln, nicht einmal Geschirr abwaschen. Alles geriete ihr daneben.

Ein eingeschüchtertes Menschenkind saß vor mir, das sich schon zweimal entschuldigt hatte, weil es hereingestolpert war und die Tasche vom Stuhl hatte rutschen lassen. Mit Gewalt mußte ich den Wortschwall der Mutter unterbrechen, um von dem Mädchen selbst etwas zu hören. Das Bild gezüchteter Unfertigkeit und Minderwertigkeitskomplexe hätte nicht vollkommener sein können. Man müßte oftmals Kinder von ihren Eltern befreien können, um sie endlich lebensfähig zu machen. Hier waren zuerst einmal die Eltern zu hemmen, die über ihre Tochter mit Schimpfworten und unablässigen Maßregelungen herfielen. Ich hatte das Glück, dem Mädchen während der Behandlungszeit eine Berufsausbildungsstätte hundert Kilometer vom Wohnsitz ihrer Eltern vermitteln zu können; die Eltern waren letzten Endes damit einverstanden.

Die Beseitigung der Komplexe, ein Nichts zu sein, gelang verhältnismäßig einfach. Seit ihrer Kindheit war Petra »zu allem zu dumm«, »zu blöd zum Essen« und »ein Trantier« bei der Hilfe im Haus. Nach wenigen Behandlungen und mit den ersten Grundsätzen des »Positiven Denkens« bekanntgemacht, wandelte sie sich schnell. Das »Mauerblümchen« wagte sich im ersten Aufkeimen eines Selbstbewußtseins zum Friseur – immer das erste Zeichen eines seelischen Auftriebs bei den weiblichen Patienten – und kehrte als sympathische junge Dame zurück. Für den mehrmaligen, täglichen Hausgebrauch bis zum Schlafengehen gab ich ihr die Suggestionsformel mit: »Ich bin gesund und voller Harmonie. Die unendliche Weisheit meines Unterbewußtseins macht mich sicher und erfolgreich bei allen meinen Unternehmungen. Ich bin geschickt und löse meine Aufgaben exakt und mit Liebe. Frei und glücklich fühle ich mich und sende meine Liebe meinen Eltern und meinen Arbeitskollegen, mit denen ich froh und harmonisch arbeiten kann.«

Einige Trennungsjahre von den Eltern werden ihr positiv gefestigtes Selbstbewußtsein weiter stärken und sie immun machen gegen den elterlichen Einfluß. Eigentlich gehörten die Eltern in die Therapie. Ihre negativen Vorstellungen von einer durch Herrschsucht, Nörgelei und abwertende Kritik geprägten Lebensführung setzten ihnen – auch körperlich in ihren Krankheiten – am meisten zu. Sie stellten ihre Tochter als »geistig minderbemittelt« hin, ohne den schlechten Einfluß, den sie auf das junge, erwachende Bewußtsein mit ihrer ständigen Kritik und Ungeduld ausübten, überhaupt zu bemerken. Petra konnte von Glück sprechen, daß sie die Möglichkeit hatte, die befreiende Kraft positiver Einstellungen kennenzulernen.

Auch Sie erfahren auf diesen Seiten Anregungen zur positiven Umstellung Ihres Lebens, wie sie Ihnen mit Sicherheit noch nie so plausibel und ausführlich nahegebracht wurden. Lernen Sie Ihre ureigensten Probleme selbst zu lösen.

# Wir sind der Ausdruck unserer Vorstellungen

Beobachten Sie einmal, was in Ihnen abläuft, wenn Sie einem ungewöhnlichen Ereignis gegenüberstehen. Nehmen wir an, Sie hätten gerade Uri Geller, den Löffelbieger ohne Muskelkraft, im Fernsehen gesehen. Ihr erster Gedanke wird sein, wo steckt da der Trick?

Ihrem logisch funktionierenden Verstand kann niemand weismachen, daß es in unserer physikalisch rundum erkundeten Welt noch unbekannte Kräfte gibt. Schnelligkeit oder raffiniert versteckte Anwendung von Gesetzen der Mechanik können Sie kurzfristig täuschen; Ihr Verstand ist sich jedoch sicher: es gibt keine Zauberei.

Das logische Denken ist wichtige und unleugbare Voraussetzung zur Bewältigung unserer realen Welt, hat es aber jemals die Grundlagen Ihres Trieb- und Gefühlslebens erfaßt? Wir sprechen nicht umsonst von unserem *Unter*-Bewußtsein. Wenn wir uns ihm in positiver Weise widmen, empfinden wir auf einmal tatsächlich, uns unserem innersten Kern zu nähern. Die unendliche Weisheit unseres höheren Selbst erschließt sich uns einfach durch das positive, naturgemäße Anpassen unserer Gedanken. Denn wir sind als vollkommene Wesen auf diese Erde gesetzt worden, die sich nur ihrer inneren Führung anzuvertrauen brauchen, um wieder ganz sie selbst zu werden.

Hinter allem unserem Denken und Tun steht der Geist, der nicht einfach nach achtzig Lebensjahren verschwindet. Unser Körper ist sein Tempel. Wir müssen ihn als Gefäß betrachten, als Mittel zu einem Zweck: zur Symbiose von Geist und Materie für unser irdisches Leben. Die östliche Lehre von der Wiedergeburt macht dem gläubigen Christen und den rein wissenschaftlichen Denkern zu schaffen, obwohl auch Christus in der Bibel im Zusammenhang mit unserer Entwicklung davon spricht.

Das Zwischenreich Erde dient unserer geistigen Entwicklung, die vom Verstand allein gar nicht erfaßt wird. Der Verstand ist wie ein Schlüsselloch, durch das wir nur einen Teil des Plans der Schöpfung überschauen können. Der Sprung über den Zaun der Logik gelingt nur dem, der sie einmal völlig fallen läßt, um sich seiner inneren Führung zu überantworten.

Seit mehr als 5000 Jahren wissen die asiatischen Weisen von unserem viel größeren geistigen Bereich. Die vielen Anhänger östlicher Versenkungspraktiken – Yoga und Meditation – sind also nicht schwärmerische Neugeister, sondern spüren den verschütteten Kräften ihrer eigenen Wesenstiefe nach. Aus dieser Tiefe keimen die Intuitionen scheinbar aus dem Nichts. Sagen Sie nicht manchmal, »Das ist aber ein sympathischer Mensch, dem würde ich sofort vertrauen«? Die besten Eingebungen in der Beurteilung Ihrer Umwelt erhalten Sie aus diesem unterbewußten Tiefenregister Ihrer Seele. Mit positiven Gedanken beginnen Sie, ihm wieder näherzukommen.

Vervollkommnen Sie sich täglich bei jeder Gelegenheit mit der Übung, einem neuen Gesprächspartner nur einen Blick zuzuwerfen, ihn mit einem Blick zu umfangen und dann kurz in sich hineinzuhorchen. Der erste Eindruck ist der wichtigste; registrieren Sie ihn. Später denken Sie noch einmal darüber nach. Je mehr Einzelheiten Sie dabei aufnehmen, desto aufmerksamer und konzentrierter gehen Sie schon vor. Sie werden eine ganze Reihe von kritischen Bemerkungen in sich feststellen, die Ihren eigenen Vorstellungen entsprechen, wie ein Mensch annehmbar oder unannehmbar für Sie einzustufen ist.

Einen großen Schritt vorwärts haben Sie getan, wenn Sie sich jedem von nun an mit offenem Herzen zuwenden – ihn ohne Vorbehalte als gleichrangiges Menschenwesen anerkennen und ihm Ihre Zuwendung zuteil werden lassen; ganz gleich, wie verschlissen oder herausgeputzt sein Anzug sein mag. Sie haben damit rein positiv seine Menschlichkeit anerkannt. Zwischen Ihnen beiden kann so leicht kein Zerwürfnis entstehen.

Der Lernprozeß beginnt mit dem Horchen nach innen. Unsere innere Stimme wird meistens ganz von unseren gedanklichen Vorstellungen verdeckt. Ich bezeichne das immer gerne als Arterienverkalkung der Seele. Wer davon betroffen ist, hört sich die Möglichkeiten zu glücklicherem, gesünderem Leben seelenruhig und verständnisvoll an. Nur beherzigt er nichts davon. Die bestimmende Triebkraft in seinem kleinen, weltlichen Ich läßt nicht einmal die Liebe zu sich selbst, zu seinem Körper und seinem Wohlergehen, durchdringen. Derartige Zwangshandlungen können wir getrost unter die Neurosen einordnen.

Es gibt Menschen, die kein Gespräch mehr führen können, wenn sie nicht eine Zigarette in der Hand haben. Andere erzeugen mit ihren Vorstellungen Ängste und steigern sie bis zu Wahnideen oder unterliegen der Kritiksucht, die ihnen ständigen Ärger mit den Mitmenschen beschert. – Geben Sie sich jetzt selbst ein Versprechen: »Solche Fehler mache ich nie mehr. Ich denke und handle nur noch positiv. Ich beauftrage meine innere Stimme, mich in jedem Augenblick und stark zu warnen, wenn mich der Anschein eines negativen Gedankens befällt. Nach diesen Überlegungen fühle ich mich viel ruhiger und sicherer.«

Lesen Sie einmal eine Zeitung unter dem Aspekt, was die Menschen mit ihrem Tun alles erreichen. Betrachten Sie die Fülle der Gegebenheiten, mit denen sie sich rund um den Erdball plagen. Nach Ihrem gerade gegebenen Versprechen müßten Sie die Zeitung eigentlich sofort abbestellen. Sollen wir denn tatsächlich glauben, Gott habe seinen Geschöpfen alle diese Lasten mit auf den Weg gegeben?

Wir selbst bringen uns mit unseren Gedanken in diese Situationen – und wir Zeitungsleser unterziehen uns der Vergeudung von Kraft und Zeit, diese überhaupt nicht nachlebenswerten Situationen in unserem Gehirn nachzuvollziehen.

Ein Gedanke, ein Wort ist eine brisante geistige Kraft, die zu absoluter Verwirklichung strebt. Jeder Gedanke ist schöpferisch, ob in guter oder in böser Richtung! Haben Sie also gebührenden Respekt vor Ihren Gedanken. Lernen Sie positive Resultate aus positiven Gedanken zu erwarten. Jetzt sofort, hier und jetzt! Das Unbewußte in jedem von uns ist die Aufnahmezentrale, die jedes Wort, das wir sprechen, jeden Gedanken, den wir ausformen, für bare Münze nimmt und in Realität umsetzt.

Vor ein paar Jahren traf ich in den Isaranlagen von München einen armen Zeitgenossen. Eine Reihe von Schicksalsschlägen hatte ihn umgeworfen: Seine Frau war gestorben, die Kinder hatten ihn finanziell ausgenommen und waren verschwunden, ein Berufsunfall hatte ihn um seine Arbeit gebracht und seine rechte Hand verkrüppelt. Das alles zusammen hatte ihm den Lebensmut genommen.

Wir trafen uns gelegentlich, weil ich in dieser ruhigen Gegend meinen Mittagsspaziergang machte. Ich brachte ihm bei, dem Leben und den Mitmenschen wieder Liebe entgegenzubringen und sie auch sich selbst zufließen und sich nicht verwahrlosen zu lassen. Seine Vorstellung, gegen seine Armut nichts tun zu können, erklärte ich ihm als seine reine Einbildung, mit der er die unendlichen Kräfte seines Unterbewußtseins falsch eingesetzt hatte. In dieser Stumpfheit hatte er sich nicht einmal darum gekümmert, für seinen Arbeitsunfall eine Rente oder Abfindung zu erhalten.

Ich gab ihm die positive Denkformel: »Ich bin gesund und kräftig. Mit Liebe wende ich mich dem Leben und meinen Mitmenschen zu. Jeden Tag vollbringe ich jetzt eine kleine Tat und helfe einem anderen. Wir sind alle Kinder Gottes. Von allen Seiten strömen mir gute Kräfte zu, die mir helfen, mein Leben erfolgreich zu meistern.«

Nach mehr als einem Jahr traf ich ihn wieder – vor meiner Haustür. Zufall? Freudestrahlend erzählte er mir, noch immer meinen Formelzettel zu benutzen. Inzwischen arbeitete er bei einer Altpapierverwertung und hatte wieder eine eigene Wohnung, die ihm sogar eine Witwe in Ordnung hielt. Das Positive Denken hatte ihm bewiesen, daß die unterste Stufe der Existenz keine unentrinnbare Zwangslage für einen Menschen sein muß. Sein Leben hatte sich vollkommen gewandelt. Er hatte gelernt, die unbewußten Kräfte seines Seins für sich nutzbar zu machen.


## Die schöpferische Denkpause

Sie haben jetzt genügend Zeichen erhalten. Schalten Sie um! Spüren Sie Ihren intuitiven Eingebungen nach – *bevor* Sie etwas Neues, Entscheidendes oder Wünschenswertes angehen. Gewöhnen Sie sich vielleicht die Übung der Denkpause an. In einer ruhigen Stunde, die Sie gerade vor einem Entschluß besonders nötig haben, ziehen Sie sich zu einer inneren Lagebesprechung zurück. Die Volksweisheit kennt das und rät deshalb, große Entscheidungen erst einmal zu überschlafen. Prüfen Sie Ihre tiefsten Regungen und Gefühlseinstellungen zu einem Vorhaben nach folgendem Muster:

1. Aus welchem Grund möchte ich das gerne machen?
Ist es zweckgebunden? Erleichtert es mein Leben? Ist es eine Lebensnotwendigkeit? Ist es nur eine äußerliche Wunscherfüllung?
2. Welche Gefühle treiben mich zu dem Vorhaben?

Sehe ich darin einen Teil meines Lebensglücks? Will ich damit lediglich mein Image aufbessern? Will ich damit mehr scheinen als sein? Ist es mir ein echtes, lebenswichtiges Bedürfnis? Treibt mich die Eitelkeit dazu? Ist meine innere Stimme dafür?
3. Was nehme ich dafür auf mich?
Gelingt mir die Durchführung leicht und unbeschwerlich? Muß ich dafür viel Zeit und Kraft opfern? Ist mir das die Sache wert?

Bei absoluter Ehrlichkeit sich selbst gegenüber gewinnen Sie in diesen Denkpausen von Mal zu Mal mehr Zugang zu Ihren intuitiven Erfahrungswerten, die sonst – bei Spontanentschlüssen – überspült werden. So lernen Sie, positive Energien in sich selbst freizulegen, denn Ihr Gewissen entscheidet immer zu Ihrem Besten.

Mit diesem Ertasten Ihrer innersten Gefühlsgrundlage besitzen Sie eine »Erfahrung« der Zukunft. Sie wissen mehr als jemand, der seine Entscheidungen »blind« trifft. Sie wissen genau, was auf Sie zukommt, und können, wenn Sie sich dafür entschieden haben, die ganze Kraft Ihrer unendlichen Intelligenz dahinterstellen, wie ich das später noch ausführlicher erklären werde.


## Die Kunst des positiven Lebens

Frei werden von scheinbar unausweichlichen Zwängen, Abstand halten von fanatischen Fesseln und die innere Harmonie Ihres Wesens in jedem Augenblick Ihres Lebens aufrechterhalten, das ermöglicht Ihnen das Positive Denken. Sie müssen nur von jetzt an Ihr eigenes Leben leben, Ihre eigenen Sehnsüchte verwirklichen wollen. Damit rede ich nicht einem maßlosen Egoismus das Wort, höchstens dem »gesunden Egoismus«, wie ihn Josef Kirchner beschreibt, der darauf abzielt, das eigene Leben nicht dem Egoismus der anderen zu opfern.

Sie tragen die Kraft zur Selbstbefreiung und Selbstverwirklichung seit Ihrer Geburt in sich. Es gehört zum tieferen Wissen der Hinduisten und Buddhisten, nur jenem Menschen zu helfen, der von sich aus danach verlangt. Wer seine Lebensvorstellungen wandelt und positiv einstellt, meistert sein Schicksal. Er hat seine Höherentwicklung selbst in die Hand genommen. Erst seine Einsicht, für seinen richtigen Weg auch höheres Wissen von anderen zu benötigen, bereitet die Möglichkeit, ihm zu helfen. Fehlt diese Einsicht, wird Hilfe immer zurückgewiesen.

Das entspricht nicht ganz dem christlichen Bild der Samariterhilfe, die jeder in jedem Fall zu leisten hat. Wie oft erlebt der Christ jedoch, besonders der Missionar, daß seine Hilfe gar nicht erwünscht ist? Auch Jesus hilft laut Bibelwort nicht jenen, die einfach aus Egoismus etwas von seiner Kraft für ihre Gesundheit haben wollen. Aber jenem, der sich demütig vor der höheren Kraft beugt und sein Schicksal göttlicher Fügung anvertraut, dem hilft er sofort, weil der die richtige Einsicht hat, und sagt ihm: »Gehe hin in Frieden, dein Glaube hat dir geholfen.«

Die unterste Stufe menschlicher Existenz findet ihren Gegenpol nicht in materiellem Reichtum. Armut ist nicht gottgegeben, sondern basiert auf einer falschen Vorstellung vom Leben. Die Fülle, die das irdische Leben bieten kann, ist für jeden da. Andererseits ist das Dasein des irdisch reich Begüterten nicht absolut mit Lebensglück gleichzusetzen. Wenn die innere Harmonie eines Menschen mit seiner geistigen Kraftzentrale gestört ist, nutzt ihm der Reichtum wenig. Sich alles Materielle leisten zu können, heißt noch nicht, sich alles leisten zu sollen. Fehlende Seelengröße, geistige Leere kehren die besten Anlagen eines Verstandes in ihr Gegenteil.

Letztes Jahr bat mich der Leiter eines Werkes in Westdeutschland zu einer Privatsitzung in seine Räume. Er wollte nicht in meine Praxis kommen, um nicht eventuell auf dem Wege zu einem Psychotherapeuten erkannt zu werden. Es ging um seinen Sohn und um seine Frau. Der Sohn war drogenabhängig, seine Frau ein ständiger Krankheitsfall. Sie erpreßte ihren Mann zu Besuchen in dem Sanatorium, in dem sie sich aufhielt. Plötzlich – zu beliebigen Nacht- oder Tagzeiten – rief sie ihn an und verlangte sein sofortiges Kommen. Sein geschäftiges Berufs- und Reiseleben verfolgte sie mit Eifersucht und Haß.

Ich begann ihn selbst zu durchleuchten und erkannte die typischen Zeichen der Berufsverbohrtheit. Die Beziehungen zu seiner Familie waren auf das Ausfüllen der monatlichen Schecks beschränkt. Einseitiges, reines Erfolgsdenken hatte sich in ihm überkompensiert und diesen Mann zum Sklaven seines Berufs gemacht.

Er bat schließlich um eine Behandlung, worunter ich in diesem

Buch ausschließlich die in meinem Institut für Hypnoseforschung übliche Hypnosetherapie, die ich später genau erkläre, verstehe. Ich versuchte, Geist, Leib und Seele in ihm wieder zu harmonischem Dreiklang zu vereinen. In vielen Sitzungen brachte ich ihn dazu, seinem Sohn und seiner Frau liebevolle, kraftgebende Gedanken zu senden und ihrer aller Lebensweg für wichtiger zu halten als totale Berufsarbeit. Die Ruhe und Harmonie, die ich ihm mit Hilfe von Formeln vermittelte, brachten ihm eine frappierende Erfahrung. Seine berufliche Spannung verlor von ganz allein ihre zwingende Gewalt. Aus leichter Hand gelangen ihm nun Entscheidungen, die er sich früher zeitraubend erarbeiten mußte.

Vor kurzem erhielt ich von diesem Direktor eine Urlaubskarte. Es war ein froher Gruß, auch von seiner Frau, deren psychosomatische Krankheitszustände seit der Wandlung ihres Mannes verschwunden waren.

Wenn ich Ihnen diese Fälle so ausführlich schildere, so deshalb, damit Sie hinter den Details die tieferen Vorgänge erkennen, die auch in Ihrem Leben Einfluß haben und die durch das »Positive Denken« ihre Problematik verlieren können. Wir müssen erst ganz langsam wieder Verständnis dafür gewinnen, unser Unterbewußtsein, unsere geistige Kraftzentrale, die wir in unserem Alltag so stiefmütterlich schlecht behandeln, für positivere Suggestionen zugänglich zu machen.

## Verwirklichen Sie sich selbst

Was geschieht täglich in unserem Bewußtsein? Es verarbeitet eine riesige Zahl von Sinneseindrücken, die es nach angenehmen und unangenehmen aussondert. Unser Verstand bevorzugt immer jene Eindrücke und Vorstellungen, die seinen Bezug zur Umwelt direkt sichern und verbessern.

Redensarten wie »Das geht mir nicht ein« oder »Das kann ich nicht fassen« zeigen, mit welchem richtigen Gespür die Volksseele Bewußtseinsgrenzen erkennt, die ein Mensch durch seine Vorstellungen setzt. Machen Sie dieses Erspüren der eigenen Autorität in sich für alles, was Sie denken, wieder lebendig. Betrachten Sie jede Handlung, die Sie vorhaben, aus dem positiven Blickwinkel Ihrer inneren Harmonie. Wenn Sie mit Ihrer Tätigkeit etwas in Bewegung setzen sollten, was nicht Ihrem eigenen Wohlbefinden entspricht und was auch für jeden anderen unzumutbar ist, dann tun Sie es einfach nicht. Wenn Sie in eine Tätigkeit eingespannt sind, die Ihrem Charakter, Ihrer Empfindungswelt völlig konträr ist, dann befreien Sie sich davon. Es ist viel leichter, seine Beschäftigung mit der Umwelt zu ändern, auch wenn es sich um eine totale Umstellung der Lebensbasis handelt, als ein Leben lang krank, erfolglos und disharmonisch zu sein.

Zu mir kam eines Tages ein Metzger, der unter starken Depressionen litt. Er erzählte, daß ihn keinerlei familiäre Schwierigkeiten drückten. Es war sein Beruf, der ihm so zusetzte. Er brachte es nicht fertig zu schlachten – doch sein Vater hatte es ihm von früher Jugend her abverlangt. Zwölf Jahre waren es nun her, seitdem er die väterliche Metzgerei übernommen hatte. Seine unterdrückten Gefühle ließen ihn immer depressiver werden. Abends saß er wie leergebrannt zu Hause und hatte für seine Familie kein gutes Wort mehr.

Bei ihm waren gleich zwei gravierende untergründige Gefühle auszuräumen. Widerwillen gegen seinen Beruf und Existenzangst. Nebenher hatte ich von ihm erfahren, daß er drei Fremdsprachen beherrschte und sich privat gerne mit Literatur und Übersetzungen beschäftigte. Daraufhin gab ich ihm folgende positive Suggestionen:

»In mir ist tiefe Ruhe und Harmonie. Die unendliche Weisheit meines Unterbewußtseins befähigt mich, meinen Beruf frei zu wählen. Mein sehnlicher Wunsch, mich mit Fremdsprachen zu beschäftigen, wird erfüllt werden. Mein Wunsch danach ist so stark, daß in kurzer Zeit plötzlich eine Arbeitsmöglichkeit vor mir steht. Ich sehe mich bei Übersetzungen. Die Möglichkeit kommt auf mich zu, meinen Beruf zu wechseln. Die wirtschaftliche Sicherheit für die Familie bleibt voll erhalten. Ich sehe, wie meine Familie sich freut über die Verwirklichung meines Berufstraumes. In aller Ruhe kann ich mich auf diesen Arbeitswechsel vorbereiten. Ich bin die einzige Autorität in meinem Leben, ich bestimme selbst, wie ich mein Leben führe.

In mir ist vollkommene Harmonie. Ich fühle, wie diese Harmonie jetzt auch mein Arbeitsfeld umfaßt. Ich habe mich für ein Leben in Harmonie und befriedigendem Erfolg entschieden.«

Ein Vierteljahr später saß er als Gasthörer in der Universität,

Studienfach Philologie. Seine Frau führte die Metzgerei weiter, bis er einmal neu Fuß gefaßt haben würde und sie das Geschäft verkaufen konnten.

Mir kommt es darauf an, Veranlagungen, freie Entwicklung zu sichern und die Menschen dadurch innerlich zu befreien und zu befrieden. Positives Denken bringt auch Ihnen innere Ausgewogenheit in Ihren Alltag, in Ihr *Jetzt*. Denn nur das zählt wirklich. Es bringt Sie auf die Sonnenseite des Lebens. Sie brauchen nur damit zu beginnen, in diesem Augenblick!

Sie erleben ständig, was Sie denken. Wo Sie auch immer hinkommen, Sie werden Ihre eigenen Gedanken antreffen. Ihre Vorstellungen sind es, die die äußeren Gegebenheiten kritisch formen. Nehmen Sie die Dinge viel mehr an. Wechselt der Chef oder die Regierung, dann äußert sich die Störung der gewohnten Gleichförmigkeit bei Ihnen vielleicht zuerst einmal als Unbehagen. Weshalb? *Sie* bleiben immer der gleiche Mensch. Ihre Sehnsucht, Ihr Leben optimal weiterführen zu können, bezieht ihre Kraft aus der unendlichen Stärke Ihrer höheren Intelligenz. Strahlen Sie seelenruhig Ihren berechtigten positiven Lebenswillen weiter auf Ihre Umgebung aus. Das ist Ihr größtes und wichtigstes Machtpotential, mit dem allein Sie jeden anderen Menschen, auch Ihre Vorgesetzten und sogar Ihre politischen Interessenvertreter überzeugend veranlassen können, auf Sie, auf Ihr Leben, auf Ihre Persönlichkeit Rücksicht zu nehmen. Nur Ihr eigenes Bewußtsein bestimmt darüber, wie Sie die anderen Menschen erleben. Dies ist der positive Weg, sein Menschsein in den Vordergrund zu stellen, den ich Ihnen schilderte.

Bewahren Sie in jeder Lebenssituation Ihre innere Ruhe. Sie wird Ihnen zur überlegenen Stärke, mit der Sie klar durchschauen, warum Ihnen gerade dies oder jenes widerfahren mußte. Sie schafft Ihnen schnellen Ersatz für alles, was Sie vielleicht mit dieser Erfahrung als Verlust buchen mußten.

Ihr positives Erfassen jeder Gegebenheit aktiviert Ihre echten, guten Lebenskräfte. Sie sind überlegen und sicher in Ihrer Ausgeglichenheit gegenüber Ihrer Umwelt. Alle Kraft, deren Sie im Alltag bedürfen, schöpfen Sie aus Ihrem harmonischen Wesenskern. Sie ruhen in sich selbst, was auch immer geschehen mag. Ihr Selbstbewußtsein ist für alle Zeit Ihre größte Stärke und Stütze.

Allein die positive Weltsicht, die Befreiung Ihrer Vorstellungen von abwertenden Gedanken, bringt diese wunderbare Wandlung auch in Ihnen in kurzer Zeit zustande. Wählen Sie den vorhergehenden Abschnitt zu Ihrer täglichen Meditationsformel. Schreiben Sie sie um in die Ichform und lesen Sie sie drei-, viermal am Tag; immer, wenn Sie einen Kontakt zu Ihrem Selbst benötigen, wenn Sie sich der unendlichen Weisheit Ihres Unterbewußtseins bewußt werden wollen. Sie wird Ihnen immer und sofort helfen, die innere Ruhe zu finden.

Ich beginne jeden Tag mit einer kurzen Meditation. Die Harmonie, die meine geistigen und körperlichen Kräfte noch von der Nachtzeit her verbindet, verankere ich damit fest im neuen Tag. Nach dem ersten Augenöffnen und Strecken meditiere ich zwei Minuten etwa mit der Vorstellung: »Ein neuer, schöner Tag liegt vor mir. Alle meine guten Kräfte werde ich heute entfalten können, alles Gute und Positive werde ich aus meiner Umgebung aufnehmen. Ich freue mich auf meine Aufgaben, mit deren Bewältigung ich helfe und Licht verbreite. Alles gelingt mir aus der vollkommenen Harmonie, in der ich ruhe und in der ich den ganzen Tag über bleiben werde.«

Lassen Sie sich nicht gleich beim Frühstück durch die Schlagzeilen der Tageszeitung aus Ihrer harmonischen Stimmung bringen. Beim Essen soll man ohnehin nicht lesen. Die Auseinandersetzung mit der Umwelt beginnt früh genug, wenn Sie sich Ihrer Tagesarbeit zuwenden. Bleiben Sie auch dann ruhender Fels in der Brandung der täglichen Informationen und Arbeitsanforderungen.

Leben ist mehr als Denken und Fühlen. Ihre Gedanken sind nicht blasse Theorie, mit der Sie Ihr Lebensgefühl in die Umwelt einordnen; sie sind entlassene, geistige Energie, die zur Verwirklichung drängt und sich materialisieren will. Gehen Sie aus diesem Grunde in Zukunft viel behutsamer mit ihr um. Prüfen Sie in jedem Fall den positiven Gehalt Ihrer Vorstellungen, bevor Sie sie kompakt, als abgeschlossenes Ganzes, aus sich herauslassen.

Benutzen Sie die empfohlene »Denkpause« (Seite 32 f.). In kurzer Zeit wird sie in Ihnen zu einer so automatisch wirkenden Kontrollstation werden, daß Ihnen ein Schimpfwort gar nicht mehr über die Lippen kommt – es ist auf dem Wege vom Gehirn zur Sprachformung schon als nicht-positiv abgefangen worden.

Zweifel, Kritik und Streßsituationen werden Sie bald nur noch an anderen erleben, denn Sie haben Ihre unendlich stärkere, unterbewußte Zentrale schon im voraus zur Bewältigung Ihrer äußeren Probleme eingeschaltet.

## Kraft aus der unbewußten Tiefe

Solange Sie nicht mit Ihrem Unterbewußtsein »bewußt zusammenarbeiten«, sind Sie wie ein Nichtschwimmer, der aus einem Boot fällt. Mit allen möglichen Tricks versuchen Sie, sich über Wasser zu halten, ohne die einfache Möglichkeit zu kennen, das Wasser zum tragenden Element für sich zu machen.

Ignoranz – Unwissenheit um die geistigen Gesetze – ist die Ursache aller negativen Erlebnisse, einschließlich körperlicher oder psychischer Krankheiten, wie wir später noch sehen werden.

Jeder Direktor einer Nervenheilanstalt kann von Patienten berichten, die sich für Napoleon halten. Dutzende von Leuten in aller Welt sind diesem Wahn verfallen. In ihren Hirnen hat sich diese Vorstellung fest eingegraben; sie beweisen, welcher Einbildungskraft der Mensch fähig ist. So, wie er sich manchmal irreparabel damit aus der Realität entfernen kann, so kann er die höchsten Lebenskräfte des Geistes in sich auch zu größerem Erfolg und positiver, menschlicher Entwicklung einsetzen. Anstatt mit falschem Gedankengut Neurosen oder Ängste zu erzeugen, erreicht er mit rechter Lenkung seiner unendlich vorhandenen geistigen Energie Gesundheit und höchste Vollkommenheit.

Werden Sie Meister der Imaginationsfähigkeit – im positiven Sinne. Sie selbst sind der Hüter dieses Schatzes; nur Sie können ihn auch heben. Der Schlüssel zu diesem Sesam liegt im Verständnis der Feststellung: Sie sind, was Sie denken! Die geistigen Gesetze richtig zu praktizieren, ist die Herausforderung Ihres Lebens. Wie viele positive Impulse aus Ihrem Unterbewußtsein haben Sie in Ihrem Leben schon überspielt durch Willensakte Ihres kleinen, weltlichen Ichs?

Ein Mitarbeiter erzählte mir einmal von seiner intuitiv begnadeten Frau. »Zwei Drittel meiner größten Erfolge in meinem Leben verdanke ich ihrer Intuition«, erzählte er fröhlich. »Vom ersten Drittel wäre vielleicht auch noch manches dazugekommen – wenn ich besser auf sie gehört hätte!« Inzwischen, bekannte er, hätte sich auch bei ihm diese Fähigkeit durch das ständige Beschäftigen mit untergründigen Bewußtseinsinhalten enorm gesteigert.

Intuition läßt sich also fördern. Die kreativen Kräfte der unendlichen Weisheit unserer höheren Intelligenz sind in jedem Menschen vorhanden. Sie sind ein Mysterium, lassen Sie es zu. Sie brauchen das Unter-Bewußte nur wieder bewußter fließen zu lassen durch positive Zuwendung zu seinem Wesenskern, zu Ihrer geistigen Mitte. Den Intellekt müssen Sie dabei überreden, sich wieder in die echte Geist-Leib-Seele-Einheit einzuordnen. Denken Sie immer daran, Sie sind der Herr im Hause. Sie verteilen das Stimmrecht, das Sie den einzelnen Ebenen, aus denen sich Ihre Persönlichkeit zusammensetzt, zusprechen.

Ein Intellektueller hält es meist nicht für möglich, durch einfache Gedankenkontrolle, durch Umpolen seiner Gedanken von negativem Grübeln auf positives Lebenserfassen sein Leben von einem Augenblick auf den anderen umstellen zu können. Dem vielseitig gebildeten Denker unserer Tage erscheint es geradezu primitiv, den Lebenslauf durch die Benutzung anderer Gedanken wandeln zu können, wo doch methodische Philosophie, religiöse Lehren und Ethik seit Jahrtausenden nichts geändert haben.

Wie können wir das *Positive Denken* auf einen kurzen, verständlichen Nenner bringen? Es bedeutet nichts anderes, als von dem Augenblick an, in dem einem die Erkenntnis wuchs, nicht die geringste Gedankenenergie mehr gegen die eigene Lebenskraft zu richten, keine Idee mehr von »ich kann nicht«, von Selbstmitleid oder irrealem Wunschstreben aufkommen zu lassen. Es bedeutet weiterhin, jede Handlung in jedem Augenblick von jetzt an in Harmonie mit der inneren Stimme, mit dem Gewissen, vorzunehmen. Das Ergebnis ist ein reibungsloses Eingliedern in Ihre Umwelt.

Prompt reagiert darauf auch Ihr Körper. Streß und Verspannungen lösen sich. Die einzelnen Organe werden wieder harmonisch und natürlich versorgt und erhalten ihre normale Funktionstüchtigkeit. Wie schwer es ist, diese klaren, einfachen Gedankengänge, die ein Siebenjähriger begreift, voll in die Realität umzusetzen, beweist unsere Vergangenheit. Lesen Sie die Geschichte Buddhas. Seine Lehre wurde im Laufe vieler Jahrhunderte aus Indien immer weiter nach Osten, Norden und Süden verdrängt. Der Prophet gilt nichts im eigenen Land.

Prüfen Sie Ihre Abneigung gegen Bibelworte. »Hör mir doch

auf mit Jesus«, sagt mancher, dem ein anderer mit einer geistlichen Wahrheit Hilfe bringen wollte.

Wir sind es, die der Wahrheit so ungerne Einlaß gewähren in unsere Burg festgefügter Vorstellungen. Dabei gibt sie uns bereitwillig Auskunft über unsere Fehler – an deren Auswirkungen im seelischen wie im körperlichen Bereich. Wahrsein klärt die untergründigsten Ursachen unserer Probleme und Krankheiten.

Wir sollten aber noch nicht allzu stolz auf die wissenschaftlichen Kenntnisse über unsere Psyche sein. Bis ins zwanzigste Jahrhundert hinein haben sie es fertiggebracht, unser Bewußtsein in seinen engen Vorstellungen über Lebensgefühl und Lebensbewältigung zu versteinern. Wir können uns selbst erlösen und zu vollkommeneren Menschen werden. Unser Schöpfer legte alle Anlagen dazu in uns. Wir müssen nur anfangen, den stärkeren Teil, das geistige Feld, in uns zu benutzen. Die Erlösung ist bereits da – in uns! Werden wir uns dieser Tatsache bewußt. Das ganze Leben ist ein einziges Be-wußt-werden.

Gehen Sie morgens fröhlich zum Arbeitsplatz, in Erwartung der guten Dinge, die, wie üblich, an diesem Tag auf Sie zukommen werden, dann ist allein schon der Schirm der Harmonie, den Sie auf Ihre Umwelt ausstrahlen, ein absoluter Schutz für Ihre positive Einstellung. Selbst wenn Ihnen ein schlechtgelaunter Chef gegenübertritt, wächst er aus seinem Tief heraus durch die Kraft, die ihm Ihre positive Motivation vermittelt.

Menschen, die so fest in ihrem harmonischen Wesen ruhen, sind oft der Trost ganzer Arbeitsgruppen. Mit ihrem sonnigen Gemüt bestimmen sie das »gute Wetter« im Betrieb. Sichern Sie sich auch für sich das unbefangene, fröhliche Erleben jedes neuen Tages. Seit jeher ist die Sehnsucht dazu in Ihnen. Es ist so einfach, sich einen klaren, blauen Seelenhimmel zu verschaffen.

Eine positive Bereinigung Ihres Unterbewußtseins verlangt allerdings Konsequenz: Füllen Sie Ihr Bewußtsein nur mit guten und positiven Gedanken. Sie bestimmen Ihre Zukunft. – Spüren Sie einmal einen Augenblick dem Wert nach: ver-gangen... Was klingt Ihnen daraus entgegen?... Vorbei, weggegangen von Ihnen, unbedeutend für Ihre Gegenwart. Wenn eine Szene, ein Vorkommnis des beendeten Tages Sie überhaupt nicht zur Ruhe kommen lassen will, wenn Sie von inneren Turbulenzen geplagt sind, die Ihnen Appetit und Schlaf zu rauben drohen, dann gewöhnen

Sie sich folgende Übung an. Setzen Sie sich in eine ruhige Ecke und zergliedern Sie den Vorfall nach drei Gesichtspukten:

1. Wie kam es dazu? Wer und was verursachte die Situation?
2. Warum trifft mich der Vorfall so hart? Hat mein Ego zu viel gewollt?
3. Erkenne ich die Möglichkeit, durch Wahrheit, Ehrlichkeit, offengelegte Gefühle, den Vorfall zu bereinigen?

Wenn Sie die drei Fragen an sich selbst mit einem *Ja* beantworten, dann haben Sie Ihr Problem schon bewältigt. Legen Sie sich schlafen, schieben Sie alle Gedanken auf eine kleine weiße Wolke in Ihrer Vorstellung und lassen Sie sie davonsegeln zum morgigen Tag, zu dem Augenblick, in dem Sie zu Ihrem Jawort stehen wollen. In der offenen, ehrlichen Bereinigung wird dann der Rest des unangenehmen Vorfalls aufgearbeitet. Sie nehmen das Schicksalsergebnis voll an, das seine Klärung ergibt. Sie sind frei zu neuem Handeln.

## Leben im Hier und Jetzt

Leben Sie im Jetzt, wie es die Zen-Buddhisten ausdrücken und wie sie es zum Satz höchster Lebensweisheit erhoben haben. Haben Sie schon einmal dem Sinn der Worte nachgespürt: hier und jetzt zu leben? Wo sollen wir denn sonst leben, als hier, wo wir uns befinden? – Sind Sie tatsächlich immer ganz »da«? Der Körper mag anwesend sein, die Gedanken sind meistens weit weg. Bei den Überlegungen, die ich über die Gedankenenergie anstellte, erhält dieses »weit weg« eine besondere, lebenswichtige Bedeutung.

»Ganz entspannt im Hier und Jetzt«, dieser Buchtitel des ehemaligen Sternreporters Jörg Andrees Elten alias Swami Satyananda gewinnt geradezu suggestive Kraft, wenn Sie ihn als meditative Vorstellung wählen. »Ganz entspannt im Hier und Jetzt«! Versuchen Sie, diesen Satz nachzuempfinden. Eine wunderbare Ruhe wird Sie durchströmen, vielleicht wird Ihnen sogar warm im ganzen Körper. Sie spüren in diesem Moment, daß Sie ganz »da« sind. Nur Ihre Gedanken können Sie aus diesem Zustand wieder entführen. Und das tun Sie den größten Teil des Tages. Wer mit seinen Gedanken unablässig in Vergangenheit oder Zukunft verfangen ist, lebt gar nicht richtig. Er entzieht sich der Realität des Daseins. Am echten Erleben schwebt er vorbei, denn das besteht nur aus den Augenblicken des Jetzt, des Da-Seins. Alles andere ist Illusion, Phantasieprodukt ohne Wirklichkeitsgehalt.

Damit Sie es nicht falsch verstehen: Ich will damit nicht sagen, Sie sollen auf alle Ihre Erfahrungen aus der Vergangenheit verzichten und in die Zukunft hinein leben wie der Spatz vor der Tür. Tibetanische Bettelmönche mögen das als Ideal ansehen. In unserer westlichen Kultur sind wir sehr wohl darauf angewiesen, unseren Intellekt zu verwenden, aus der Vergangenheit zu lernen und für uns allein oder unsere Familie auch in die Zukunft hinein für unser Dasein zu sorgen. Wer würde sonst die nächsten Kartoffeln setzen?

Ich meine mit jenen in anderen Zeiten schwebenden Gesprächspartnern diejenigen, die in jeder Minute ihres Wachseins geradezu aus der Gegenwart flüchten. Sie sprechen beständig von ihren Plänen oder Vorhaben oder, wie oft alte Damen oder Pensionäre, von ihren Erlebnissen und vergangenen Taten oder – noch schlimmer – von ihren Krankheiten.

Leben in der Vergangenheit macht alt und schnürt vom Jetzt, in dem wir doch allein lebendig sind, ab. Leben in der Zukunft bringt uns um jedes Erfolgserlebnis und um die Ruhe, am echten Leben teilzuhaben. Menschen, die ständig von ihren Vorhaben erzählen, denen brauchen Sie nicht abzunehmen, daß sie auch nur einen Teil davon verwirklichen. Projizieren wir unsere Wünsche und Träume mit unserer positiven Vorstellungskraft auf die Zukunft, dann werden wir die Erfüllung erleben.

Die un-endliche Weisheit des Schöpfers dieses Universums legte in jeden die Lebenskraft zu vollkommener Entfaltung und eigenständiger Entwicklung. Wir müssen sie selbst in Gang bringen, indem wir schöpfen lernen aus der Quelle unserer Existenz. Dazu gehört Vertrauen zu uns selbst.

## Mein Weg in die geistige Freiheit

Ich weiß, wovon ich spreche, denn auch ich habe einen steinigen Lebensweg hinter mich gebracht, bevor mir 1973 das Buch Dr. Murphys »Die Macht Ihres Unterbewußtseins« in die Hand kam.

Auf den ersten Seiten schrieb er dort, »daß dieses Buch Ihr Leben verändern wird, wenn Sie tun, was ich sage«.

Ich habe getan, was er sagte – weil mir gar nichts anderes übrig blieb. Bis zu diesem Zeitpunkt war ich jahrelang krank, erfolglos, mißmutig und depressiv gewesen. Die negativen Programmierungen meiner Kindheit waren noch voll wirksam und schufen ihrem Wesen entsprechend meine Realität. Anders gesagt: Erfolgreich war ich schon immer, wenn auch anfangs ganz im negativen Sinn. Vieles hatte ich vorher versucht, um mich aus dem düsteren Leben zu retten, in das mich mein »Schicksal« verschlagen hatte. Ich war und blieb, was ich war. Fett und mit dem Gefühl der Minderwertigkeit begann ich die Arbeit an mir selbst.

Da erkannte ich plötzlich, daß mein buchstäbliches Pech nur aus dem negativen Programm meines Unterbewußtseins stammte. Der destruktive und abwertige Tenor meiner Gedanken war durch Suggestionen seit meiner frühen Kindheit erhärtet. Mein Vater brachte sie durch ständig wiederholte Beschimpfungen zustande. »Du bist dumm. – Du bist faul. – Du wirst schon sehen, wohin du kommst. – Du taugst rein gar nichts!«

Kommt Ihnen das mehr oder weniger bekannt vor? Zusammen mit weit härteren Beschimpfungen, die jahrelang auf einen jungen Menschen niederprasseln, können sie ihre Wirkung gar nicht verfehlen. Das Resultat ist ein heranwachsender, in seiner Persönlichkeit beschränkter, destruktiver, minderwertigkeitsgeplagter, sogenannter normaler Mensch.

Auch bei mir war das Resultat in allen Leistungen allenfalls Mittelmäßigkeit, im Negativen aber geradezu erfolgreich. Das zeigte sich besonders in meiner endlosen Reihe von Krankheiten. Ich absolvierte sie so oft und so intensiv, wie ich es nur ermöglichen konnte. Addiert lag ich in meiner Jugend mehr als zwei Jahre in Krankenhäusern.

Dann kam also einmal der Punkt, an dem mir bewußt wurde, daß es mir wie dem leichtfertigen Zauberlehrling ging. Die Geister, die ich rief, wurd' ich nun nicht los. Negative Gedanken können sich genauso verselbständigen wie positive. Das wurde mir plötzlich klar. Meine Wandlung begann in dem Augenblick, in dem ich lernte, positiv umzudenken.

Meine Übersäuerung des Magens, mein Sodbrennen, meine Gastritis verschwanden in wenigen Tagen, nachdem ich in einem emotionalen Aufbruch mein Unterbewußtsein richtig motivierte.

Was tat ich? Vor einem Spiegel sagte ich mir selbst, daß alle Aussagen, alle Suggestionen der Vergangenheit, nicht meine Aussagen gewesen waren und ich ihnen von nun an ihre Macht entziehen wollte. Von nun an sollte nur noch meine Meinung über mich gelten. Ich entschloß mich, mein Leben von jetzt an als erfolgreich zu betrachten. Ich wollte den Weg des positiven Denkens gehen.

Mein Unterbewußtsein befolgte meine positiven Gedanken zu meiner Gesundung wie ein getreuer Befehlsempfänger. In Jahresfrist hatte ich dreißig Kilo meines Übergewichts verloren und sah nun auch aus wie ein neuer Mensch, der ich innerhalb weniger Tage innerlich bereits lange geworden war.


## Die Tarnkappe des falschen Denkens

Sicher spüren Sie allmählich, wie wir alle zu Sklaven der Vorstellungen geworden sind, die uns seit Kindheitstagen eingeprägt wurden. Wer wußte schon, welche Macht damit lebensbestimmend auf unser Unterbewußtsein einwirkte? Wie viele spürten die hohe geistige Substanz, wenn Jesus etwa sagt: »Das Reich Gottes ist in euch!« oder wenn Lao-Tse die geheimnisvolle Wirkung des Unbewußten in die Worte faßt: »Aus dem Sein sind die zehntausend Wesen geboren; das Sein ist aus dem Nichtsein geboren.«

Im »Positiven Denken« wird jeder nächstliegende Gedanke beim Schopf gepackt und zurechtgerückt, wenn er sich als falsch gepolt erweisen sollte. Was Sie jetzt denken, entscheidet über Ihr nächstes Erleben. Der jüngste und unverbildetste Mensch begreift sofort die Wichtigkeit *dieses* Augenblicks als Vorbereitung für den nächsten. Jetzt gehört der Verstand in die Schranken verwiesen, wenn wir Fehler bei ihm entdecken, denn wenn überhaupt etwas zu ändern ist, dann in diesem Augenblick, in dem wir ausschließlich zur Handlung befähigt sind.

Zu den ersten praktischen Schritten gehört das Bewußtmachen unserer abwertenden Gedanken und Worte. Es ist gar nicht so einfach, zu entdecken, was uns überhaupt so viele Jahre geschädigt haben soll. Wer denkt, ich kann nicht..., ich fürchte..., ich bezweifle... und ähnliches, der suggeriert seinem Unterbewußtsein Ängstlichkeit, Unsicherheit, Unfähigkeit. Setzen Sie in Ihrem

Denken und Sprechen in Zukunft immer das direkte Erleben in den Vordergrund: »Ich bin..., ich erlebe..., es ist so, wie ich es meinen Sehnsüchten entsprechend erleben will.«

Zu mir in die Praxis kam ein Büroangestellter, der durch den Konkurs seiner Firma nach dreißigjähriger Zugehörigkeit entweder in die Portiersloge der Auffangfirma oder auf die Straße gesetzt werden sollte. Der Mann zitterte an Leib und Seele und wollte sich das Leben nehmen. Nach seiner Lehrzeit war er in einem technischen Überwachungsbüro dieser Firma eingesetzt worden und hatte dort seitdem getreulich über die Jahrzehnte die ihm zugewiesene Aufgabe erfüllt. Nie war er aufgefallen, nie war er jemandem zu nahe getreten. Und niemand sah sich je veranlaßt, seine durchaus vorhandenen technischen Qualitäten etwa durch eine Beförderung effektiver einzusetzen. Und nun der Verstoß aus der Sicherheit! Nur seiner energischen Frau hatte er es zu verdanken, daß er den Weg zu mir gefunden hatte.

Selten sah ich einen derartig unterwürfigen Menschen. Er war völlig geknickt; seit seiner Kindheit stand er im Schatten seines jüngeren Bruders, der alles besser machte als er, der immer bevorzugt und gelobt wurde, selbst wenn der große das gleiche vollbracht hatte. Offensichtlich war er im Laufe der Zeit froh, überhaupt am Leben bleiben zu dürfen. So blieb seine Persönlichkeit ein Schatten; zuerst in der Familie, dann in der Lehre, dann im Beruf. Sein Leben lang hatte er sich still im Hintergrund gehalten, bis seine Firma ihn jetzt nicht mehr »dulden« konnte.

Einem Fünfzigjährigen die Augen für die Vielfalt des Lebens und die unerschöpfliche Kraft seines Unterbewußtseins zu öffnen, ist fast so schwierig, wie einen altgedienten Gaul aus seinem Trott zu bringen. Es bedurfte schon erheblicher Anstrengungen, um ihn erst einmal dazu zu bewegen, die Scheuklappen abzulegen und das Leben nicht nur mit seinem Büroblick zu betrachten. Auf einem meiner Seminare erfuhr er wohl zum ersten Mal in seinem Leben, wie man Gefühle offen anderen Menschen mitteilen kann. Ich machte ihm klar, daß nur eine Umprogrammierung seines Unterbewußtseins ihm den Weg zu Sicherheit, Selbstbewußtsein und Erfolg öffnen könne. Die alten destruktiven und beschränkenden Speicherungen in seinem Unterbewußtsein waren die Ursache vergangener und gegenwärtiger Probleme. Er bekam nach dem Suggestivprogramm des »Positiven Denkens« folgende Formel zur mehrfachen, täglichen Meditation mit nach Hause:

»In mir ist vollkommene Harmonie. Ich weiß mich geborgen in der Mitte meines Wesens. Aus der unerschöpflichen Weisheit meines Unterbewußtseins erwächst mir die Kraft, alles Lebensnotwendige zum Besten für meine Frau und mich gelingen zu lassen. Ich bin frei und sicher, ich bin klar und erfolgreich. Die Liebe, die ich meinen Mitmenschen entgegenbringe, fällt auf mich zurück durch ihr Entgegenkommen, ihre Hilfsbereitschaft und ihr Interesse an Zusammenarbeit.

Ich sehe mich erfolgreich eine neue Stellung antreten und weiß, daß meine innere Kraft dieses Bild bald verwirklicht. Mit Zuversicht und in tiefer Ruhe gehe ich in die Zukunft. Alles ist zu meinem Besten vorbereitet. Meine innere Stimme wird mich zielgerecht und sicher diesen Weg weisen.«

Diese Richtgedanken, auf die ich im dritten Kapitel noch ausführlicher zu sprechen komme, sollen täglich vier-, fünfmal konzentriert gelesen oder später auswendig vorgesagt werden. Dem Sinngehalt dieser Worte ist dabei tief innerlich als wahres, eigenes Erleben nachzuspüren. Besonders vor dem Schlafengehen dringen sie dann wie durch Osmose immer tiefer in die zu prägenden unterbewußten Schichten unseres Geistes.

Über viele Wochen lief die Behandlung dieses Menschen einschließlich der Unterstützung mit der Suggestionsformel. Schon nach zehn Tagen empfanden wir alle die Befreiung seiner Gefühlswelt, das Aufblühen seines Wesens, das sich nicht mehr im Lebenstief versunken sah.

Acht Wochen nach der Behandlung rief seine Frau an. Er hatte durch das plötzliche Ausscheiden eines Kollegen in einer anderen Firma eine ähnliche Stellung, jedoch alleinverantwortlich, bekommen. »Ohne Ihre Schulung«, meinte seine Frau, »hätte er sich diese Selbständigkeit nie zugetraut!«

## Die vier großen Sehnsüchte

Haben Sie den Wirkmechanismus der Suggestivformeln durchschaut? Dann beginnen Sie *sofort* damit, Ihre Gedanken einer gewissen Kontrolle zu unterwerfen. Verbannen Sie jede negative Überlegung und jeden Zweifel.

Es ist Unsinn, sich einzureden, eine Katze von rechts nach links über den Weg laufen zu sehen, brächte Unglück und ein selbstzerbrochener Spiegel sieben Jahre Pech. Halten Sie sich frei von der Modeabhängigkeit von Zukunftsdeutungen, wie sie die Horoskop-Ecken der Zeitungen erzeugen. Für sie muß die Astrologie ihre sensationsträchtigste Seite zu Markte tragen, die ihre tiefen, echten Zusammenhänge mit den Lebenszyklen eher unglaubwürdig macht, als sie zu bestätigen.

Die Sterne sind nur ein Spiegelbild Ihrer eigenen geistigen Konstellation. Ihr Geist steht Ihnen aber näher als kosmische Spiegelbilder. Sie erfahren also in sich viel besser, was andere aus den Horoskopen lesen. Astrologie vergleiche ich gerne mit einer Segelpartie auf einem böigen See. Einem guten Segler ist es gleich, woher der Wind bläst, er weiß sein (Lebens-)Schiff zu beherrschen und wird sein Ziel erreichen. Denken Sie daran: »Die Sterne zwingen nicht, sie machen nur geneigt« (Schiller).

Die Wünsche jedes Individuums lassen sich auf vier einfache, gemeinsame Grundformeln vereinfachen:

Wir sind glücklich, wenn wir vollkommen gesund sind. Damit ist die Gesundheit von Körper, Geist und Seele gemeint.

Wir sehnen uns nach innerer und äußerer Harmonie. Positives Denken führt uns auf den Weg der Erfüllung dieser Sehnsucht.

Die dritte wichtige Grundformel menschlichen Strebens ist der Erfolg. Wir wollen uns durchsetzen und sehnen uns nach Anerkennung. Es gehört zu unserem Trieb der Lebenserhaltung, in unserer Umwelt günstige Bedingungen für unser Leben zu erreichen. Damit ist nicht die reine Geldgier gleichzusetzen, die von der westlichen Welt aus über die ganze Erde als Synonym für Erfolg gesetzt worden ist. Purer Egoismus ist nicht mit innerer Harmonie zu vereinen. Natürlich spiegelt sich echter, menschlicher Erfolg meistens auch auf dem Bankkonto. Wer aus seinem geistigen Kern heraus lebt, dem fällt auch vom Reichtum dieser Erde mehr zu, als er benötigt. Er wird nie Mangel leiden. Er ist positiv zum Leben eingestellt, und die unerschöpflichen Reserven des Unterbewußtseins stehen ihm offen.

Das vierte menschliche Glück liegt in der Liebe. Die körperliche Liebe, die Sexualität, ist nur ein kleiner Teil der Liebe, die alle Wesen umfaßt. In jeder Situation seines Lebens sehnt sich der Mensch nach dieser verbindenden, bergenden Liebe, die ihm Erfüllung und höchste Lebensintensität bedeutet.

Wer sich nach Liebe sehnt und sie von anderen erwartet, muß zuerst in sich selbst der Liebe zur Mitwelt zum Durchbruch verhelfen. So ist es das Wichtigste, wie es Erich Fromm in »Die Kunst des Liebens« auführlich schildert, in uns die Liebe aufkeimen zu lassen. Uns selbst zu lieben ist aber die Voraussetzung dafür, je einen anderen lieben zu können.

Sehnen Sie sich aus ganzem Herzen nach Liebe und verwirklichen Sie sie vielleicht mit folgender Formel: »In mir ist tiefe Ruhe und Harmonie. Ich liebe mein Leben und meinen Körper. Die unerschöpfliche Kraft meines Unterbewußtseins durchströmt meinen Körper bis in jede Zelle und reinigt und stärkt mich. Aus der Harmonie, die mich erfüllt, strahlt meine Liebe auch zu allen Menschen meiner Umgebung. Ich fühle die Verbundenheit aller Seelen und bin ein gleichwertiges Mitglied der Gesellschaft. Ich bin voller Harmonie und voller Liebe, ich bin gesund und glücklich.«

Die Liebe zu sich selbst zeigt sich auch im Umgang mit unserem Körper. Vernachlässigen wir ihn in Schmutz und Krankheit oder erhalten wir unseren weltlichen Tempel klar und rein, um unsere geistige Lebenskraft ungebrochen durch ihn in die Welt strahlen zu lassen? Liebe zu sich selbst heißt, mit seiner geistigen Kraft alle niederen Wünsche und Gelüste zu überwinden und durch positives Denken sein inneres Wesen im Laufe des Lebens aufzurichten und zu vollkommenem Gleichklang mit unserer Schicksalsbestimmung zu führen. Die Liebe zu sich selbst bedeutet letzten Endes, die Harmonie zwischen Geist, Leib und Seele zu erhalten. Sie ist *ein* Weg zur Selbstverwirklichung.

## Ihr Intellekt – größtes Hindernis auf dem Weg zum Selbst

Das Positive Denken kann für Sie das Märchen vom Baron von Münchhausen, der sich am eigenen Schopf aus dem Sumpf zog, zur Wahrheit werden lassen. Wie in jedem Lebewesen auf dieser Erde, schlummert in Ihnen die unendliche geistige Kraft unseres höheren Bewußtseins. Werden Sie durchlässig für diese Energie, um Ihren Alltag glücklicher, vollkommener und sorgenfreier zu erleben. Überwinden Sie als erstes das größte Hindernis auf diesem Weg, Ihren Intellekt.

Überwinden Sie Ihr kleines weltliches Ich, das Sie ständig in die Sphäre des Wünschens und Begehrens stürzt. In unserer Konsumgesellschaft ist das Vergnügen, die große Abwechslung wichtiger geworden als die Arbeit und Gesundheitsfürsorge. Haben Sie schon bemerkt, wie dieser Trend auch Sie in immer höhere Ansprüche an Ihren Körper und Ihre Leistungsfähigkeit, in Anforderungen und Probleme verstrickt? Die Zeitungen und alle anderen Medien sind voller Berichte, wieviel und was wir uns gegen Ende dieses Jahrhunderts alles zumuten.

Machen Sie Schluß, sich daran zu beteiligen. Stoppen Sie in diesem Augenblick Ihre Bereitschaft, dieses negative Graben in unseren Lebensumständen mitzumachen. Sie leben jetzt und genießen den Augenblick. Düstere Ausblicke auf die Zukunft haben sich bisher immer selbst widerlegt, denn wir leben jetzt besser als vor zwanzig, fünfzig oder hundert Jahren. Denken Sie daran, wie oft Jehovas Zeugen schon den Weltuntergang vorausgesagt haben. Glauben Sie an das Jetzt, an den Lebenswillen in sich und in allen anderen Menschen und nehmen Sie sich selbst in die Verantwortung, nur das Gute, Positive in Ihrem Leben zu verwirklichen – mit jeder kleinsten Handlung, mit jedem Gedanken.

Sie sind sich jetzt der Tragweite Ihrer negativen Gedanken bewußt geworden und lassen sie fallen wie faule Äpfel. Für jeden Handgriff übernehmen Sie ab sofort volle Kontrolle und volle Verantwortung. Sie handeln nur noch aus tiefer, innerer Überzeugung, aus innerer Eingebung.

Wenn Sie bei der Arbeit etwas vergessen haben, sind Sie kein Drückeberger und schieben die Schuld einem anderen zu. Wenn Sie beim Autofahren unachtsam einen anderen Wagen angefahren haben, klemmen Sie dem anderen Fahrer einen Zettel an die Scheibe. Übernehmen Sie Verantwortung – und Sie werden erleben, wie Ihr Selbstbewußtsein steigt. Sie horchen nicht mehr auf Ihren Verstand, der Sie mit allerlei Tricks um Ihre Wahrhaftigkeit betrügen will. Ihre Persönlichkeit ist gewachsen, sie hat die vielen kleinen Ängste überwunden, die der Intellekt ihr mit seinen Machenschaften früher aufhängte. Sie tragen die Verantwortung für sich selbst.

Mit dieser Haltung aktivieren Sie Ihr unerschöpfliches Kraftpotential, für das es keine Probleme mehr gibt und das Sie unabhängig und frei werden läßt. Ängstlichkeit und Sicherheitsstreben verschwinden. Die Sicherheit im Leben erwächst aus Ihnen selbst. Sehr schnell fühlen Sie die Macht Ihres Unterbewußtseins. Sie erkennen: *Die größte Lebensversicherung liegt in Ihnen selbst*. Ihr geistiges Energiepotential ist die unzerstörbare Urkraft Ihres Lebens.

## Schlüsselworte: Harmonie und Liebe

Von nun an rangiert in Ihrem Dasein die innere Harmonie vor allen Gedankenspielen Ihres Verstandes. Wie ein Wunder wird es Sie anmuten, auf diese Weise alles zu gewinnen, worum sich der Intellekt mit aller Willensanstrengung meistens vergeblich bemühte: Gesundheit und Erfolg. Die Hilfe, die fast alle ständig von außen erwarten, haben Sie in überreichlichem Maße in sich selbst gefunden.

Manche fürchten, durch das Positive Denken in Kommunikationsschwierigkeiten mit ihren Mitmenschen zu geraten. Sie glauben, lebensfremd zu werden. Unsere Zivilisation ist technisch ein so kompliziertes Gebilde geworden, daß wir durch Arbeitseinteilung und ständigen Informationsaustausch geradezu lebensnotwendig auf gegenseitige Unterstützung angewiesen sind. In unserer materiellen Welt funktioniert das im allgemeinen wunderbar. Der Intellekt hat die richtigen Methoden im Griff.

Was nützt aber den Büroangestellten oder den Fließbandarbeitern die ausgefeilteste Technik zur Arbeitserleichterung, wenn sie sich aus lauter seelischer Unruhe am Arbeitsplatz und zu Hause gegenseitig das Leben zur Qual werden lassen? Die ärgsten psychosomatischen Krankheitszellen in unserer Wirtschaft, sagen die Statistiker, sind unsere Großraumbüros und Fabriken. Neid, Mißgunst und triebhafte Wünsche zerstören die Menschen in sich selbst und lassen sie sich gegenseitig bekämpfen.

Erkennen Sie Ihre egoistischen Gefühle und Triebe und lernen Sie sie zu kontrollieren. Beobachten Sie, wie Ihre Gedanken sich gegeneinander ausspielen, wie Ihre Gedankenenergie sich vergeudet und sich um Dinge schert, die für Sie gar nicht wichtig sind, die Sie sogar behindern und schwächen. Unangenehme Erlebnisse haben eine besondere Langzeitwirkung. Es mag nur eine unbefriedigende Abendunterhaltung zwischen Eheleuten gewesen sein;

das Nachdenken darüber hält wach.

Ihr Schlaf ist aber zur Regeneration da. Sie brauchen ihn so notwendig wie die Luft zum Atmen. Machen Sie es sich deshalb zur Regel, Vergangenes, Unabänderliches dort in der Vergangenheit ruhen zu lassen. Sie sind schon viele Schritte weiter im Jetzt und haben sich von jenem Erlebnis, das anderen die Nachtruhe rauben würde, lediglich gemerkt, wie Sie das nächste Mal *nicht* handeln werden. Diese Erfahrung nehmen Sie mit sich, sonst nichts. Neue Gedanken darüber zu verschwenden, die vielleicht immer wieder Ihr Gemüt in Wallung bringen könnten, wäre Zeit- und Kraftaufwendung. Danken Sie Ihrem Unterbewußtsein, Ihnen die Lösung des mißlichen Problems gezeigt zu haben, das Sie höchstwahrscheinlich ganz allein durch fehlende Liebe zur Sache oder zu Ihrem Gesprächspartner verursacht haben, und schlafen Sie in dem Bewußtsein ein, das fehlende Verständnis, die fehlende liebevolle Zuwendung zu Ihrem Partner gleich bei der ersten Gelegenheit – vielleicht noch vor dem Einschlafen – auszugleichen. Ihr Gewissen ist damit erleichtert und dankt Ihnen Ihre Einsicht durch Ihre persönliche Überzeugungskraft, mit der Sie wieder alles einrenken.

Die innere Ruhe und Ausgeglichenheit, die Sie durch Positives Denken erfahren, beschenkt Sie unsagbar reichlich durch echte, tiefe Lebensbefriedigung! Der Ruhepol des Lebens, die innere Freiheit, glücklich und lebensfroh unsere herrliche Welt zu genießen, liegt in Ihnen selbst. *Lassen Sie den Verstand die äußeren, notwendigen Dinge erledigen. Dazu ist er da.* Er hat nicht auch noch Ihre Gefühle, Sehnsüchte und Wünsche methodisch zu verwalten. Dafür schöpfen Sie Ihre Impulse besser aus der überlegeneren, höheren Instanz Ihres Seins, aus der unendlichen Weisheit Ihres unbewußten Seins.

Machen Sie sofort eine Probe aufs Exempel. Packen Sie das nächstliegendste Problem beim Schopf und zerlegen Sie es in seine Einzelteile. Warum haben Sie Ihrer Frau vorhin an den Kopf geworfen, kein Verständnis für Sie zu haben? Warum haben Sie vorhin Ihrem Mann vorgehalten, nie Zeit für Ihre Sorgen zu haben? – Gehen Sie augenblicklich zu Ihrem Ehepartner, wenden Sie ihm Ihre ganze Liebe zu und sagen Sie zu ihm:

»Ich war vorhin ungeduldig. Ich habe Dinge, die mich gerade bewegten, viel zu ernst genommen. Es ist überhaupt nicht wert, darüber ein lautes Wort zu verlieren. Entschuldige bitte! – Wie kann ich dir helfen, dir deine Kümmernisse aus dem Weg zu räumen?«

Wenn Sie sich auf eine wichtige Aufgabe vorzubereiten haben, gehen Sie konsequent immer nach dem gleichen Muster vor:

Langfristig vorher kümmern Sie sich ausführlich um volle Information über die Gebiete, über die Sie Bescheid wissen müssen. Seien Sie übergenau. Sie wollen Erfolg haben, und Sie stellen an sich selbst die höchsten Ansprüche. Wie Sie bei dieser Arbeit auf die Hilfe aus Ihrem Unterbewußtsein zurückgreifen können, erfahren Sie im dritten Kapitel.

Kurzfristig kümmern Sie sich nur noch um Ihre seelische Ausgeglichenheit. Versetzen Sie sich in Ihrem seelisch-körperlichen Haushalt in vollkommene Harmonie. Überantworten Sie den Ablauf des wichtigen Tages der unendlichen Weisheit Ihrer höheren Intelligenz. Jetzt fühlen Sie sich geborgen und Ihres Erfolges sicher.

Wenn Sie intensiv nach diesem Muster vorgehen, dann lösen Sie Ihre Probleme schon, bevor Sie bewußt werden. Welche Aufgabe auch immer gerade vor Ihnen liegt, ob sie Ihnen leicht oder schwer erscheinen mag, lehnen Sie sich in Ihrem Stuhl zurück und sagen Sie still in sich hinein: »Ich bin. Ich bin vollwertig; ich lebe, ich lebe richtig, also habe ich auch die Kraft, alle meine Vorhaben zu verwirklichen. Ich lebe, ich verwirkliche und ich bewältige alles, was ich mir vornehme. Die unerschöpfliche Lebenskraft in mir hat mich bis zu diesem Lebenstag erhalten, gestärkt und gelenkt, sie führt mich auch jetzt zur Bewältigung meiner Aufgabe. Ich bin dankbar! Ich bin lebensfroh und erfolgreich, und ich freue mich über meinen Erfolg. Ich bin in voller Harmonie mit meinem geistigen Zentrum. Ich freue mich auf den kommenden Tag, es wird ein glücklicher, erfolgreicher Tag!«

Tiefe Ruhe breitet sich in Ihnen aus. Sie sind selbst-bewußt geworden und errichten in sich Ihre eigene Autorität, die einzige Autorität, die Sie anerkennen. Aus eigener Kraft meistern Sie Ihr Schicksal, gelenkt und geleitet von einer unendlichen Weisheit, der Energie, die seit Geburt in Ihnen vorhanden ist. – Schreiben Sie mir, wie es Ihnen am nächsten Tag ergangen ist. Ich möchte gern wissen, ob ich Ihnen im richtigen Augenblick den richtigen Impuls gegeben habe.

Die meisten Entscheidungen trifft in unserem Alltag unser Intellekt. Zum weit überwiegenden Teil sind unsere Handlungen nach dem Nützlichkeitswert ausgerichtet. Darunter leiden am meisten unsere zwischenmenschlichen Beziehungen, die Liebe und die Harmonie.

Es gibt viele Wege, den sicheren Hort und die Kraftzentrale in unserem Unterbewußtsein zu erreichen. Das Einschränken der wilden Gedankenflut durch Konzentration, das tiefe Gebet oder die Meditation führen zu unserer geistigen Kraft. Jeder kann und muß sich seinen eigenen Weg zur Selbstverwirklichung suchen.

Für mich ist das Positive Denken der erste und schnellste Schritt, sich von negativen, zerstreuenden Gedankenenergien zu trennen. Erich Fromm gibt in seinem Buch »Haben oder Sein« eine ähnliche Trennungslinie zwischen positivem und negativem Leben. Er teilt die Menschheit in Haben- und Sein-Menschen. Diejenigen, die nur *haben* wollen – von der Umwelt und den Mitmenschen –, sind in der Überzahl. Nur einer kleineren Zahl genügt das einfache Sein, das Da-Sein. Sie sind die Natur- und Gottverbundenen.

Nur wer in Harmonie mit seiner geistigen Kraft, seinen unterbewußten Leitsignalen lebt, lebt wirklich. Mobilisieren Sie diese Leitsignale in sich – später werde ich Sie in die richtige Suggestionstechnik dazu einführen –, und beginnen Sie, Ihr Tagesdenken für die gute Qualität Ihrer Gedankenenergien empfindlicher zu machen.

Befreien Sie sich von dem Ballast, den Sie täglich Ihrem Gewissen aufbürden. Befreien Sie sich auch von falschen Vorstellungen. Das ist so einfach wie das Einmaleins. In Harmonie mit Ihrem Unbewußten stehen Sie in höchstem Schutz. Einssein mit Gott verschafft einem immer die Mehrheit unter den Menschen. Die positive Kraft, die in Ihrem Unterbewußtsein schlummert, ist jedem kleinlichen Ich-Streben unendlich überlegen. Sie allein kann Sie in jene Zone des Lebensglücks erheben, in der Sie sich geborgen fühlen können vor Alltagsproblemen und sogar Krankheiten. Es ist noch ein weiter Weg, bis Sie diese Aussage ganz verstehen werden. Die Fälle der Praxis werden Ihnen das immer mehr verdeutlichen.

Eine Sekretärin mittleren Alters richtete einmal die Frage an mich, ob ich ihr aus ihrer schlimmen Lebenslage helfen könne. Sie sei der Sündenbock der Firma. Jeder mache sie verantwortlich, wenn irgendwo etwas schiefginge. Daraus hatte sich im Laufe der

Zeit ihre größte Sorge entwickelt, daß ihr Chef eines Tages die falschen Anschuldigungen ernst nehmen und ihr kündigen würde.

Ich konnte ihr nicht gut erklären, daß sie mit ihrer Stellung als »Fehlerdepot« in ihrer Firma in sozialpsychologischer Sicht eine hochwichtige Gemeinschaftsfunktion erfüllte. Das schwarze Schaf einer Arbeitsgruppe wird nie gefeuert. Jeder, auch der Chef, braucht es, um seine Schuldgefühle abzuladen, die er nie selbst zu tragen bereit ist. Das ist eine der Finessen der soziologischen Verstandesakrobatik.

Der Sekretärin, die darunter litt, konnte diese Überlegung wenig helfen. Ich mußte ihr vielmehr helfen, ihre verursachende Haltung zu ändern, die sie zum seelischen Schuldsammelplatz werden ließ. In ihrer Hilflosigkeit gegenüber ungerechtfertigten Beschuldigungen hatte sie sich eine halb jammernde, halb keifende Art der Entgegnung angewöhnt, die ihrer Glaubwürdigkeit nicht gerade zuträglich war.

Vor allem mußte sie ihre Selbstsicherheit wiederfinden. Ihre positive Gedankenausrichtung wurde mit folgenden Leitsätzen eingeleitet: »Ich bin gesund und voller Harmonie. Tiefe Ruhe und Zuversicht erfüllen mich. Sicher und erfolgreich bin ich in meiner Arbeit. Ich bin geborgen in der unendlichen Kraft meines Unterbewußtseins, die mein Leben bestimmt und mich glücklich und zufrieden macht. Mit Liebe und Zuneigung denke ich an meine Kollegen und alle anderen Mitmenschen, mit denen ich harmonisch zusammenarbeite und lebe. Ich danke dem Schöpfer für die Fülle und den Reichtum am Erleben, an innerem und äußerem Glück, an dem ich in meinem Leben teilhaben kann.«

Diese Sätze sollte sie sich mehrmals am Tage laut vorlesen. Wenn sie nicht ungestört war, genügte das Lesen in stiller Konzentration. Ich erklärte ihr, je tiefer sie den Sinn voll in ihr Gemüt aufnähme, je plastischer sie sich bildhaft die Auswirkung ihrer positiven Meditation ausmale, je eher würde sie an sich eine grundlegende Veränderung zur Umwelt bemerken.

Drei Wochen später erzählte sie mir beim Abschiedsgespräch, ihre Kollegen würden sie jetzt schon fragen, was mit ihr geschehen sei. Man könne sich gar nicht mehr richtig mit ihr herumstreiten. So schnell war sie sich ihres Eigenwertes bewußt geworden. Die aufkeimende Harmonie in ihrem Wesen strahlte bereits auf ihre Umwelt und verhinderte die ständigen Konfrontationen.

Ein halbes Jahr brauchte sie insgesamt, um den Gegenpol ihrer früheren Aschenputtel-Position zu erreichen. Ihre Ruhe und Ausgeglichenheit zogen nun alle Ratsuchenden an. Die Mitarbeiter suchten Schutz und Hilfe bei ihr, und der Chef äußerte eines Abends vergnügt, eine »neue« Sekretärin hätte ihm einen Sanatoriumsaufenthalt erspart.

Jene Kollegen, die wie hier in diesem Fall stets einen Sündenbock suchen, auf den sie ihre Schuldgefühle abwälzen können, leben nicht leichter als ihre armen Opfer. Schuld ist nicht durch Verdrängung beseitigt. Ein Bösewicht wandelt sich nicht durch einen anderen Anzug. Er lebt nur kurzfristig in der Einbildung, sein Gewissen befreit zu haben.

Diese Art des Delegierens von Verantwortung, wenn etwas Unangenehmes geschehen ist, zerrüttet den Ausübenden manchmal stärker als den Beschuldigten – zumal, wenn er die schwächere seelische Konstitution hat.

Solcher Art war der psychische Hintergrund eines Abteilungsleiters eines internationalen Computerwerks, der zu mir kam. Aus seinen Schilderungen ging klar hervor, daß er der Schuldverdränger war. Er glaubte, seine Mitarbeiter ließen ihn überall hängen und sie würden durch ihre Nachlässigkeiten seine kontinuierliche Aufbauarbeit vernichten. Durch Arbeitsüberlastung und falsche Lebenseinteilung hatte er seine Leistungsfähigkeit weit überfordert und schob nun sein Versagen den anderen in die Schuhe.

Was erwartete er von mir? Ein hypnotisch verpaßtes Kraftkorsett für seine lädierte Gesundheit? Ich zog ihn vor unseren Ankleidespiegel und fragte ihn, ob er darin einen Mann im besten Mannesalter und im Vollbesitz seiner Schaffenskraft sähe. – Nach einem winzigen, schrägen Blick auf sein nervös zuckendes Gesicht fuhr er mich irritiert an, ob ich ihn auf den Arm nehmen wolle. Er konnte seinen eigenen Anblick nicht mehr ertragen. Das war es, was ich ihm begreiflich machen wollte. In kurzer Zeit könnte er wieder in den Spiegel schauen, erklärte ich ihm – wenn er selbst die Kraft aufbrächte, seine falschen Vorstellungen und seine selbstzerstörerischen Vorwürfe abzulegen. Ich könne ihm nur den Weg weisen, er müsse ihn gehen.

Erwiesenermaßen ist nichts schwerer, als einem Wirtschaftsfanatiker und Technokraten die Maxime verständlich zu machen, daß seine vehement eingesetzte Willenskraft zum Erreichen eines

Ziels den stärksten Widerstand gegen das Erreichen des Ziels darstellt. Mein hilfesuchender Betriebswirt war zu abgekämpft, um gegen dieses paradox klingende geistige Gesetz vom Intellekt her aufzubegehren. Er benötigte zuerst einmal eine Ganzheitsbehandlung, die Körper, Geist und Seele einschloß, damit sein Herz die Aufregungen seiner rigorosen Lebensumstellung gut überstehen würde. – Aufregungen blieben für ihn nur solange, wie er sich der besseren Einsicht widersetzen würde.

Ich riet ihm zuerst zu einer fleischarmen Diät, zum Einstellen seines großen Alkohol- und Kaffeekonsums und zum Einhalten präziser Nachtruhezeiten, ohne sich vorher durch stundenlanges Fernsehen noch belastet zu haben. Auch das Rauchen bat ich ihn, soweit er sich überwinden konnte, einzustellen.

Besonders schwer war es, das durch Unmengen von Genußmitteln und starre Geisteshaltung verkrampfte Bewußtsein dieses Mannes in der Hypnose zum Loslassen zu bewegen. Das kostete in diesem Fall fünfzehn Behandlungsstunden. – Die Formel, die er vorerst zum positiven Umdenken erhielt, lautete:

»In mir ist tiefe Ruhe. Die unerschöpfliche Weisheit meines Unterbewußtseins durchströmt mein ganzes Sein und gibt mir neue Lebenskraft. Sie dringt in jede Zelle und durchpulst mein ganzes Wesen mit Harmonie und Liebe. Alle Kraft ist in mir. Ich strahle Liebe und Zuversicht aus auf meine Familie, meine Kollegen und Vorgesetzten und bin erfolgreich in meiner Arbeit. Ich bin gesund, ich lebe harmonisch mit dem höchsten Lebensgesetz, der Liebe zu allen Wesen. Geborgen ruhe ich in meinen unbewußten Kräften. Sie stärken mich und schützen mich und lassen mich alle Lebenssituationen sicher und leicht bewältigen.«

Nach vier Wochen war der Mann nicht wiederzuerkennen. Elastisch und ausgeschlafen kam er in die Praxis; allerdings gab er unumwunden zu, die abendlichen Schnäpse und die unzähligen Tassen Kaffee, die er vorher täglich genossen hatte, außerordentlich zu vermissen. Doch seine Zurückhaltung in allem tat ihm so gut, daß er von Tag zu Tag mehr Kraft gewann, durchzuhalten.

Als er nach seinem sechswöchigen Aufenthalt bei uns in München nach Hause zurückkehrte, erlebte er die größte Überraschung durch die Reaktion seiner Kollegen. Während seine Familie ihn bewundert und beglückwünscht hatte wegen seines prächtigen Aussehens und seiner ruhigen Stimmung, blieben die

Kollegen stumm. Sie wußten natürlich nichts von seiner seelischen Kur und brachten es gerade zu den üblichen freundlichen Begrüßungsworten für einen, der lange auf Urlaub war.

Das wirkte auf ihn wie ein Schlag, wie er mir später berichtete. Doch meine Theorie von der absoluten Prägegewalt wiederholter Suggestionen hielt stand. Er erkannte, wie seine Eitelkeit und Selbstherrlichkeit am alten Arbeitsplatz wieder auftauchten. Die erste Probe im Alltag war zu bestehen. Er mußte Zeugnis ablegen von seiner inneren Wandlung und bei seinen Kollegen erst langsam den Glauben an seine veränderte Persönlichkeit durch praktisches Vorleben reifen lassen.

Es dauerte Monate, bis das reibungslose Entgegenkommen, das er seinen Mitarbeitern schenkte, unverhohlen bestaunt wurde und in kameradschaftliche Zuwendung umschlug. Jetzt hatte er erst richtig den Kampf mit seinem Ich bestanden. Wir trafen uns auf einer Ausstellung wieder, und er bekannte, mittlerweile das für ihn damals paradox klingende geistige Gesetz – daß die eingesetzte Willenskraft zum Erreichen eines Ziels den stärksten Widerstand auf dem Wege zum Ziel darstellt – restlos verstanden zu haben. Was er früher nicht mit höchster Willenskraft durchsetzen konnte, gelänge ihm heute fast spielerisch aus der Harmonie mit seinem unbewußten Kern.

Es mag hinzugefügt werden, daß dazu sicherlich viele verschiedene Veränderungen in seinem Wesen beigetragen haben werden. Ein harmonischer Mensch verkrampft sich nicht so hartnäckig in fixierten Wunschvorstellungen. Er steht allen Entwicklungen gelassener gegenüber. Widerstände reizen ihn weniger; er überwindet sie im Schongang. Zu allem kommt dann sein erweitertes Kraftpotential und das Aufnehmen seiner inneren Stimme, die ihn feinfühliger und effektiver handeln läßt als die reinen Verstandesmenschen. Aus der geringsten Bewußtseinserweiterung ergibt sich also bereits eine ganze Kette von Lebensverbesserungen.

Eine der schönsten Nebenwirkungen seiner Lebensumschaltung berichtete mir der ehemalige Patient aus seiner Ehe. Damals war sie fast gescheitert, und die beiden Partner dachten an Scheidung. Jetzt erstrahle sie in neuem Glanz, meinte er schmunzelnd. Jetzt war er nicht nur erfolgreich, sondern auch glücklich.

Wer kann sich im Tohuwabohu der Schicksale und seiner eigenen Sorgen schon vorstellen, nur durch den Einzug von Harmonie und Liebe in seinem Wesen alle Probleme lösen zu können? »Das Himmelreich ist in euch«, sagte Jesus. Manchmal habe ich den Eindruck, als ob wir es uns gar nicht vorstellen wollen, wie einfach es ist, zu Ausgeglichenheit und innerem Frieden zu gelangen. Lassen Sie sich nie mehr von einer fixen Idee, einer einseitigen Wunschvorstellung Ihres Ego total außer Atem bringen. Nur ein Narr meint, wegen einer zerstörten Lieblingsvorstellung sterben zu müssen. Sie haben keine Stolpersteine vor Ihrem Glück. Schwierigkeiten, die vor uns wie Steilwände auftauchen, sehen wir nur aus dem falschen Blickwinkel; sie wandeln sich schnell in günstige Gelegenheiten, wenn wir sie im Licht des Positiven Denkens betrachten. Eine Lebenssituation wird dann zur Konfliktsituation, wenn wir mit falschen Erwartungen unvorhergesehene Geschehnisse provozieren.

Sie können dieses Gesetz der Abhängigkeit von der Motivation des Unterbewußtseins sofort auf Ihr Leben übertragen. Von einem Vorhaben, zu dem sie in Ihrem Denken Zweifel über das Gelingen einfließen lassen, können Sie sofort ablassen. Denn der Zweifel ist immer Energievergeudung und Kraftverschleiß.

Wozu geben Sie ihm erst diese Macht? Programmieren Sie sich neu. Überdenken Sie Ihren Plan noch einmal genau. Planen Sie Ihre Kräfte exakt ein, entscheiden Sie endgültig, ob der Plan richtig und wichtig für Sie ist. Hören Sie ein lautes »Ja« dafür in sich, dann liegt Ihre Handlungsweise absolut fest. Sie prägen sich ein:

»Mein Plan ist gut und richtig. Ich setze mich jetzt voll dafür ein. Ich bin erfolgreich damit und erhalte alle Hilfe aus dem unerschöpflichen Kraftreservoir meines Unterbewußtseins, schnell und präzise zu handeln. Ich bewältige meine Aufgabe in kurzer Zeit. Die Arbeit tut mir gut!«


## Sie haben sich für das Glück entschieden

Sie werden erleben, was Sie denken! So einfach ist es, negativ hemmende Gedankenenergie auszuschalten und sich vollständig auf positives Erleben umzustellen. Daß Sie leichtsinnig handelten oder in blindem Optimismus, das können Ihnen nur arme Zweifler vorwerfen, die sich noch nie in ihrem Leben selbst befreit haben. Sie haben sich für etwas entschieden, Sie halten das für richtig, und Sie wissen, daß Sie alle Kraft zur Verwirklichung Ihrer Gedanken seit jeher in sich haben. Sie sind Ihre einzige Autorität.

Benutzen Sie grundsätzlich die Formeln mit den vier Begriffen der größten Sehnsüchte, die jedes Menschenherz bewegen:

Ich bin gesund. – Ich lebe in Harmonie mit meiner geistigen, unbewußten Kraft. – Ich bin erfolgreich. – Ich liebe mich und mein Leben. – Ich fühle mich in Liebe mit allen meinen Mitmenschen verbunden. – Ich bin erfolgreich als Mensch in allen meinen Umweltbeziehungen.

Variieren Sie diese reinen, positiven Werte auf Ihre speziellen Anliegen, und Sie werden Licht und Freude in Ihr Dasein bringen. Bringen Sie nie die negativen Worte *kein* oder *nicht mehr* in einen Ihrer Leitsätze. Wenn Sie Schwierigkeiten in der Kommunikation, im Umgang mit anderen hatten, werden Sie ein überraschtes Aufatmen nicht nur bei sich, sondern auch bei Ihren Lebenspartnern feststellen. Sie erfahren plötzlich unentwegt angenehme, beglückende Reaktionen aus Ihrer Umwelt. Es sind die Reflexe Ihrer eigenen positiven Ausstrahlung.

Über Veraltetes, Vergangenes nachzugrübeln, ist negative Gedankenarbeit in Hochpotenz. Probleme wälzen, Fragen nach Schuld und Verantwortung zu stellen, um nur wieder alles auf andere abschieben zu können, schafft jedesmal erneut jene negativen Gemütsaufwallungen, von denen Sie sich gerade befreien wollen. Das gehört alles zu dem alten, herkömmlichen Denkschema, das so viele Menschen zermürbt.

Die medizinische Forschung hat durch Messungen des Blutdrucks, der Hormonausschüttung und von Organbelastungen festgestellt, wie stark Schockerlebnisse und Streßsituationen bei jeder Erinnerung und wiederholtem Nachgrübeln immer wieder neu den Körper in die gleiche Notstandsverfassung bringen. Der Münchner Biologe Dr. Frederic Vester beschreibt das eingehend in seinem Buch »Phänomen Streß«.

Sie beginnen zu ahnen, wie nötig es wird, diese wilde Gedankenflut, die sich in unseren Tiefenschichten in Bilderform manifestiert, nicht zügellos Ihr Unterbewußtsein überfluten zu lassen.

Halten wir damit eine weitere, wichtige Erkenntnis fest. Sie durchschauen jetzt einen Ihrer Kardinalfehler: Grübeln über Vergangenes ist Gift für Ihr Wohlbefinden. Jetzt leben Sie. Lassen Sie sich nicht von Gedanken in die Vergangenheit verschleppen.

Hier können Sie mit einer Übung beginnen, die Sie, je häufiger Sie sie machen, zu ganz neuen Durchblicken bringen wird! Meditieren Sie zehn Minuten über die Worte: »Ich steige im Geist in die Höhe, bis Vergangenheit, Gegenwart und Zukunft zu einem großen Bild verschmelzen und mir eine neue Einsicht der Dinge zuteil wird.«

Mit dieser Meditation erreichen Sie gleich zwei Ziele. Während der Versenkung in diese Worte bis zu ihrer imaginativen Verwirklichung sind Sie tatsächlich von allen anderen Gedanken, die Sie bestürmen, getrennt. Sie sind also stark auf eine neue, höhere Erfahrung konzentriert. – Zum anderen bringt Ihnen der langsam wachsende Erfolg dieser Meditation eine höhere, innere Beobachterplattform, von der aus Sie ein sicheres Gefühl für alle Ihre Handlungen in einem weiten Überblick von der Motivation und den Grundlagen einer Planung bis zu ihren praktischen Auswirkungen in der Zukunft erhalten.

Sie werden Herr über sich selbst. Die ersten kleinen Tests und Übungen haben Sie aufmerken lassen; das Positive Denken trifft Ihre stille Sehnsucht nach Harmonie, Liebe, Erfolg und Gesundheit.

In langsamem, weiterem Vortasten zu Ihren ureigensten Problemen wählen Sie deshalb überall passende Prägesätze aus, die Ihrem Lebensniveau und Ihren Veranlagungen entsprechen. Zum Schluß sollten Sie sich dann Ihre eigene, günstigste Suggestionsformel zusammenstellen. Ihr Ziel steht fest: Gesundheit, Erfolg, Liebe, Harmonie.

Im folgenden Kapitel bringe ich Ihnen Beispiele aus meiner Praxis, um Sie in der Vielfalt der Schicksale das Einigende entdecken zu lassen, nämlich unsere starke Abhängigkeit von der Macht unseres Unterbewußtseins und wie wir sie meistern können.

## Kapitel 2

# Positive Gedanken – eine Bastion gegen die Welt der Probleme

> Das Lächeln, das du aussendest,
> kehrt zu dir zurück.
>
> Indische Weisheit

### Das Gemüt steht über dem Willen

Es ist eine erstaunliche Entdeckung, das Wirken unserer Vorstellungen bis in jedes Detail unserer Lebens- und Umweltbeziehungen zu verfolgen. Ganz gleich, woran wir denken, unser Gemüt formt es um in seine spezielle Art, die Dinge zu sehen. Positive Vorstellungen können das tatsächlich ändern. Alles hängt für uns davon ab, von der körperlichen und geistigen Gesundheit bis zur harmonischen Kommunikation mit unseren Mitmenschen.

Seine persönlichen Vorstellungen zu leben heißt, ein bestimmtes »Lebensbild« zu haben. Alle unsere Probleme entstehen daraus, daß wir vergessen haben, auch ganz anders denken und unser bewußtes Erleben tausendfältig in seinen Details variieren zu können.

»Das ist das Ergebnis der gegeneinanderstehenden Ansichten und Kampfsituationen in der Politik«, sagte ich zu einem Funktionär aus dem Landesvorstand einer Partei. Nach einer besonders hitzigen Debatte hatte er einen Nervenzusammenbruch erlitten. Er gestand mir, daß er schon längere Zeit unter Augenflimmern und Migräneanfällen gelitten hatte.

Ein Politiker steht an der härtesten Front gedanklicher Auseinandersetzung. Er hantiert in seinem Beruf mit geistigen Energien, als ob sie Handelsgut wären. Seine tiefsten menschlichen Bedürfnisse verlieren sich unter den »Interessen«, die er vertritt. Machen ihm seine seelischen Disharmonien zu viel zu schaffen und lernt er, wie in diesem geschilderten Fall, auf der Suche nach Hilfe in der Psychotherapie das Positive Denken kennen, dann frappiert ihn am meisten die Gesetzmäßigkeit: »Du selbst bist verantwortlich für dein Leben. Deine Vorstellungen regieren dein Unterbewußtsein!«

Er begreift, daß er mit seinem Willen sein Leben und das der anderen regieren *will* – und dabei sich selbst manipuliert. Kein Wunder, daß die deutschen Politiker bei einer Umfrage im Jahre 1978 ihre Arbeit selbst als mörderisch bezeichneten. Sie verbrauchen sich schonungslos im Karussell der Verstandeskräfte.

Mein Patient aus der Politik bekam ein breitgefächertes Aufgabengebiet für die lohnendste Arbeit dieser Welt, für die Arbeit an sich selbst. Eine vernünftige Tageseinteilung grenzte die Arbeitspflichten von immer wieder eingestreuten Entspannungspausen mit festgelegter Nachtruhe ab. Er erhielt einen Plan für richtige Ernährung und geringe Verdauungsbelastung, und mit einem Atem- und Entspannungstraining bereitete ich ihn auf die Hypnosetherapie vor, in der er die Suggestionen erhielt:

»In mir ist tiefe Ruhe und Ausgeglichenheit. Die unendliche Weisheit meines Unterbewußtseins steuert intuitiv mein Denken und Handeln. Ich verlasse mich voll auf diese höhere Weisheit und lebe in Harmonie mit meiner geistigen Kraft.

Mit Liebe und Mitgefühl wende ich mich meinen Mitmenschen zu und verbreite Harmonie und Zufriedenheit. Ich liebe das Leben, ich liebe mich, ich liebe die Menschen, und ich bin erfolgreich aus den unerschöpflichen, weisen Kräften aus der Tiefe meines Selbst.«

Zur täglichen Anwendung bei sich zu Hause und als Kurzformel für unruhige Tage, an denen er sich nur zu minutenlangen Entspannungsmomenten zurückziehen konnte, ließ ich ihn aufschreiben:

»Ich bin vollkommen ruhig. Ich bin geborgen in der Weisheit meines Unbewußten, das mich in jedem Augenblick meines Daseins richtig lenkt und stärkt. Wenn ich jetzt aufstehe und vor die anderen trete, werde ich in absoluter Sicherheit und Überzeugungskraft die geistigen Gesetze der Harmonie und Liebe vertreten.«

Diese autogene Ruhestellung wirkte bei ihm Wunder. Viele Wochen nach seiner Behandlungszeit berichtete er mir am Telefon

– und seine heitere Ruhe klang durch in seiner Stimme –, er hätte einem giftigen, ihn mit haßerfülltem Gesicht angreifenden Gegner nur ein strahlendes, herzliches Lächeln entgegengesetzt. Dem anderen hätte es die Sprache verschlagen, und er wäre mit offenem Mund stehengeblieben, als er nur verständnisvolle, ausgleichende Gegenargumente zu hören bekam. Das Leben dieses Politikers hatte sich aufgrund der positiven Prägungen in seinem Unterbewußtsein grundsätzlich geändert. »Woran ich früher Tage saß, das erledige ich jetzt in Stunden«, meinte er fröhlich. »Ich bin nicht nur gesund, meine Arbeit macht mir jetzt erst richtig Freude, und ich bin auch viel effektiver als früher.« In seiner größten Lebenskrise hatte er im rechten Augenblick den Unterschied zwischen Schein und Sein erfahren.

## Neugewonnenes Selbstvertrauen

Eine anfangs ähnliche Streßsituation erlebte ich bei einem bekannten Fußballstar. Einige Oberligaspiele mit Mißerfolgen und abwertender Einschätzung seines persönlichen Einsatzes hatten zwar seinem Ruf noch nicht geschadet, doch ihn mächtig in seiner Eitelkeit gekränkt. Sein Vater stellte ihn seit Kindheitstagen als Versager und Blender hin. Das ließ sein Selbstwertgefühl äußerst empfindlich auf die geringste Veränderung seines Ansehens reagieren. Dieser von lieblosen Eltern eingeimpfte Minderwertigkeitskomplex entfachte in ihm den übertriebenen Ehrgeiz, nur als der Größte in seinem Verein existieren zu können. Soweit kann seelischer Druck und Selbstgefälligkeit nicht nur Fußballer treiben.

Die Spannung, unter der er jetzt stand, wurde noch durch eine Knieverletzung erhöht – für den Psychologen kaum ein »Zufall«. Vier Wochen Schonzeit glaubte er nicht überstehen zu können, und doch zeigte sich schon beim ersten Training, daß er noch viel länger würde pausieren müssen.

In dieser Lage rief er mich an und bat um eine längere Sonderbehandlung bei sich zu Hause, um seiner Nervosität und inneren Hochspannung wieder Herr werden zu können. Niemand durfte natürlich etwas davon erfahren, weil eine offen gezeigte menschliche Schwäche in seinem Metier tödlich sein konnte. Zumindest würde sein Marktwert gewaltig sinken.

Ein Mensch mit so vielen einengenden Vorstellungen und Allüren ist fast schwieriger zu hypnotisieren als ein Psychopath. Sein Ich beherrscht absolut alle Pässe und Übergangswege zum Unterbewußtsein. Es kann nicht loslassen von seiner quirligen Unrast, aus Angst, irgend etwas Wichtiges zu versäumen oder einbrechen zu lassen, was seine Fitness schmälert.

Ganz gemächlich mußte ich den Mann vorerst durch autogenes Training an innere Ruhezustände gewöhnen. Drei Wochen brauchte er, bis die Behandlung an Tiefgang gewann. Neben anderen Suggestionen, die ihn aus seiner egozentrischen Lebenseinstellung lösen sollten, bekam er für seinen speziellen Berufskummer die Formel:

»Ich bin innerlich ganz ruhig. In mir ist Harmonie und Wohlbefinden. Meine Blicke sind stark und gesund und mein Reaktionsvermögen ist schnell und sicher. Jede Zelle meines Körpers ist erfrischt und durchpulst von der unendlichen Lebenskraft meines Unterbewußtseins. Ich bin gesund und leistungsstark in meinem Beruf. Ich kann mich jederzeit auf mich verlassen! Ich fühle mich sicher und geborgen in der Gemeinschaft meiner Vereinskameraden. Wir sind eine erfolgreiche Mannschaft, und ich bin darin ein wertvolles und wichtiges Mitglied.«

In weiteren katathymen Übungen – einem geistigen Bilderleben im Versenkungszustand, auf das ich später genauer zurückkomme – kam er selbst zu der Einsicht, seine Egowünsche hinsichtlich äußerem Glanz und Ruhm zu Lasten seiner wahren körperlichen Bedürfnisse zu weit getrieben zu haben. Darin lag auch der Grund für seine Verletzung. Der Leib hatte dem weiteren, einsichtigen Mißbrauch seiner Kräfte ein endgültiges Halt entgegengesetzt. Die Psyche dieses Fußballspielers bestätigte das Gesetz der Harmonie zwischen Geist, Leib und Seele, gegen das der Wille eines Menschen nicht ungestraft verstoßen kann.

Mein Patient war einsichtig. Er erkannte in dieser für ihn relativ harmlosen Abwärtsphase die Zusammenhänge seiner echten inneren Lebensbedürfnisse. Ganz besonders stark hatte ihn eine Szene aus seinem geistigen Bilderleben beeindruckt, in der er immer wieder vergeblich versuchte, einen Holzkarren aufzurichten, auf den er Äpfel gesammelt hatte. Stets kam ein Elefant dazwischen, der den Karren immer von neuem umwarf. – Als er abschließend selbst in dem großen Tier seinen Vater erkannte, der seine mühselige Aufbauarbeit immer wieder zunichte machte, kam er unter Tränen wieder zu sich.

Viele Wochen später traf ich bei einer Sportveranstaltung seinen Trainer. Ungefragt erzählte er mir, daß sein Star sehr verändert sei. Er sei viel umgänglicher geworden und weniger rechthaberisch. Seine Leistungen auf dem Spielfeld wären neuerdings weniger hektisch als intuitiv und angepaßt an die Mannschaft. Es sei jetzt eine Freude, mit ihm zusammenzuarbeiten. – Ein Sportler hatte sich von einem Teil seiner negativen Vorstellungen und Hemmungen befreit. In der Folgezeit machte er wieder Schlagzeilen als anerkannter Könner und Star.

## Alte Ehe in neuer Liebe

Eines Tages saß eine 45jährige, geplagte Ehefrau vor mir. Eingefallen und abgearbeitet war sie in den Sessel gesunken. Sie konnte nicht mehr, sie konnte nichts mehr; nicht mehr denken, nicht mehr leben, nichts mehr tun. Ihre größte Angst war im Augenblick noch der Gedanke, ihr Mann könne etwas von ihrem Besuch bei mir erfahren.

Ihr Mann, ein höherer Bundesbeamter, hatte sie aus ärmlichen Verhältnissen heraus geheiratet und schon damals, in seiner jungen, aber aussichtsreichen Beamtenwürde, wie eine bessere Putzfrau behandelt. Eine moderne Raumpflegerin hätte ihm sicher schon in den ersten Wochen im eigenen Heim den Stuhl vor die Türe gesetzt. Die Zeitung, Abfälle oder Zigarrenasche ließ er im Zimmer dort fallen, wo er gerade stand oder saß. Frau Ina mußte ihrem Göttergatten das Salz auf das Ei streuen und die Milch in den Kaffee gießen. Innerhalb der Wohnung übernahm er nicht den geringsten Handgriff.

Seine Frau war von jeder Abwechslung und jedem Vergnügen ausgeschlossen. Wenn ihn Bekannte nach ihr fragten, hieß es immer, sie habe zu Hause soviel zu tun. Er reiste nach Paris und Istanbul; sie hatte das Haus zu hüten und durfte allenfalls zwischendurch ein paar Tage zu ihren Eltern fahren. Ihr Alltag war voller Schikanen. Ein Knick im gebügelten Hemdkragen veranlaßte ihn, darauf herumzutreten. Für einen angebrannten Braten schlug er ihr ins Gesicht. Sie zeigte mir am Halsausschnitt eine Brandstelle, an der ihr Mann in einem Wutanfall seine Zigarre hingedrückt hatte.

Ich kam mir bei ihrem Bericht vor, als ob ich von einer ausgestorbenen Spezies hörte, die sogar Alice Schwarzer verblüffen würde, bekäme sie ein Exemplar davon zu Gesicht. Frau Ina lebte in diesem Anachronismus seit fünfundzwanzig Jahren. Sie litt mittlerweile an Magen- und Darmkrankheiten, hatte Schilddrüsen- und Nierenbeschwerden und eine unangenehme Nervenallergie mit Gesichtszuckungen.

Es konnte kein handfesteres Beispiel dafür geben, wie ein Ehepartner die Gesundheit des anderen durch psychischen Druck, sprich Gemeinheiten, zerstört hatte. Nach so langer Zeit ist es schwer, schnelle und durchgreifende Besserung zu erreichen. Schritt für Schritt mußte der armen Dulderin eine neue, feste, eigene Seelenstruktur eingegeben werden. Die Suggestionen in der Hypnose erhielt sie in ähnlicher Form für zu Hause aufgeschrieben:

»In mir ist tiefe Ruhe und Ausgeglichenheit. Ich erfülle meine Aufgaben mit Freude und Hingebung. Gottes Liebe erfüllt meine Seele. Die unendliche Kraft meines Unterbewußtseins durchströmt jede Zelle meines Körpers und macht sie gesund und lebensstark. Ich liebe meinen Körper, und ich liebe mich als ganzes Wesen in meiner Verbundenheit mit meinem göttlichen Kern. Ich bin behütet und geborgen in der Tiefe meines Wesens, das mich schützt und mir Kraft verleiht, selbständig, gesund und glücklich dieses Leben zu führen. – Meine Liebe strömt auch zu meinem Mann, der viel Kraft zur inneren Lösung benötigt, um seinen guten Kern zu befreien.

Ich bin eine gefestigte Persönlichkeit. Alles gelingt mir, was ich zur positiven Besserung meines Lebens unternehme und was ich in voller Harmonie mit meiner geistigen Kraft anstrebe. Vor meinem geistigen Auge sehe ich meinen Mann, wie er mir freundlich und hilfsbereit entgegenkommt. Ich bin klar, frisch, gesund und voller Frieden.«

Nach vier Wochen war aus ihr bereits ein anderer Mensch geworden. Die wachsende Harmonie in ihrem Inneren prägte bereits ihre Gesichtszüge. Eines Tages kam sie mit einer neuen Frisur in meine Praxis, und ich mußte zweimal hinschauen, um sie wiederzuerkennen.

Da kam ihr Mann von einem Gebirgsurlaub zurück und stand plötzlich morgens wutschnaubend in der Tür. Barsch und laut wollte er wissen, was ich mit seiner Frau angestellt hätte. Ich sagte zu ihm: »Sie waren vier Wochen auf Urlaub und machen trotzdem einen sehr nervösen Eindruck. – Ihre Frau kam zu uns zur Behandlung und ist, glaube ich, äußerst ausgeruht, harmonisch und aufgeblüht inzwischen. Ist das nicht eine freudige Überraschung für Sie? – Sie hat in dieser Zeit erkannt, welcher gute Kern in Ihnen liegt, an den sie glauben muß, um glücklicher und gesünder zu sein.«

Selten habe ich ein so verblüfftes Gesicht gesehen. Rein gar nichts fiel ihm ein, was er darauf hätte sagen können. Beim Verabschieden murmelte er nur noch zusammenhanglose Worte, wie »hätte fragen müssen«, »schließlich meine Frau«... und dokumentierte damit augenfällig, auf welchen tönernen Füßen sein tyrannisches Selbstbewußtsein ruhte. Das Eis war für die Ehefrau gebrochen, sie mußte nun nur stark bleiben und nicht mehr an ihrer neuen, festen seelischen Basis rütteln lassen.

## Erst sich selber lieben lernen

Ein anderer Fall psychischen Leids bot die 24jährige Elvira B., die einen Selbstmordversuch mit Tabletten hinter sich hatte. Sie wollte sich aus Liebeskummer umbringen, weil ihr Verlobter sich von ihr getrennt hatte. Nach Abschluß der Krankenhausbehandlung kam sie, noch geschwächt und deprimiert, zu mir in die Praxis.

Ihr Grundproblem war rasende Eifersucht. In der Zeit des Zusammenseins mit ihrem Verlobten durfte er außer ihr kein anderes weibliches Wesen auf Erden mehr beachten. Schon ein freundliches Wort zu einer Kellnerin brachte sie außer Fassung. Nachts testete sie durch eine Reihe von Anrufen, ob er auch tatsächlich zu Hause war. Jeder Minute forschte sie tagsüber nach, die er nicht in seinem Büro verbrachte. Dem jungen Mann mußte angst und bange geworden sein, wenn er an seine Zukunft an der Seite dieses Mädchens dachte. Er tröstete sich mit einer Bürokollegin, die sich ihrer Persönlichkeit sicherer war.

Eifersucht gehört, zusammen mit Haß, Neid und Mißgunst, zu

den vier stärksten, destruktivsten Giften, die wir gegen unsere positive, natürliche Lebenskraft entwickeln können. Sie ist ein so totales Bekenntnis fehlender Selbstsicherheit und machtlosen Besitzstrebens, daß der oder die damit Verfolgte die absolute Gewißheit erhält, sich an einen höchst unzulänglichen Menschen gebunden zu haben. Eifersüchtige mobilisieren alle ihre Kräfte, um andere an sich zu binden. Dadurch erreichen sie meist aber genau das Gegenteil. Dem Mädchen Elvira mußte eine Fehlentwicklung in ihrer Jugend die Entwicklung der echten Liebesfähigkeit genommen haben; denn Eifersucht ist nur eine Idee von der Liebe, wie Krishnamurti sagt, nicht die wahre, tiefe Zuneigung. So war auch ihr Selbstvertrauen verkümmert, einem anderen reine Liebe schenken zu können. Sie suchte nur egoistisch den Liebesbeweis des anderen.

Elvira erhielt Suggestionen und eine Formel etwa des Inhalts: »Ich bin durchlässig für die unendliche Kraft meines Unterbewußtseins, die mich aus der Mitte meines Wesens durchstrahlt und sich bis in meine Umwelt ausdehnt. – Ich fühle, wie mich meine Lebenskraft durchströmt und kräftigt. Alle meine Vorhaben gelingen mir dadurch leicht und sicher. Ich brauche nur auf meine innere Stimme zu hören, die mir immer die Gewißheit gibt, richtig und gut zu handeln.

Ich liebe mich selbst. Ich bin voller Harmonie. Alle meine Gefühle sind klar und rein und liebevoll auf meine Mitmenschen ausgerichtet. Ich weiß, daß jeder Mensch einen göttlichen Kern besitzt, und ich fühle die Verbundenheit zu den anderen Seelen, zu der gleichen Lebenskraft, wie sie mich durchpulst. In mir ist tiefe Ruhe und Harmonie. Ich erkenne in Zukunft sofort falsche, eigensüchtige Gefühle oder echte seelische Verbundenheit zu anderen Menschen. Geborgen ruhe ich in meiner Seelenstärke. Diese innere Sicherheit befreit mich zu positivem, glücklichem und erfolgreichem Leben.«

Nach der Behandlung hatte Elvira Fuß gefaßt in ihrem neuen Leben und bedankte sich, daß sie endlich einen Halt in sich selbst entdeckt hatte.

# Überwindung von Aggressionen

Immer wieder sind unausgegorene Gefühle bei Jugendlichen die Ursache explosiver, lebensgefährdender Handlungen. Fehlende Liebe und Zuwendung in den ersten entscheidenden Kinderjahren haben sich in erschreckend zunehmendem Maße als ausschlaggebende Ursache für den Mißerfolg in der Erziehung gezeigt. Rauhbeinige, gefühlskalte Jugendliche stehen egoistischen Erwachsenen gegenüber, die sich ungerne die eigene Schwäche eingestehen, heute weniger denn je anderen Liebe schenken zu können. Der eigene Nachwuchs muß darunter leiden.

Das führte denn auch zu der unkontrollierten Roheit, mit der der 23jährige Metallschlosser Hans B. seinem Meister einfach einen Hammer nachwarf, als der ihn – seiner Ansicht nach ungerechtfertigt – für eine schlechte Arbeit verantwortlich gemacht hatte. Ein Glück, daß der Meister gerade einen Seitenschritt machte und damit seinen Kopf rettete. Doch Hans wurde wegen seiner Gemeingefährlichkeit nicht mehr im Betrieb geduldet. Er hatte sich schon zuviel erlaubt. Als Schläger bekannt, galt er als unberechenbar und steckte voller aggressiver Handlungen.

Er kam aus eigenem Antrieb zu uns, weil er mit der Welt nicht mehr fertig wurde und den ständigen Anstoß, den er erregte, nicht mehr seelisch verdauen konnte. Das wies immerhin eine weiche Seite seines Wesens nach. Er machte sich noch Gedanken darüber, wohin seine Entwicklung führen mochte. Andererseits hatte er mit Sicherheit erfahren, daß er allein seiner Wutanfälle nicht mehr Herr werden konnte.

Aggressive Haltung zur Umwelt bedeutet meistens fehlende Liebe zu sich selbst und fehlende Zuwendung aus dem Familienkreis. Hans hatte eine harte Jugend hinter sich. Der Vater war Alkoholiker und schlug entweder ihn oder die Mutter windelweich, wenn er sich zu Hause sehen ließ. In der Schule begann der junge Hans dann bald, das zu Hause wehrlos Erduldete auf seine Klassenkameraden abzuwälzen. Er wurde zum Klassenschreck. Niemand zeigte ihm ein gemeinsames Miteinander. Jeder Mensch, der ihm gegenübertrat, war für ihn nur ein potentieller Feind.

Ihn in Hypnose zu nehmen, bedeutete, ein versteinertes Ich aufweichen zu müssen. In einem meiner Wochenendkurse erfuhr er vorher erstmals eine echte Begegnung mit der Individualwelt anderer Menschen. Es geschah, was wir alle nicht für möglich gehalten hatten. Die intensive, gegenseitige Zuwendung bei den gruppendynamischen Übungen trieb Hans die Tränen in die Augen. Er hatte noch nie in seinem Leben erlebt, von fremden Menschen so rückhaltlos aufgenommen zu werden und echte Zuwendung für seine Probleme zu erfahren. Zunächst schämte er sich am Montag darauf ein wenig »wegen seiner Gefühlsduselei«. Doch dann erklärte er mit befreiendem Lachen, noch nie so offen zu anderen gewesen zu sein.

In den Suggestionen für ihn war ich bestrebt, sein Inneres liebevoll der Umwelt zu öffnen. Wer sich Hans als Rocker-Typ vorstellt, kann sich ausmalen, welche Geduld und Vorsicht angewendet werden mußte, um den Keimling des neuen Selbstbewußtseins in Hans nicht durch eine plötzliche Gegenreaktion seiner rauhen Schale wieder erdrücken zu lassen. Mindestens für die Krisenzeit in der Hypnosebehandlung – meistens in der ersten Woche – machten wir uns auf allerlei gefaßt. Hans blieb aber eisern bei der Sache. Er ahnte, daß es jetzt für ihn im Leben allein darauf ankam, die Chance wahrzunehmen, anders und freier werden zu können.

Seine Suggestionsformel für die Eigenarbeit lautete:

»Ich bin ein harmonisches, friedvolles Wesen wie alle Menschen in meiner Umgebung. Meine tiefe, innere Kraft macht mich klar und einsichtig. Ich trage meinen Teil dazu bei, das Zusammenleben mit anderen harmonisch und zum Besten aller zu gestalten.

Ich liebe meine Eltern und verzeihe mir und allen alles. Ich liebe meine Kollegen und Freunde, die alle wie ich ein schönes, glückliches und erfolgreiches Leben führen wollen. Ich fühle mich wohl und geborgen in der Gemeinschaft. Ich fühle mich wohl und geborgen in meinem eigenen Wesen, das mir alle Kraft gibt, mein Leben gut und glücklich zu führen. Ich bin innerlich ruhig und klar und höre auf meine innere Stimme, die mich nur zum Guten und Richtigen leitet. In mir ist tiefe Ruhe und Harmonie. Ich bin gesund und erfolgreich.«

Hans hatte einen Kassettenrecorder. Er sprach sich diesen Text auf Band und spielte ihn sich vor dem Einschlafen vor. Er lernte bei uns, sich autosuggestiv in einen tiefen Ruhezustand zu versetzen, in dem dann diese Worte auch zu Hause in sein Unterbewußtsein einsinken konnten.

Er war eine harte Nuß für uns. Seine rauhe Schale, die verhärtet und undurchlässig für jede Liebesregung geworden war, begann nach einem Vierteljahr jedoch aufzuweichen. Die positiven Gedanken erreichten langsam sein Unterbewußtsein und ersetzten allmählich alle Vorstellungen und Milieuschäden. Es gelang ihm, in der Hypnose loszulassen und immer tiefer in sich einzutauchen. Als er sich bei mir verabschiedete, hatte ich das besonders gute Gefühl, einen jungen Menschen in eine helle Zukunft zu entlassen.

Drei Jahre später hörte ich erst wieder von ihm. Freudig erzählte er mir, daß er seine Meisterprüfung abgelegt habe und sogar in seinem alten Betrieb wieder aufgenommen worden sei. Die innere Wandlung hatte ihre positive Ausstrahlung also folgerichtig auf die äußere Welt fortgesetzt.

## Selbst erheben aus der Unselbständigkeit

Wie Hans B. Lieblosigkeit in Aggression nach außen umgesetzt hatte, so wendete sich der 17jährige Bertram S. auf die Schimpfkanonaden seiner Eltern hin immer mehr nach innen.

»Der schlampige Kerl macht nie Schularbeiten, sitzt immer verträumt am Fenster und glotzt uns Löcher in die Luft dafür, daß wir ihm die Oberschule ermöglichen«, wetterte der Vater. »Er stellt sich zu dumm an, um uns im Garten zu helfen. Man kann ihn nicht einmal zum Einkaufen schicken, denn er vergißt von einem Moment auf den anderen, was ihm aufgetragen wurde. – Und dann dieses Augenzucken! Unentwegt zuckt es in seinem Gesicht, wenn man mit ihm spricht. Wir wissen nicht, wovon der Junge so nervös ist!«

Bertram war ein verträumter Bub, dem die Eltern jedes Erfolgserlebnis genommen hatten. Beim Skifahren brach er sich ein Bein, weil der Vater ihn gerade diesen Hang abfahren sehen wollte. Die Mutter jammerte unablässig darüber, wie unselbständig und tolpatschig ihr Sohn sei. Nicht einmal eine Tasse Kaffee könne er aus der Küche holen, ohne seine Hose zu bekleckern.

Ich reichte ihm in der Erstkonsultation einen Block, mit der Bitte, seinen Namen, Adresse und Geburtstag zu notieren. Prompt reagierte die Mutter – wie erwartet – und sagte zu mir: »Geben Sie mir das besser, sonst können Sie es doch nicht lesen.«

Die ständige Bevormundung hatte Bertram taub gegenüber

Worten werden lassen. Als ich ihn wieder etwas fragte, bekam er das gar nicht mit. Er hatte abgeschaltet. Seine beschauliche Innenwelt, in die er sich zurückzog, war ihm wichtiger als alles andere. Es kam darauf an, ihn aus dieser Isolation herauszuziehen, die ihn von allem äußeren Geschehen abhielt und ihn zum Klassenschlußlicht werden ließ.

Aber auch die Eltern mußten ihre falsche Erziehung aufgeben, wenn eine merkliche Besserung eintreten sollte. Ein Mensch, der nur beschimpft und gemaßregelt wird, dem nicht die geringste Freiheit, auch einmal zu einer Fehlhandlung oder einem Irrtum, zugestanden wird, der muß in irgendeiner Richtung nach einem Ausweg sinnen. Bertram fand ihn in seinem Innenleben.

Ihn zu erschließen war verhältnismäßig einfach. Er lechzte nach verständnisvoller Zuwendung und faßte sofort Zutrauen, nachdem ich in einem Anfangsgespräch unter vier Augen seine intimen Anliegen und Bedrängungen voll akzeptierte. Das bedeutete auch für die Hypnose die Bereitschaft, bald loszulassen, wie wir das Lösen von der Ich-Herrschaft im Körper nennen. Bertram bekam die Suggestion:

»In mir ist Ruhe und tiefer Frieden. Mein Unterbewußtsein ist unendlich stark und gibt mir Kraft und Sicherheit, alles, was noch so fremdartig im Leben auf mich zukommt, zu verstehen. Alles dient dem harmonischen Zusammenleben.

Mit Freude kümmere ich mich um meine Schularbeit. In der Schule bin ich aufmerksam und konzentriert. Das wachsende Wissen macht mich stark und erfolgreich in den kommenden Jahren. Ich fühle mich wohl in der Gemeinschaft meiner Lehrer und Schulkameraden. Aus der Geborgenheit in meinem inneren Kraftzentrum kann ich mich den anderen ganz offen und frei geben. Sie werden mir genauso freundlich und immer hilfsbereit gegenübertreten. Zwischen mir, in meinem Inneren und der Außenwelt herrscht volle Harmonie. Aus dieser Harmonie heraus bin ich ganz klar und frei, und alle Aufgaben, die mir gestellt werden, löse ich dadurch ganz leicht und sicher. Ich spüre die tiefe Liebe in mir, die zu meinen Eltern und Freunden strömt und die von ihnen wieder zu mir zurückkehrt. Zu Hause fühle ich mich froh und geborgen.«

Auch mit Bertram machten wir geistige Reisen in der Hypnose. Es war besonders interessant, daß er sich anfangs in einem dichten, dunklen Tannenwald befand, eine Landschaft, die mit emotionellem Dickicht gleichzusetzen ist. Zum Schluß der Behandlung war dieser Wald verschwunden, und Bertram sah sich inmitten eines wunderschönen Blumenfeldes.

Die zwei Monate bei uns wurden ihm zur großen Befreiung. Sein Gesichtszucken war verschwunden, als er uns verließ. Offen und ohne Hemmungen konnte er jetzt über seine Gefühle und Wünsche sprechen. Als ich später Bertrams Eltern auf einem meiner Seminare begrüßen konnte, zu denen ich regelmäßig alle ehemaligen Patienten und Angehörige einlade, erfuhr ich *mein* Erfolgserlebnis im Fall Bertram. Sie erzählten mir, er habe gerade im Vergleich zu früher ein hochbefriedigendes Zeugnis heimgebracht, und alle Schulkameraden empfänden ihn wie verwandelt. Zum ersten Mal in der Schulzeit habe er sich einer Freundesgruppe angeschlossen – und vor allem seine Nervosität war verschwunden.


## Die Frau mit dem Waschzwang

Jeder von uns fühlt sich einmal schuldig, eine unrechte Tat begangen zu haben, oder muß sich mit Ängsten plagen. Es ist eine äußerst verzwickte Angelegenheit, zu prüfen, ob unsere Gefühle dabei aus berechtigten äußeren Anlässen und aus unserem schlechten Gewissen entstanden oder ob wir in einem bestimmten Fall neurotisch, also ungerechtfertigt stark und unverhältnismäßig übertrieben reagieren. Der Neurotiker verliert die objektive Einsicht zu einer solchen Prüfungsmöglichkeit. Er reagiert aus verdrängten Schuld- oder Angstkomplexen heraus unlogisch. Dadurch kommt es zu Zwangshandlungen.

Eine fünfzigjährige Frau kam zu mir, die sich unzählige Male am Tage die Hände waschen mußte. Sie duschte sich mindestens zweimal täglich, sonntags öfter. Als Angestellte in einem technischen Betrieb nahm sie jede mögliche freie Minute wahr, um schnell zum Händewaschen zu gehen. Mindestens fünf Minuten brauchte sie dann allein dafür, die Hände richtig einzuseifen. Selbst die Oberschwester in einem klinischen Operationsraum würde bei soviel Gründlichkeit einer Mitarbeiterin ungeduldig werden.

Jetzt, nach Jahrzehnten, hatte sie auf einmal trotz ihrer Reinlichkeit einen häßlichen Hautausschlag bekommen. Nicht Unsauberkeit war schuld, sondern die Reizstoffe der Seifen hatten im Laufe der Jahre die Schutzfettbildung der Haut restlos zerstört, und sie konnte sich nicht mehr wehren. Kein Arzt konnte sich die Ekzeme erklären oder sie wegbringen. Die Patientin war verzweifelt. Sie reagierte immer hysterischer, bekam starke Migräneanfälle und war viele Wochen im Jahr arbeitsunfähig.

Was war die Ursache dieser Manie? Es sind oft unbewußte Schuldgefühle, von denen sich die Dauerwascher befreien wollen. Sie möchten sich reinwaschen. Bei dieser Frau, die unverheiratet war und nur zwei-, dreimal Geschlechtsverkehr gehabt hatte – und dazu noch unter unangenehmen, abstoßenden Begleiterscheinungen –, war die unbewältigte Sexualität der Ursprung. Schon als Schulmädchen wurde sie von der Mutter davor gewarnt, mit den Händen an ihrem Körper herumzuspielen. Als sie es trotzdem tat, begann die Furcht vor den nicht vorstellbaren Folgen. Mit vierzehn Jahren erfaßte sie die Waschsucht.

Eine so heftige Prägung des Unterbewußtseins zu einer Reflexhandlung über fast vier Jahrzehnte verlangt schon eine gewaltige Eigenbereitschaft vom Patienten zu einer noch kräftigeren Befreiungsaktion. Es erfordert vor allem Einsicht in die Zusammenhänge und die auslösenden Grundmomente, die Neurotiker in den seltensten Fällen überhaupt aufbringen. Erst gravierende Umweltschwierigkeiten, wie in diesem Fall die unangenehmen Ekzeme, können sie dazu bringen. Ein aufmerksamer Arzt hatte meiner Patientin den Rat gegeben, doch einmal nach psychischen Ursachen für ihre ununterbrochenen Leiden zu suchen, und sie zu mir überwiesen. Dem Psychotherapeuten steht im katathymen Bilderleben, wie ich es schon mehrfach erwähnte, eine einmalige Quelle zur Verfügung, die verborgensten Vergangenheitsgeschehnisse zwar symbolhaft verwoben, aber eindeutig wiederauftauchen zu lassen (siehe auch Kapitel 5).

So unglaublich es dem Laien klingt, unser Gedächtnis verliert keine Szene und keinen Vorgang, die wir in diesem Leben einmal durchliefen. Unserem Ego, unserem weltlichen Ich scheint es oft nur so, als ob wir etwas restlos vergessen haben. Es bringt sich aber stets nur selbst durch Verdrängungsmechanismen um den Zugang zur unzerstörbaren Lebenskartei.

In der Hypnose oder Selbsthypnose lassen sich Details der Vergangenheit in die Erinnerung rufen, die wir früher nicht einmal beachtet haben, wenn wir beispielsweise nach Namen oder Telefonnummern beiläufiger Bekannter graben, mit denen wir nur einmal kurz zu tun hatten.

Auch bei dieser Frau mit dem Waschzwang brachte das innere Bilderleben die verursachenden Kindheitserlebnisse zum Vorschein. Mit viel Geduld arbeiteten wir uns in wochenlangen Einzelsitzungen Schritt für Schritt an ihre verdrängten Gefühlssphären, die sie tief verschlossen hatte. Sie erhielt im Laufe der Wochen folgende Suggestionen:

»In mir ist tiefe Ruhe und Harmonie. Ich bin völlig entspannt. Ich bin geborgen in der Mitte meines Wesens, dem Zentrum meiner Lebenskraft. Alle meine positiven Gedanken, Gefühle und Wünsche sind in Harmonie mit meiner geistigen Kraft und gestalten mein Leben glücklich und erfolgreich. Ich fühle die tiefe Wahrheit meiner inneren Stimme, die mich das Gute und Richtige machen läßt. Ich liebe mich, ich liebe meinen Körper, ich bin eins mit meiner geistigen Kraft. Sie gibt mir die Stärke, natürlich und frei zu leben. Die unendliche Weisheit meines Unterbewußtseins durchströmt meinen ganzen Körper und macht mich gesund und glücklich. Ich ruhe vertrauend in meinem göttlichen Wesenskern. Ich bin gesund und lebensnah aus meiner geistigen Kraft, ich bin harmonisch und voller Liebe für meine Mitmenschen, ich bin glücklich und erfolgreich.«

Wiederholende oder ähnliche Redewendungen haben in diesen Suggestionsformeln den Sinn, das Unterbewußtsein durch stete Gewöhnung an gleiche Gedanken immer intensiver zu prägen. Die geistige Energie dieser Ideen soll eingeschmolzen werden in die Speicher des Unterbewußtseins wie ein Ton auf Magnetband. Erst wenn sie wie Reflexe automatisch die unterbewußte Verwirklichung für sich einsetzen, dann ist das Ziel erreicht, alte und ungute Inhalte aufzulösen.

Nach einigen Wochen setzten wir der Patientin mit dem Waschzwang eine neue Nuance in der suggestiven Behandlung hinzu. Wir gingen mehr auf ihre direkten Probleme ein. Auch für zu Hause schrieb sie sich auf: »Ich bin in tiefer Ruhe und Harmonie. Meine ganze Körperoberfläche, meine Haut vermittelt mir ein angenehm wohliges Geborgenheitsgefühl und ist glatt und schön und gesund. Meine unerschöpfliche geistige Kraft durchströmt sie fühlbar und macht sie stark und funktionstüchtig. Eine wohlige

Woge der Harmonie durchströmt mich. Ich liebe meinen Körper, und ich danke dem Schöpfer, mich in dieses Leben der Fülle und Schönheit gestellt zu haben. Ich bin gesund und fühle die tiefe Verbundenheit und die Liebe zu allem Lebendigen.«

Es dauerte lange, bis ich diese Frau aus ihrer seelischen Sackgasse gezogen hatte. Nach sechzig Therapiestunden in der Praxis nahm sie noch an mehreren Seminaren über »Positives Denken« und »Gruppendynamik« teil. Ihre Haut hatte sich bereits in den drei Monaten der Hypnosebehandlung erheblich gebessert. Was Spritzkuren und Sanatorienaufenthalte nicht geschafft hatten, das schaffte sie jetzt aus eigener Kraft, aus der Kraft ihres Unterbewußten.

Vier Monate nach der Behandlung waren die Ekzeme ganz verschwunden. Das war der äußere Beweis für ihre seelische Umstellung. Nach einem Seminar erzählte sie mir, bei jedem Gang in das Badezimmer oder in den Waschraum im Dienst, wo sie sich sonst sofort zu waschen begonnen hatte, in sich die Gedanken aufkommen zu spüren: »Ich bin rein und gut. Meine Haut ist zart und sauber, wie glücklich und zufrieden ich doch jetzt bin!«

Ihr Leben war freier, entspannter, realer und ausgeglichener geworden. Alle, die sie kannten, beglückwünschten sie, daß es ihr jetzt anscheinend soviel besser ginge. Auch die Männer in der Firma sahen sie nun als Frau, nicht mehr als Mauerblümchen wie früher. Ihre Ausstrahlung war eine andere geworden.


## Das Mädchen ohne Handschrift

Eine verheiratete, 27jährige Studentin mit zwei Kindern kam mit einem sehr sonderbaren Fehler zu mir. Sie war sehr sensitiv, hatte telepathische und hellseherische Erlebnisse und bewies das auch in der Hypnose, in der sie beispielsweise Abläufe sah und schilderte, die sie Tage später in der Universität real erlebte. Die Störung, die sie zu mir brachte, legte zur Zeit ihr Studium lahm: sie konnte nicht mehr schreiben. Jedesmal, wenn sie Notizen machen wollte oder etwas schriftlich festzuhalten hatte, bekam sie eine Schreibhemmung, ihre Hand war blockiert.

Ich vermutete sofort ein Schockerlebnis in der letzten Zeit, auf das ich auch sehr bald in der Hypnose stieß. Die junge Frau bestand aus Hemmungen, eingeimpften Minderwertigkeitskomplexen und Unterlegenheitsgefühlen seit ihrer Pubertät. Jedes Lernergebnis in ihrer Schulzeit wurde von ihrer Mutter als gut oder »böse« hingestellt. Ständig wurde ihre Schrift moniert. Nach der Schulzeit unternahm sie aus lauter Überdruß an ihrer Unzulänglichkeit einen Selbstmordversuch.

Der Sex hatte in ihrem Leben immer eine besonders verdrängte Rolle gespielt. Die Mutter hatte alles Sexuelle stets als Verkörperung des Bösen hingestellt, auch ihre Geburt. Mit ihrem Mann spielte sich das eheliche Zusammensein nur im abgedunkelten Schlafzimmer ab – und nun hatte ein Kommilitone auf einem Ausflug sie inmitten der freien Natur und pudelnackt »genommen«, und sie hatte nicht die geringsten Hemmungen gezeigt. – Die kamen erst hinterher in Form jener Nervenstörung, die ihr das Schreiben unmöglich machte. Vielleicht wollte ihr Unterbewußtsein verhindern, daß sie noch einmal mit diesem Mann im Hörsaal zusammentraf.

Ihre Störung ging ich mit folgenden Suggestionen an: »Ich bin innerlich ganz frei und ruhig. Die unerschöpfliche Weisheit meines Unterbewußtseins macht mich selbstbewußt und gibt mir die Kraft, alle Lebenssituationen positiv und gut zu bewältigen. – In mir ist Harmonie und Liebe. Ich liebe meinen Körper und mein Leben. Ich bin voller Dankbarkeit, alle Kraft aus mir selbst schöpfen zu können; ich ruhe in ihr in vollkommener Harmonie mit meinem Wesen, mit meinem ganzen Sein.

Mein Körper ist gesund und leistungsstark, und durch mein positives Wesen bin ich erfolgreich und klar in meinem Denken und Handeln. Die göttliche Weisheit lenkt und führt mich alle Zeit.«

Innere Ruhe und Harmonie verhalfen Frau Zenta B. bald wieder zu Ausgeglichenheit und Entspannung. Die damit einhergehende Stärkung ihres Selbstbewußtseins ließ auch ihre sexuellen Verklemmungen verschwinden. Das Positive Denken brachte sie zu Natürlichkeit und gelöster Anwendung ihrer Gaben und Fähigkeiten. – Mit ihrem Ehemann hatte sie eine offene Aussprache, die ihr half, ihre Schuldgefühle zu überwinden. Nach sechs Wochen Hypnosetherapie war die Schreibhemmung verschwunden.

# Heraus aus der Antriebsschwäche

Das große Getöse, das die Terroristenwelle in der Mitte der siebziger Jahre auslöste, wurde immer nur aus der Perspektive der organisierten Gesellschaft gesehen. Es ist meistens der Egoismus der Liebelosen, der junge Leute zu extremen Ausfällen verleitet. Die Jugend antwortet immer härter auf die oberflächliche Lebensauffassung der Erwachsenen, bei denen es nur um Geld und Gut geht. Oft treibt auch das Empfinden der Unzulänglichkeit manchen Jugendlichen in die krasse Opposition. Leistungsschwache, Überforderte sehen keinen anderen Ausweg, als sich gegen den geforderten Leistungsdruck der Gesellschaft aufzulehnen.

Ein gestrauchelter junger Kaufmann, Hans D., den die Eltern in Internaten erziehen ließen, gehörte zu diesen Anpassungsschwachen. Seine hohe Intelligenz ließ ihn alles Erlernbare schnell und spielerisch aufnehmen. Er sah nur keinen Sinn darin, sich, ohne viel von den Lebensmöglichkeiten zu wissen, in ein Erwerbsstreben zu steigern, das ihn für die nächsten 25 bis 30 Jahre an bestimmte äußerliche Dinge fesseln würde. Der ständige Druck der Umwelt, ihn endlich zu einem normalen Gesellschaftsmenschen umzufunktionieren, nahm ihm den letzten Einsatzwillen; Alkohol und Drogen gaben ihm den Rest.

Er stand eines Tages vor mir und fragte mich, ob ich als Hypnosetherapeut schlauer wäre als er und wüßte, wo die Ursache seines Unvermögens läge. Ganz erstaunt hörte er sich die einfache Wahrheit an, daß er nur sich selbst und sein Schicksal annehmen müsse, um sein Leben in Frieden und Liebe führen zu können. Begeistert studierte er das Positive Denken und seinen psychologischen Hintergrund, die Suggestionstheorie und ihre Steigerungsmöglichkeit in Hypnose. Schließlich meldete er sich bei mir zur Therapie an, und ich behandelte ihn mit den suggestiven Vorstellungen:

»In mir ist vollkommene Harmonie. Ich versenke mich in mein Unterbewußtsein und lasse seine unendliche Weisheit mein Dasein lenken und bestimmen. In vollem Vertrauen auf meine unerschöpfliche, geistige Stärke lausche ich meiner inneren Stimme, die mir hilft, alle äußeren Probleme anzunehmen und zu lösen. Ich meistere mein Schicksal mit positiver, psychischer Kraft und Liebe. Mit Liebe erkenne ich die Quelle meiner Lebenskraft in meinem Unbewußten, mit Liebe behandle ich meinen Körper, den

Tempel meines Lebens; mit Liebe wende ich mich meiner Umwelt zu, denn alle Wesen besitzen die gleiche Lebensenergie wie ich. Wir bestehen aus gleicher, göttlicher Kraft.

Durch dieses Erkennen fällt es mir leicht, meine kleinen, egoistischen Schwächen zu vergessen und mich voll in den natürlichen Energiekreis des Lebens einzugliedern. Gott ist in mir. Ich lebe durch ihn und aus ihm. Ich schöpfe und lebe aus der Fülle des Lebens, die mir wie jedem anderen Wesen offensteht. In mir ist vollkommene Harmonie.«

Diese Arbeit an sich selbst nahm er unter meiner Obhut 1977 vor. Sein alter Beruf – Kaufmann – konnte ihn nicht mehr reizen, und so folgte er seiner inneren Stimme, die ihn in eine künstlerische Laufbahn zog, in der er jetzt – verheiratet mit Kind – seinen echten Neigungen folgen kann. Seine halb antisozialen, halb anarchistischen Ambitionen alter Zeit belächelt er nur noch. Seine innere Stimme ließ ihn rechtzeitig wach werden und seinen wahren Lebenswert entdecken: seine eigene Persönlichkeit.

# KAPITEL 3

## Die Macht der Suggestion

> *Der Verstand ist wie der Mond. Er erhält das Licht des Bewußt-*
> *seins vom Selbst, das der Sonne ähnlich ist. – Also, wenn das*
> *Selbst zu leuchten beginnt, wird der Verstand wie der Mond,*
> *wenn die Sonne aufgegangen ist, nutzlos!*
>
> *Maharishi*

### Durchschauen der Umwelteinflüsse

Bei den einzelnen Fällen im vorigen Kapitel werden Ihnen die Suggestionsformeln aufgefallen sein. Vielleicht haben Sie sich Gedanken darüber gemacht, wie eine der beschriebenen Suggestionen auf
Sie selbst wirken würde. Eine selbstgeschaffene Wortformel soll
Ihre psychische Grundeinstellung umformen können? Ich möchte
in diesem Kapitel die Erfahrung nahebringen, daß Suggestionen
uns den nachhaltigen Zugang zu unserer unbewußten Schaltzen-
trale eröffnen.

Ganz vordergründig weiß das jeder in unserer westlichen Gesellschaft. Was ich einem anderen begreiflich machen oder gut verkaufen möchte, muß ich in eine suggestive, eindringliche Form
verpacken. Überall im Alltag sind wir deshalb Suggestionen aus-
gesetzt, die wir häufiger akzeptieren als verwerfen. Diese Suggestionen wenden sich insgesamt an unser Empfinden und Erleben
der äußeren Welt.

Überlegen Sie einmal genau: Alle Suggestionen wollen etwas
von Ihnen. Die eine zieht zu einer Zigarettenmarke, die andere zu
einem bestimmten Parteikandidaten. Sie werden keine Suggestion
entdecken, die Ihnen hilft, Ihre eigenen, tiefsten persönlichen Probleme zu lösen, Ihr Leid zu verhindern. Auch die Antikaries-
Zahncreme und die Schmerztablette wollen in erster Linie gekauft
werden. Sie wenden sich, wie alle Medikamente, gegen körperliche

Symptome. Was gibt man Ihnen für Ihre innere Aufrichtung?

Suggestion ist ausgewertete Vorstellung, richtunggebende Kraft. Sie wollen, daß sich in Ihrem Leben sehr viel verändert? Dann springen Sie über Ihren eigenen Schatten und erkennen Sie klar und deutlich, wie Sie und alle Menschen in Ihrer Umwelt bisher falsch mit Gedankenenergie umgegangen sind. Polen Sie Ihr bisher unbewußtes Suggestivgeschehen von negativ auf positiv und sagen Sie sich wie der berühmte Arzt C. W. Hufeland bereits vor hundert Jahren: »Wenn es eingebildete Kranke gibt, dann muß es auch eingebildete Gesunde geben!« Nehmen Sie diesen Ausspruch körperlich und geistig. Unsere psychische Kraft, die wir in der Suggestion aktiv werden lassen, beeinflußt Geist, Leib und Seele.

Beginnen Sie, sich selbst zu verwirklichen. Machen Sie reinen Tisch im Haushalt Ihres Unterbewußtseins. Es ist ganz einfach, wenn Sie sich Ihre psychische Energie bewußter machen, so, als ob Sie Heinzelmännchen bestellt hätten. Sie müssen nur in zweierlei Hinsicht konsequent bleiben:

1. Ihr Wunsch, sich von Grund auf zu ändern und sich auf die bessere Seite des Lebens stellen zu wollen, muß fest und unumstößlich sein.

2. Sie müssen darauf gefaßt sein, eine weitreichende Skala von Gefühlen und Empfindungen zum Leben in sich zu entdecken, die revidiert gehören, damit sie Ihrem Glück nicht länger im Wege stehen. Bleiben Sie ehrlich genug, um liebgewordene Ecken und Kanten Ihres Charakters nicht zu Ihrem eigenen Nachteil zu schützen und dem energischen, ausgleichenden Zugriff zu entziehen.

Was steckt nun hinter dem Begriff Suggestion? Nach dem Lexikon ist es eine Eingebung, eine willkürliche Beeinflussung der Gefühle, Vorstellungen und des Willens anderer. Die Autosuggestion ist eine Beeinflussung des eigenen Ichs.

Das ist überhaupt nichts Geheimnisvolles, denn auf unsere Gefühle, Vorstellungen und unseren Willen wird jeden Tag Einfluß genommen. Mit jedem Plakat, jeder Werbesendung in Rundfunk und Fernsehen, jeder Anzeige versuchen clevere Werbepsychologen, uns suggestiv zu erreichen. Eine Idee kann aber nur dann zur Suggestion werden, wenn sie im Unterbewußtsein des angesprochenen Menschen seine Phantasie und seine Gefühlseinstellung anzuregen vermag.

Wenn Wirtschaftsleute und Werbemanager unsere Gefühlsausrichtung auf die äußere Welt für einen ausgesprochenen Marktwert halten, dann nutzen Sie diesen hohen Wert in sich selbst in Zukunft ganz allein für Ihre Lebensfragen. Werden Sie sich des Kleinods in Ihrer eigenen Mitte voll bewußt. Lassen Sie sich ab sofort nicht mehr von äußeren Reizen manipulieren, sondern bestimmen Sie selbst mit positiven Suggestionen die Vorgänge in Ihrer Innenwelt. Widmen Sie sich der positiven Pflege Ihrer psychischen Kräfte. Kein Psychologe konnte Ihnen das bisher erklären, denn auch sie arbeiten ausschließlich mit dem Verstand, der dem Unterbewußtsein gegenübersteht wie der Mond der Sonne.

## Unsere willkürlichen Wunschsetzungen

Zwischen einer geistigen Vorstellung, unserer normalen, unablässigen Gedankenflut und einer Suggestion besteht also nur ein kleiner Unterschied: die willkürliche Zielsetzung. Wenn einer Frau im Geschäft ein Pelzmantel ins Auge sticht oder ein Mann vor einer neuen Hi-Fi-Anlage träumt, dann wirkt die ständige Vorstellung dieses Wunschbildes suggestiv durch Wiederholung und bedrängt das Unterbewußtsein, seine unendlichen Möglichkeiten zur Verwirklichung des Wunschtraumes einzusetzen.

Besonders wirksam ist dabei die bildliche Vorstellung eines Wunsches – wie hier Pelzmantel oder Hi-Fi-Anlage –, die unser Unbewußtes viel direkter aktiviert als abstrakte Worte. Wer sich »Gesundheit« programmiert, hat mit Sicherheit größere Erfolge, wenn er sich sein Ziel konkret vorstellt.

Einer Frau, die nach einem Autounfall durch eine Schockwirkung eine Genickstarre davontrug, riet ich deshalb, sie solle sich bei ihren Suggestionsübungen vorstellen, wie sie wieder fröhlich und freibeweglich Tennis spielt und wie sie sich im Freundeskreis nach allen Seiten dreht und erklärt, wie sie wieder gesund geworden ist.

Einem Diabetiker empfahl ich die Suggestion, sich das Zusammenspiel seiner Organe im Körper vorzustellen, in das sich die Bauchspeicheldrüse wieder voll eingliedert. Alle Organe bedanken sich bei der Bauchspeicheldrüse, sie gehen ganz im Miteinander auf, und ein tiefes, entspannendes Harmoniegefühl durchströmt abschließend den Körper, das der Übende als die Bestätigung seiner vollen Gesundheit empfindet.

Positive Suggestionen hellen unser Leben besonders dann auf, wenn wir meinen, in irgendeiner Weise den Anschluß an unsere Welt verloren zu haben. Frau Ellinor S., die mit diesem depressiven Gefühl zu einem Gespräch zu mir kam, hielt das anfangs nicht für möglich. »Bitte tragen Sie diese Vorstellung ›nicht möglich‹ vor die Schwelle meiner Praxis«, sagte ich ihr, »und dann kommen Sie erneut und aufgeschlossen zu mir herein!«

Ich ließ sie tatsächlich vor die Tür gehen. Mit einem leichten Lächeln kam sie wieder herein, und sofort hatte ich einen positiven Ansatzpunkt für unsere Unterhaltung. Ich bestätigte ihr nämlich ihre lächelnde Überlegenheit über meine eigenartige Aufforderung. Sie müsse nun nur noch mit dem gleichen Lächeln an ihre eigenen Eigenarten herangehen.

Lächeln ist bereits eine wunderbare, verzaubernde Suggestion. Machen Sie zu Hause einmal die Probe. Setzen Sie sich vor einen Spiegel, wenn Sie einmal richtig grantig sind, und lächeln Sie sich einfach an. Ich wette mit Ihnen, daß Sie sich nach fünf Minuten viel wohler fühlen werden; geradezu lächerlich werden Sie das finden, was noch vorher Ihre Stirne krauste. Frau Ellinor S. erhielt das auch als erste Aufgabe. Mit 38 Jahren hatte sie ihren Mann verloren und hatte seit fünfzehn Jahren vereinsamt und depressiv ohne gesellschaftlichen Anschluß dahingelebt. Sie hatte sich in der Trauer um ihren Mann mitbegraben.

Mit folgenden Suggestionen wurde sie in wenigen Monaten wieder zu sprühendem Leben erweckt: »Ich ruhe in vollkommener Harmonie. Ich vertraue meinem göttlichen Kern. Gottes Liebe durchströmt mich. Sie macht mich stark und gesund. Ich liebe mich selbst und mein Leben und fühle die ewige Verbundenheit zur unerschöpflichen Quelle meiner Existenz. In Harmonie und Liebe wende ich mich allem Leben und Erleben zu. Gleiches kehrt in überreichem Maße zu mir zurück. Alle meine Wünsche erfüllen sich. Ich bitte meine höhere Intelligenz, meinen Weg von einem Mann kreuzen zu lassen, der mich versteht, der die gleichen geistigen Schwingungen hat und mit dem ich in eine positive, gemeinsame Zukunft schreiten kann. In allem unterstelle ich mich demutvoll der unendlichen Weisheit meiner höheren Intelligenz, die mich jederzeit führt und lenkt. Ich bin geborgen und gesichert in meinem Selbst. Ich denke nur noch positiv. Frei und klar blicke ich in die Zukunft, in eine Zukunft voller Harmonie und Selbstvertrauen.«

Schon während der Behandlungszeit wandelte sich das Leben dieser Patientin. Sie widmete sich einer sozialen Arbeit und kam dadurch täglich wieder unter Leute. Ihr wiederaufkeimendes, lebensfrohes Temperament wird sicher in kurzer Zeit auch einen neuen Lebenspartner bei ihr eine Rolle spielen lassen.

Wenn es Ihr Vorstellungsvermögen übersteigt, daß eine alternde Frau, die fünfzehn lange Jahre ihres Lebens die Erlebnisse ihrer Vergangenheit und das Andenken an ihren Mann gepflegt hat, durch Suggestionen wieder zu einem fröhlichen, lebensnahen Menschen werden kann, dann lassen Sie sich einige wichtige Zusammenhänge erklären.


## Reflexe und Imagination

Ich beschrieb bereits, wie naiv und direkt unser Unterbewußtsein alles von uns Gedachte aufnimmt und seine unendliche Kraft und Weisheit voll zur Unterstützung der eingegebenen Impulse einsetzt – auch wenn es sich um die dümmsten Aufträge handelt. Denken Sie nur daran, wie manche Frauen auf die Stühle springen, wenn eine Maus auftaucht, oder andere abends unter das Bett schauen, ob sich dort auch wirklich kein Mann versteckt hat.

Eine kleine Angstsuggestion ist durch ständige Wiederholung zum Reflex geworden, der spontan zu seiner bestimmten Zeit aus dem Unterbewußten auftaucht. Beobachten Sie einmal an sich selbst, was alles an Reflexen in Ihnen schlummert, die Sie in einer entsprechenden Situation ohne zu denken sofort zum Handeln bringen.

Wie reagieren Sie etwa, wenn Ihnen jemand von hinten an den Kopf faßt? Drehen Sie sich um, um zu erkennen, was los ist? – Brüllen Sie als erstes los: »He, was soll das?« – Oder haben Sie inzwischen schon längst zugeschlagen? Jeder Verhaltensreflex, d. h. jede gefühlsgeprägte Haltung zur Umwelt kann durch positivere Suggestionen ersetzt werden. Lebensnahe Suggestionen kommen

Ihrem echten Lebenskern geradezu entgegen: Sie möchten sich wieder aufrichten und alle Kraft in das Jetzt, das direkte, wahre Leben stecken.

Mit Suggestionen zu wirken bedeutet, mit seinem Unterbewußtsein zusammenzuarbeiten. Ständig wiederholte Worte haben eine allmähliche, aber zwingende Bewußtseinswandlung zur Folge. Das ist so einfach, daß ein Kind sich diese Wahrheit zunutze machen kann.

Diese Erfahrung machte ich mit dem elfjährigen Sascha. Seine Mutter hatte sich mit Positivem Denken in kurzer Zeit von langjährigen Migräneanfällen befreit. Sascha hatte das miterlebt und übernahm von seiner Mutter das Schema der positiven Suggestion, mit dem sie bei mir behandelt worden war.

Er hatte zwei häßliche große Warzen an der rechten Hand und sechs am Fuß. Tagelang hörte ihn seine Mutter ständig vor sich hinmurmeln: »Die Warzen sollen weggehen. Die Warzen verschwinden. Ich will sie nicht mehr haben. Die Warzen werden immer kleiner und verschwinden ganz.« Nach zwei Wochen schrumpften die Warzen tatsächlich zu kleinen schwarzen Knöpfen zusammen. Bald waren sie vollständig und narbenlos verschwunden. Sascha hatte sich seine eigene Suggestivkraft bewiesen.

Was kindlicher Einbildung, besser Vorstellungskraft, im unverbildeten, jugendlichen Gemüt noch ohne weiteres gelingen kann, bedarf bei Erwachsenen allerdings einiger Verstärkungsmethoden. Suggestionen gewinnen ihre Wirksamkeit durch das Eindringen und Haften im Unterbewußtsein. Wir blockieren diesen Zugang meistens durch unseren Verstand und unseren Willen, mit denen wir unsere Reaktionen steuern. Hier zeigt sich wieder das paradox erscheinende Gesetz, nach dem der Wille, dem Unterbewußtsein etwas vorzuschreiben, genau der Kraft entgegenwirkt, die uns zum Ziele führen könnte.


## Tiefe Entspannung durch autogenes Training

Nicht das verbissene Suggerieren-wollen, sondern es vom Verstand unbeobachtet geschehen lassen, führt zum Erfolg. Das geschieht am leichtesten in der Entspannung. Alle Anspannungen im

Körper müssen gelöst werden. In einer erholsamen Ruheposition, in der wir unsere Sinne einmal aus ihrer ununterbrochenen Umweltabtastung entlassen und uns ganz nach innen wenden, schaffen wir ganz andere Voraussetzungen, unseren bisher fest verschlossenen Tiefen näherzutreten.

Diese Entspannung läßt sich als ein Nach-innen-Horchen beschreiben, wie es mancher unternimmt, der sein Gewissen, seine innere Stimme um Rat fragt. Bis fast zum Einschlafen hin, bis zu tranceartigem Absinken kann man sich entspannen und tritt dadurch dem Tor seines Unterbewußtseins immer näher. Suggestionen, die in dieser Ruhestellung gegeben, selbst gesprochen oder auch nur gedacht werden, haben eine weit überlegenere Tiefenwirkung, als das die gleiche Suggestion bei vollem Tagesbewußtsein erreichen könnte.

Richtige Entspannung können wir einüben. Eine gut bekannte und leicht erlernbare Methode zur körperlichen Entspannung ist das autogene Training nach Prof. J. H. Schulz. In mannigfacher Abwandlung dient es heute vielen psychotherapeutischen Zwecken. Sollten Sie sich nicht bereits eigene Entspannungsmethoden angewöhnt haben, wäre Ihnen auf jeden Fall die Teilnahme an einem Kurs für autogenes Training, wie er an allen Volkshochschulen und zahlreichen Ausbildungsstellen in jeder Stadt angeboten wird, zu empfehlen. Das autogene Training ist auch in der Suggestionstherapie zu einer unentbehrlichen Grundvoraussetzung für körperliche Entspannung und eigene Körperregulierung geworden.

Noch im ersten Viertel dieses Jahrhunderts waren die Ärzte überzeugt, unser unbewußtes Organgeschehen nicht willkürlich beeinflussen zu können. Mit dem autogenen Training bewältigen Sie durch Entspannung aller Muskeln, aber auch durch Entkrampfung von Organen viele Schmerzzustände und Störungen, die in der Arztpraxis nur mit Spritzen oder Kuren beeinflußt werden können. Sie haben es selbst in der Hand, durch Autosuggestion Migräneanfälle, Gallenkoliken (wenn nicht gerade große Steine vorliegen), Magenschmerzen – sogar Geschwüre, Muskelkrämpfe, Asthmaanfälle und vieles andere zum Verschwinden zu bringen. Prüfungsangst, Erröten, Streß, oft auch hoher Blutdruck, Herzneurosen lassen sich damit bessern oder sogar beseitigen.

Autogenes Training ist zum ersten Helfer für denjenigen geworden, der seinen Körper selbst in den Griff bekommen möchte. Wichtig ist die Erkenntnis: je tiefer die Entspannung und geistige Wendung nach innen, um so leichter ist das Unterbewußtsein zugänglich.

Da ich einen praktischen Kurs für Entspannungstechnik für das Richtigste halte, um in das Feld eigener Körperbehandlung eingeführt zu werden, und auch Dutzende von Büchern das gesamte autogene Training beschreiben, bringe ich hier nur eine Kurzfassung jener ersten, unumgänglichen Übungen, die zur Ausübung einer Suggestionstherapie nach den Mustern des Positiven Denkens Voraussetzung sind.

Entspannung bedeutet vor allem auch Loslassen von allen äußeren Reizen. Sie sollten sich deshalb einen ruhigen Raum für Ihre Übungen aussuchen. Helles Licht, besonders aus Neon-Röhren, ist abträglich. Wenn irgendwie möglich, entziehen Sie sich in jedem Fall am Arbeitsplatz und in Ihren Wohnräumen den nervösmachenden Nebenstrahlungen von Leuchtröhren. Für die Entspannungszeit ist Kerzenlicht am besten. Die Kerzenflamme ist nicht nur symbolhaft ruhig strahlende, erleuchtende Kraft. Sie wirkt beruhigend und direkt auf unser Körperkraftfeld.

Legen Sie sich nun flach hin, möglichst ohne Kopferhöhung, und lassen Sie bei leicht gespreizten Beinen die Arme lose neben dem Körper liegen. Nichts an Ihrem Körper soll mehr verspannt oder eingeengt sein. Die Augen sind geschlossen. Atmen Sie tief ein und spüren Sie im Ausatmen nach, wie Sie alle Muskeln in allen Körperteilen loslassen, einfach loslassen und ent-spannen.

Die erste Übung besteht darin, sich in den rechten Arm hineinzufühlen und zu spüren, wie er schwerer und schwerer (d. h. immer entspannter) wird. Die Leitformel für Ihre Vorstellung ist: »Rechter Arm ist ganz schwer.«

Sie werden schon ein paar Tage benötigen, bis Sie diese Vorstellung klar realisieren können. Wenn Sie eintrainiert sind, brauchen Sie die Leitformel dann nur sechsmal zu wiederholen, um den gewünschten Zustand zu erreichen. Meistens dehnt sich dieses Gefühl der Schwere nach einigen Übungen automatisch erst auf den linken Arm und dann auch auf die Beine aus. Sind Sie sich dessen nicht ganz sicher, nehmen Sie nach dem rechten Arm den linken, dann das rechte Bein und das linke Bein mit der gleichen Formel vor. Nach einiger Zeit genügt die Vorstellung: »Arme sind ganz schwer!«, »Beine sind ganz schwer!« Jede Formel wiederholen Sie sechsmal, bis zur vollen Nachempfindung. Ist das Gefühl der Schwere tatsächlich und vollkommen realisiert, unterbrechen Sie Ihre Konzentration auf diese Formel mit dem gedachten Zwischensatz: »Ich bin ganz ruhig!« Jetzt folgt die zweite Übung mit der Vorsatzformel: »Rechter Arm ist strömend warm!« oder »Prickelnde, strömende Wärme ist in meinem rechten Arm!«

Denken Sie nie: »wird warm«, oder »wird ganz heiß«. Sie würden damit falsche, sensorische Gefühlseinstellungen hervorrufen. *Ist* warm« und dazu in strömender Form entspricht dem natürlichen Entspannungszustand des Armes, wenn das Blut ungehemmt überall hinfließen kann.

Das Übungsziel ist erreicht, wenn Sie im Arm bis zur Hand einen deutlichen Wärmezustand bemerken. – Als Nebenergebnis lernen Sie hierbei, sich im Winter von kalten Händen oder Füßen zu befreien. Sie haben es von nun an selbst in der Hand, Unterkühlungen und damit Erkältungsanfälligkeit zu vermeiden.

Nach der Vorstellung für den rechten Arm folgt dann die Erwärmung des linken Arms und der Beine wie bei der ersten Übung. Sechsmalige Vorstellung der Formel soll jeweils das Ergebnis bringen. Bei täglicher ein- bis dreimaliger Übung der Schwere und der Wärme in den Gliedern werden Sie in etwa zwei Wochen zum vollen Erfolg kommen.

Geht es schneller, freuen Sie sich über Ihre Fähigkeit, loslassen und sich tief entspannen zu können. Dauert es länger, werden Sie nicht ungeduldig. Sie haben es dann viel nötiger als andere, sich konsequent Ihrer Körperentspannung zu widmen. Schaffen werden Sie es auf jeden Fall, es geht nur um die Dauer des Trainings der rechten geistigen Umschaltung. Wer bei den abstrakten Formeln anfangs Schwierigkeiten hat, kann die positive Vorstellung strömender Wärme in den Armen durch das geistige Bild unterstützen, einen angenehm warmen Heizkörper zu berühren. Dieses Bild kann die Übung erleichtern.

Haben Sie das Wärmegefühl in allen Gliedern richtig erreicht, wird das Training fortgesetzt. Im vollen Wärmegefühl schalten Sie wieder Ihre Konzentration mit dem Satz ab: »Ich bin ganz ruhig!« Jetzt wenden Sie sich Ihrem Atem zu: »Der Atem fließt ruhig und gleichmäßig.«

Lassen Sie den Atem frei fließen. Sie werden merken, daß echtes

Loslassen des Atems ihn bis in den Bauch ziehen läßt. Wenn Sie Ihre bisherige, meistens flache Lungenatmung – sie ist besonders bei Frauen zu beobachten – freilassen, dann beginnt sich die Bauchdecke zu heben und zu senken. Erst tiefe, ruhige Bauchatmung ist wirklich entlassene Atmung, und Sie sagen sich zu diesem neuen Beatmungsgefühl die Formel: »Es atmet mich!« Sechsmalige Wiederholung jeder Formel soll auch hier nach kurzer Zeit den Erfolg eintreten lassen.

Nun folgt wieder: »Ich bin ganz ruhig«, und Sie setzen dieses Mal hinzu: »Mein Herz schlägt ruhig und gleichmäßig.« Die vollständige autogene Herzübung sollte man aus Vorsichtsgründen nur unter versierter Lehranleitung direkt erlernen; wir lassen sie deshalb hier weg und gehen gleich über zur letzten, mir wichtigen Entspannungsvorbereitung.

Sie konzentrieren sich auf die Stelle fünf Zentimeter oberhalb Ihres Bauchnabels, hinter der zwischen Wirbelsäule und Bauchdecke unser größtes Nervengeflecht, der Plexus Solaris oder das Sonnengeflecht liegt. Wenn Sie an diese Übung herangehen, legen Sie vielleicht zur besseren Gefühlsorientierung Ihre rechte Hand auf die Bauchstelle (dann aber während der gesamten Übung dort belassen!) und verwirklichen das Gefühl: »Strömende Wärme im Sonnengeflecht!«

Das Übungsziel ist erreicht, wenn Sie diese Wärme in Ihrer Mitte stark empfinden. Viele spüren dabei den kräftigen Puls des Blutes im Oberbauch. Wenn Sie sich sicher und schnell in diesen Zustand begeben können – dem einigermaßen Geübten gelingt das innerhalb von zwanzig bis dreißig Sekunden –, sind Sie in der Lage, eine ganze Reihe von Unstimmigkeiten (Dystonien) in Ihrem Körper zu beheben. Eine Gallenkolik aus Ärger verschwindet sofort, wenn Sie die Wärme aus der Mitte auch nach rechts auf Galle und Leber ausdehnen. Sie entkrampfen damit den Gallengang.

Magenschmerzen, auch Geschwüre, verschwinden auf die gleiche Weise. Die Wärme wird in den linken Oberbauchteil geschickt. Die ganze Bauchhöhle mit Wärme zu füllen, bedeutet, den gesamten Darmbereich zu entkrampfen. Viele Beschwerden können auf diese Weise verschwinden. Beginnen Sie, sich selbst kennen- und gehenlassen zu lernen.

Nun eine wichtige Erklärung zum Abschluß dieses Entspannungstrainings. Wenn Sie Ihre Gesamtübung beenden – zuerst

Nr. 1 allein, dann Nr. 1 + 2, dann Nr. 1 + 2 + 3 (wenn wir die Herzübung hier nur als kurze Zwischenstation ansehen) –, dann springen Sie nicht ohne weiteres aus Ihrer immer tiefer reichenden Entspannung des Körpers hoch. Die Muskeln müssen schrittweise geweckt und wieder in die rechte Spannung gebracht werden. Halten Sie immer die vier Etappen ein:

1. Erst werden die Hände geballt, die Arme gestreckt,
2. dann die Beine angespannt und gestreckt.
3. Die Arme über den Kopf strecken und den ganzen Körper einmal nach rechts und dann nach links drehen.
4. Tief Atem holen und die Augen öffnen.

Gewöhnen Sie sich an diese langsame Rückkehr in den Normalzustand, sonst könnte Ihnen bei zu schnellem Aufstehen schwarz vor Augen werden. Das Herz kann das Blut aus den völlig entspannten Körperteilen nicht so schnell in den Kopf pumpen.


## Suggestionstraining

Diese ersten und bedeutsam erscheinenden Erfolge Ihres Entspannungstrainings sind für unser größeres Vorhaben nur Vorübungen. Für die Aufgabe, die vor Ihnen liegt, ist die entspannte Bewußtseinslage erst der Ausgangspunkt. Sie dringen jetzt zu Ihrem Hauptanliegen vor, zur Beeinflussung Ihres Unterbewußtseins. Mit völlig entspannten Muskeln, mit dem Gefühl, den Körper in Wärme aufgelöst zu haben, entließen Sie sämtliche nervlichen Reize, die Ihre jetzt folgende, neue Konzentrationsrichtung stören könnten.

Nehmen wir an, Sie haben gerade das Ziel der vierten Übung erreicht, die strömende Wärme im Sonnengeflecht. Belassen Sie nun den Körper in diesem angenehm harmonischen Zustand und beginnen Sie, sich auf eine beabsichtigte positive Suggestion aus folgenden Vorstellungen vorzubereiten:

»Ich bin innerlich vollständig ruhig. Vollkommene Harmonie durchströmt meinen ganzen Körper, mein ganzes Sein. Äußere Geräusche sind völlig unwichtig und erreichen mich nicht. Ich entlasse alle meine Gedanken und überlasse mich dem angenehmen Gefühl, immer tiefer und tiefer in meinem Selbst zu versinken bis zu meinem innersten Kern. Ich ruhe jetzt ganz tief in mir selbst.«

Mit diesen Vorbereitungen haben Sie Ihre Entspannung zu einem gewissen Höhepunkt gebracht. Erst im Laufe der Zeit werden Sie graduelle Unterschiede bemerken, die auch von Ihrem körperlichen Wohlbefinden abhängig sind. In diesem Zustand können sie nun Ihre vorbereiteten, als wichtigste Essenz für Ihr augenblickliches Leben geplanten Suggestionen einfließen lassen. Die richtigste Lösung wäre in diesem Fall, sich vorher ein paar knappe Gedankenkomplexe zurechtgelegt zu haben, die Sie sich jetzt plastisch vorstellen und einprägen. Merken Sie sich für den Umgang mit Ihrem Unterbewußtsein die sieben Leitregeln:

1. Je tiefer Sie sich entspannen, desto leichter und direkter dringen Suggestionen in Ihr Unterbewußtsein ein und können sich verwirklichen.

2. Ihr Unterbewußtsein reagiert absolut naiv auf die Wortwerte, die Sie sich eingeben. Denken Sie deshalb in der direkten, augenblicklich erlebenden Vorstellung: »Ich bin«, auch wenn es sich um zu erreichende Ziele handelt (wie gesund werden, Erfolg haben, Liebe gewinnen).

3. Suggerieren Sie sich niemals Details, sondern überlassen Sie es der unendlichen Intelligenz in Ihnen, die beste Lösung für Ihr großes Ziel zu finden.

4. Setzen Sie Ihre Suggestionen in bildhafte Vorstellungen vor Ihrem geistigen Auge um. Sie stellen sich damit auf die Ausdrucksform des Unterbewußtseins ein, das nur bildhaft arbeitet (wie Sie es von Träumen her kennen).

5. Eine einmalige Suggestion hat nur schwachen Nachhall. Wiederholen Sie Ihre Suggestion unablässig, drei- bis viermal am Tag zehn bis zwanzig Minuten lang, besonders vor dem Einschlafen, wenn sich das Tor zu Ihrem Unterbewußtsein gerade zu öffnen beginnt. Bleiben Sie über Wochen und Monate bei Ihrer *gleichen* Suggestionsarbeit. Geduld überwindet die eingefleischtesten alten Vorstellungen.

6. Unterlassen Sie zwischen Ihren Übungen jede Art von Kritik oder Beobachtung Ihrer Fortschritte. Stellen Sie sich vom ersten Augenblick an absolut auf die Seite Ihrer positiven Vorstellung. nehmen Sie sie als Realität für Ihr Leben und lassen Sie sich

durch nichts mehr irritieren. Haben Sie Vertrauen in die unendliche Macht in Ihnen. Jeder Zweifel untergräbt diese Macht und stellt Ihnen neue Hindernisse zur Verwirklichung der Suggestionen in den Weg.

7. Sprechen Sie selbst zu den liebsten Nächsten nicht über Ihre Arbeit an sich selbst. Niemand, ob Ehefrau, Ehemann oder Hausarzt, zeigt im allgemeinen Verständnis dafür, wenn Sie sich aus Ihrer allseits gewohnten Seelen- und Lebenslage entfernen wollen. Jeder haftet mit immenser Kraft am Gewohnten; das ist einer der Gründe, daß wir oft jahrzehntelang in einer negativen Lebenssituation verharren.

Diese Leitsätze entstammen der Erfahrung aus unzähligen Einzelschicksalen. Zehn Prozent der Menschen, die sich gerne über das Umschalten auf positive Suggestionen ihre Sehnsüchte verwirklichen möchten – meistens Gesundheit und Erfolg – können nicht loslassen. Sie gehören zu den wenigen, die sich nicht entspannen können. Solange das Tagesbewußtsein bei der Suggestivarbeit voll eingeschaltet bleibt, verstellt es den Zugang zum Unterbewußtsein. Die Suggestionen erreichen nur schwach den Nährboden, der ihnen zu schneller Realisation verhelfen kann.

Legen Sie also bei Ihren eigenen Vorbereitungen großen Wert auf die Entspannung. Ein streßgeplagter Manager mit Herzneurose und Magengeschwüren, der in den ersten zwei Behandlungswochen bei mir durch seine Ungeduld in eine ausgesprochene Krise geriet, erlebte den Durchbruch in seine Tiefe am Ende der dritten Woche. Glückstrahlend umarmte er mich nach dieser Sitzung, in der er zum ersten Mal in seinem Leben seine rationale Körperbeherrschung fallen lassen konnte. Sicherlich spielte auch das Vertrauen eine große Rolle, das er inzwischen gewonnen hatte.

Punkt 2 der Leitsätze, der Wichtigkeit der Wortwahl, kommt eine besondere Bedeutung zu. Im normalen Umgangston gehen wir unwahrscheinlich leichtsinnig mit den gröbsten Wortwerten um und entwickeln kaum noch ein Gefühl dafür, was wir uns gegenseitig damit antun. Mit unendlicher Geduld schluckt unser Unterbewußtsein Wortwerte, die uns in unserem Alltag völlig harmlos erscheinen, die aber die Ursache für die meisten unserer Probleme sind.

Der dritte Leitsatz für Suggestionen empfiehlt Ihnen die Einhaltung einer großen, umfassenden Lebenslinie. Geben Sie sich nicht mit Kleinigkeiten ab, wenn es um Ihr vollkommenes Glück geht. Wer sich ein neues Kaffeeservice als Wunschtraum suggeriert, wird seinen Horizont nicht weit über seinen Tellerrand ausdehnen. Stellen Sie sich darauf ein, alles, was Sie je benötigen, immer und im rechten Augenblick zur Hand zu haben. Streben Sie die höchste, vollkommenste Erfüllung Ihrer Sehnsüchte an, die Sie sich vorstellen können – oder überlassen Sie es der unendlichen Weisheit Ihres Unterbewußtseins, diese höchstmögliche Form des Lebenserfolges für Sie zu finden. Bald werden Sie herausfinden, daß die schönsten Erfolge auf den vier einfachsten Begriffen basieren: Gesundheit, Harmonie, Liebe und Erfolg. Alles Gute und Positive des Lebens werden Sie mit diesen wenigen Begriffen umfassen.

Legen Sie sich mit Ihren Wunschprojektionen nie auf ein bestimmtes Detail fest. Das Leben ist so vielseitig und Ihre Bestimmung Ihnen meistens noch so unbekannt, daß Sie Ihrem Erleben damit vielleicht nur Fesseln anlegen.

Einer meiner Bekannten hatte sich in den Kopf gesetzt, in seinem Beruf baldigst zwei Ränge höher den Platz des Filialleiters einzunehmen. Verbissen arbeitete er darauf zu, das Zimmer seines Chefs selbst zu besetzen. Gesunder Ehrgeiz ist nicht schädlich, doch er übersah, daß ihm das Schicksal zweimal ein Angebot der Zentrale zukommen ließ, andere verwaiste Filialen zu übernehmen. Er wollte im Hause bleiben; eine störrische, suggestiv wirkende Verblendung, mit der er sich auf einen bestimmten »Stuhl« eingestellt hatte. Sein höheres Selbst schaltete längst zu seinen Gunsten, doch er überhörte seine innere Stimme. Erst nach mehrmaligen Träumen, in denen er wegzog, um vorwärtszukommen, wurde er hellhörig. Seine einseitige Vorstellung hatte ihn viel Zeit gekostet.

Das bildhafte Umsetzen einer guten, positiven Suggestion (Leitsatz 4) wirkt wie der Verstärker in der Diskothek: es setzt sich unaufhaltsam durch. Das Unterbewußtsein arbeitet nur in Bildern. Aus dem Begriff »Arbeit« wird vielleicht ein holzhackender Mann und aus »Freiheit« ein Vogel im Flug. Schaffen Sie deshalb gleich selbst eine bildhafte Vorstellung Ihrer Sehnsucht, dann braucht Ihr Unterbewußtsein keinen Dolmetscher mehr. Sie sind mit ihm in direktem Kontakt.

Eine gute Lösung fand bei mir ein fünfzehnjähriger Schüler, dessen Versetzung nach der Hälfte des Schuljahres zweifelhaft war. Nach einem Entspannungstraining und dem Aufbau seines Selbstbewußtseins begann seine Lernfähigkeit wieder stark zuzunehmen. Er gewann neue Freude am Lernen und bekam für die tägliche, häusliche Arbeit folgende Suggestion mit auf den Weg: »Harmonie und Kraft sind in mir. Ich freue mich jeden Morgen auf die Schule. Mir fällt es leicht, alles aufzunehmen und sofort zu behalten. Meine Aufmerksamkeit ist ungestört. Ich wende meine volle Konzentration dem Thema des Lehrers zu. Alles Durchdachte bleibt gleich und voll für immer in meinem Gedächtnis haften.«

Abschließend malte er sich vor seinem geistigen Auge die Zeugnisverteilung aus, wie der Lehrer ihn beglückwünschte, so schnell und so gut das ganze Pensum aufgeholt zu haben. Diese bildhafte Vorstellung des *erreichten* Ziels ist die stärkste Anregung für das Unterbewußtsein. Es wird, wie es auch bei diesem Schüler geschah, alle Kräfte daransetzen und die Voraussetzungen schaffen, dieses Bild in die Realität umzusetzen.

Durch Ihre Träume kennen Sie das symbolisch bildhafte Erleben aus Ihren unbewußten Tiefenschichten. Es gibt Augenblicke, in denen aus unserem Unterbewußtsein auch in einem Tagtraum längst vergessene Bilder hochgespült werden. Sicher erinnern Sie sich an Begebenheiten, bei denen Sie plötzlich durch eine Form, eine Bewegung, eine Melodie in völlig andere Dimensionen zu entgleiten schienen. Eine Erinnerung an Ihre Kindheit, ein besonders schönes Erlebnis in der Vergangenheit wurde durch einen kleinen äußeren Anlaß wachgerufen. Auf die gleiche Weise, aber genau umgekehrt, können Sie Ihrem Unterbewußtsein mit einer positiven Suggestion, einer intensiv plastischen Bildvorstellung einen neuen haftenden Inhalt einprägen. Jetzt bestimmen Sie, hinter welche Zukunftsvision Ihr Unterbewußtsein seine ganze Kraft zur Verwirklichung zu stellen hat.

Beobachten Sie erfolgreiche Menschen, Typen, denen alles leicht zu gelingen scheint. Sie besitzen dieses Talent, ihre unbewußten Energien positiv zu lenken und schon jedes Vorhaben als selbstverständlich erreichbar anzusehen.

Das Wort *unmöglich* können Sie in Ihrem Wortschatz streichen, wenn Sie Ihre Kräfte so positiv einsetzen. Wünsche gehen mit unendlicher Verstärkung in Erfüllung, wenn Sie sie Ihrem Tiefenbewußtsein gleich in seinen Code, in seine Bildersprache übersetzen. Geben Sie sich nicht mit Kleinigkeiten ab. *Dieses* Leben leben Sie nur einmal. Setzen Sie deshalb auf höchste Vollkommenheit Ihres Seins. Verzicht auf Entwicklung ist Dummheit, Verzicht auf Gesundheit ist Narrheit. Die Fülle des Lebens steht Ihnen offen wie jedem anderen Menschen. Geistige Zäune bauen wir uns nur selbst. Entwerfen Sie nur Bilder als Suggestivaufträge vor Ihrem geistigen Auge, zu denen Sie aus vollem Herzen stehen können, die sozusagen Ihre innere Stimme sanktioniert hat.

Einer meiner Freunde bestätigte mir einmal, aus unbewußter Veranlagung schon immer in seinem Leben erfolgreich mit positiven Suggestionen gewirkt zu haben. Seit der Jugendzeit träumte er von großen Reisen. Schon als Schüler wurden ihm die häuslichen Wände zu eng, und seine sehnsüchtigen Gedanken zogen ihn nach Südamerika und in die Südsee. Wenig ideal, aber gründlich lernte er im Krieg ganz Europa kennen. Danach gehörte er zu den ersten, die in Südeuropa herumreisten. Heute kennt er die halbe Welt – und das nicht etwa als müßiger Tourist. Bei den meisten seiner Reisen, bekennt er fröhlich, hat er Hobby und Beruf in seinen planenden Vorstellungen, seinen anheizenden Suggestionen, verbinden können.

Er kann sich nicht vorstellen, von der verwirklichenden Kraft seines unerschöpflichen Unterbewußtseins je enttäuscht zu werden. Und nach seinem Glauben wird ihm geschehen!

## Wie lerne ich mit Suggestionen richtig umzugehen?

Was wir auch immmer in unseren psychischen Tiefenschichten dauerhaft einspeichern – Verhaltensweisen, Lebensanschauungen, Gemütsprägungen –, das entscheidende Wort darüber sprechen unsere Gefühle. Sie bestimmen, was uns zur Suggestion, zur meistens fester als nötig vertretenen Vorstellung wird.

Sie stehen vor einer bedeutsamen Wende Ihres Daseins, wenn Sie sich unter die Lupe nehmen und Ihre Gefühlseinstellung zu allen Lebewesen und Dingen objektiv zu überblicken versuchen.

Sind Sie frostig im Umgang mit dem anderen Geschlecht gewesen? Waren Ihre Hemmungen egoistischer oder sexueller Natur?

Dann können Sie jetzt mit positiverer Einstellung zu sich selbst, mit der Liebe zum Leben und allen Mitmenschen eine Brücke schlagen zum positiveren Bild vom Menschen. Dann erleben Sie keine Zurücksetzung oder Vereinsamung mehr, wie eine berufstätige, unverheiratete Frau, die zu mir kam, weil sie sich aus der Gemeinschaft ihrer Kollegen und Kolleginnen ausgeschlossen fühlte und auch privat vollkommen allein lebte. Sie erzählte mir ihren Kummer: »Alle halten mich für egoistisch und prüde. Dabei wollen sie ständig etwas von mir. – Zweimal sind mir schon Kollegen im Büro zu nahegetreten und wundern sich, wenn ich sie nicht mehr ansehe. – Die Menschen sind mir alle so widerlich. Mir fällt es so schwer, mit ihnen auszukommen.«

Leben ist ständiger Rhythmus und Energiefluß. Sie hatte sich davon abgekapselt. Alles, was sie sich als unangenehm vorstellte, geschah ihr. Die positiven Suggestionen, die ich ihr gab, wirkten auf sie wie eine Erlösung. Als ob sich eine Blume über Nacht öffnete und ihre Blütenpracht entfaltete, so wirkte das Positive Denken auf diese Frau. Sie bekam die Suggestionen:

»Ich bin voller Harmonie und Zufriedenheit. In mir ist tiefe Ruhe und Ausgeglichenheit. Voller Liebe fühle ich die unendliche Weisheit, die der Schöpfer in meinen Wesenskern legte. Die unerschöpfliche Kraft meiner Mitte stärkt mich und lenkt mich. In Liebe und Harmonie wende ich mich dem Leben zu. Mit ihrer Kraft erkenne ich meine geistige Verbundenheit mit allen Menschen. Liebe ist die stärkste Lebenskraft.

Ich schenke Liebe an meine Umwelt, ich handle in Liebe bei jeder Aufgabe, die mir gestellt wird. Mein Herz ist weit geöffnet für alles, was in Liebe und gutem Willen geschieht. Ich fühle mich eingelassen in die Fülle des Lebens. Alle Menschen wissen um die Harmonie meines Wesens, und ich erlebe nur noch harmonische Zuwendung. Alles Gute kommt auf mich zu. Ich bin jetzt glücklich und erfolgreich.«

Ich ließ die junge Frau an einem meiner Seminare teilnehmen und gab ihr dann die bildhafte Suggestion zur Aufgabe, sich selbst als Mittelpunkt in ihrem Büro vorzustellen, zu dem jeder hinstrebte, der Rat brauchte und der an ihrer positiven Lebenswende teilhaben mochte. Auch die Männer sollte sie sich vorstellen, wie sie sich begeistert nach einer Unterhaltung mit ihr drängten, um ihre gefühlvolle, intuitive Lebensnähe zu erleben.

## Auftrag an das höhere Selbst

Lassen Sie sich von Liebe und Harmonie beflügeln. Wer sich vor anderen Menschen am sichersten fühlt, wenn er sich in seinem Ichbereich abkapselt, der gerät in die Einsamkeit. Er verschließt sich gegen *alle* Lebenskräfte, die negativen wie auch die positiven. Bleiben Sie in den Lebensrhythmen, die einen ständigen Kräfteaustausch, Zufluß und Abfluß verlangen, um im kosmischen Lebensstrom natürlich eingebettet zu bleiben.

Hier folgt eine praktische Übung, die Sie ganz nach Ihren individuellen Bedürfnissen abstimmen und formulieren können:

1. Ich wähle mir eine positive Suggestion, die meinem größten Problem direkt entgegengesetzt ist, etwa die Formel: »Ich öffne mich weit allen guten Kräften aus meiner Umwelt. Harmonie und Liebe strömen von mir auf meine Mitmenschen!

2. Ich gehe in tiefe Entspannung und erlebe vor meinem geistigen Auge eine angenehme Szene, wie ich sie mir mit einer Einzelperson oder einer Gruppe am meisten ersehne (Zuwendung, Danksagung, Ratsuche, Glückwunsch), etwa, wie eine Reihe von Kollegen mich umlagert und ich voller Zuwendung Trost und Rat spenden kann. Durch ständige Übung entsteht dieses Bild plastisch bis in alle Einzelheiten vor meinem geistigen Auge, bis es auch farbig deutlich vor mir steht.

3. Dieses einmal geschaffene Bild, auf das ich mich konzentriere, behalte ich in einer täglichen Zwanzig-Minuten-Übung über mehrere Wochen bei und empfinde währenddessen meine vorgewählte Wortsuggestion (siehe Punkt 1).

4. Von Tag zu Tag fühle ich während der Übung die wachsende Kraft aus meinem Unterbewußtsein, die mich der Erwartung meiner Bildpartner gerecht werden läßt. Ich verströme Güte, Verständnis, Trost und Hilfe und erkenne die tiefere Wesenhaftigkeit meiner Partner, d. h., ich durchschaue ihre Persönlichkeit.

5. Gegen Ende meiner täglichen Übungszeit ziehe ich mich allmählich aus meiner geistigen Vorstellung zurück, versenke mich ganz in meiner Tiefe und beauftrage mein höheres Selbst, mir die Kraft zur Verwirklichung meiner Vorstellung zufließen zu lassen. Die gedankliche Vorstellung wäre angepaßt: »Ich ver-

traue vollkommen meinem höheren Selbst. Alle Kraft ist in mir. Ich bin beliebt und angesehen in meinem Kollegenkreis, und jedermann wendet sich vertrauensvoll an mich.«

6. Zur Beendigung meiner Übung kehre ich wieder voll ins Tagesbewußtsein zurück, indem ich bis drei zähle und mich mit den Worten wecke:

a. Meine Arme und Beine sind frei und leicht.

b. Ich strecke meinen ganzen Körper und bin frei und leicht.

c. Mein Kopf ist frei. Ich öffne meine Augen und bin ganz wach und erfrischt.

Auf alle erdenklichen Lebenssituationen und Problemstellungen läßt sich diese Übung abwandeln. Denken Sie daran, Ihre bildliche Imagination positiv für alle Beteiligten abzustellen und sie zusammen mit der Wortsuggestion in eine vollendete Gegenwart zu stellen. Zukunftsvorstellungen oder Worte wie »ich werde«, lassen das Unterbewußtsein unberührt. Es wartet dann mit Ihnen zusammen auf das Werden. Sie müssen es jetzt und sofort bei Ihrer Übung zur Verwirklichung veranlassen und das Gewünschte bereits voll erleben. Gehen Sie nie mit einem Problem zu Ihrem höheren Selbst, sondern immer mit der Lösung. Sehen Sie sich also im Zustand des erreichten Zieles, glücklich und zufrieden.

Positive Suggestionen der Harmonie und Liebe bringen Sie schnell wieder in den allgemeinen Energiefluß des Lebens – und ich werde mich kaum täuschen, wenn Sie dabei nicht auch in Ihrem körperlichen Haushalt ein Aufblühen erleben. Stauungen verlieren sich, Unterfunktionen werden normal, und Ihre bläßliche Gesichtsfarbe weicht lebendigem Rot. Herz und Kreislauf arbeiten frei und beschwingt. Sie haben sich für die bessere Seite des Lebens entschieden.

## Katalog der Suggestionen zur individuellen Auswahl

So kompliziert das Leben erscheint, im psychischen Bereich geht doch alles auf wenige, einfache Grundfunktionen zurück. Die häufigsten Problemstellungen lassen sich – in individuell anzupassender Form auch in Ihrem Leben – meistens mit folgenden Suggestionen lösen:

## 1. Allgemeine Suggestionen für körperliche und geistige Gesundheit

- Ich bin stark und frei. Die unendliche Weisheit meines Unterbewußtseins läßt mir in jedem Augenblick meines Lebens Kraft und Wissen zufließen, alle Probleme, die aus meiner Umwelt auf mich zukommen, zum Besten für mich und meine Umwelt lösen zu können.
- In mir ist vollkommene Harmonie. Ich ruhe in der Quelle meiner Existenz, die mich aus ihren unerschöpflichen Reserven schützt und stärkt.
- Ich bin voller Harmonie und Liebe. Ich liebe mich und danke meinem höheren Selbst für die Kraft aus meiner Tiefe, die mich zu meinem Besten lenkt und mich zu vollkommenerem Leben führt. – Ich liebe alle meine Mitmenschen und erfahre die gleiche Zuwendung von allen Seiten. Mein Leben verläuft in Harmonie und Liebe. Ich bin ein seelischer und geistiger Magnet, der alles Gute anzieht.
- In mir und um mich ist vollkommene Harmonie. Ich bin erfolgreich in allen meinen Umweltbeziehungen, denn ich gewinne alle Lebenskraft aus meiner unerschöpflichen Mitte. Demutvoll unterstelle ich meinen Willen und meinen Verstand meiner unendlichen Intelligenz und lasse mich von der höchsten geistigen Kraft leiten.
- Ich bin voller Harmonie. In mir leuchtet das ewige Licht einer unerschöpflichen Lebenskraft. Ich bin geschützt und gestärkt von dieser Kraft und ruhe sicher und immer in Gottes Hand.
- Harmonie und Liebe durchziehen mein ganzes Wesen, mein ganzes Sein. Ich bin gesund und frei. Ich bin durchstrahlt von positiver Lebenskraft, die alles Dunkle, Bedrängende aus meinem Körper und meiner Gefühlswelt verdrängt. Ich bin frei und harmonisch.
- Alle Entscheidungen in meinem Leben treffe ich aus der Harmonie meiner Tiefe. Ich höre auf meine innere Stimme, die mir immer nur zu meinem Besten rät. Alle positiven Wünsche, die meine innere Stimme bekräftigt, gehen mir in Erfüllung.
- Mein Körper ist erfüllt von Harmonie und Liebe. Ich bin vollkommen gesund, und alle meine Organe, Muskeln und Gelenke, alle meine Zellen wirken in harmonischem Miteinander

und Füreinander. Die unendliche Weisheit meines Unterbewußtseins sendet frische Lebenskraft an jede Stelle, die sie braucht. Ich fühle die vollkommene Harmonie, die mich durchzieht und gesund erhält.

- Gottes Liebe erfüllt meine Seele, Gottes Frieden meinen Geist. Göttliche Weisheit bestimmt mein Handeln, ich strahle Liebe, Frieden und guten Willen aus auf alle, die mit mir in Berührung kommen.

- Die Vollkommenheit Gottes findet nun Ausdruck durch meinen Körper. Die Vorstellung völliger Gesundheit erfüllt jetzt mein Unterbewußtsein. Gott schuf mich nach einem vollkommenen Bild, und mein Unterbewußtsein schafft nun meinen Körper von neuem – in völliger Übereinstimmung mit dem vollkommenen Bild im Geiste Gottes. – Gott denkt, spricht und handelt durch mich!

- Die unendliche Heilkraft meines Unterbewußtseins durchströmt mein ganzes Sein. Sie nimmt sichtbare Gestalt an als Harmonie, Gesundheit, Friede und Freude.

- In mir ist vollkommene Harmonie. Ich lege von nun an die Führung meines Schicksals in die Hände meines Schöpfers, der mir über die unendliche Weisheit meiner Seele die Kraft verleiht, in meiner Mitte immer den richtigen Impuls für mein positives Denken und Handeln zu erspüren. Ich bin ein Energieteil in seiner unendlichen Liebe. Liebe durchströmt mich, Liebe verströme ich auf meine Mitmenschen.

- Ich ruhe im Zentrum meines Wesens. Die unerschöpfliche Lebenskraft aus meiner Mitte umfließt mich wie ein Schirm. Ich bin geborgen und gestärkt aus der Quelle meines Lebens. Alles Dunkle hält sie von mir fern. Licht und Liebe durchströmen mich. Ich bin sicher und stark und meistere mein Schicksal aus göttlicher Kraft.

*Suggestion für Jugendliche:*

- Ich bin harmonisch und voller Freude. Ich liebe meine Eltern, die mir über alles hinweghelfen, was mir noch zu neu ist. Meine Schulkameraden und meine Lehrer sind lieb; mit ihnen ist es wundervoll einfach zu lernen. Alle habe ich gerne, alle haben mich gerne. Ich bin konzentriert und aufmerksam in der Schule. Alles Wissen fliegt mir zu. Aus meiner Seele kommt unendliche

Kraft und Sicherheit, in der Schule glücklich und erfolgreich zu sein.

## 2. *Suggestionen bei Schlaflosigkeit, Schuldgefühlen, Nervosität*

- In mir ist tiefe Ruhe. Ich spüre die Harmonie, die meinen Körper und mein ganzes Wesen durchzieht. Ich bin tief in mir selbst und fühle die harmonische Verbundenheit aller meiner Kräfte. – In mir ist vollkommene Harmonie. Ich ruhe in meinem Selbst. Ich bin durchstrahlt von Harmonie und Lebenskraft.

- Mein Kopf ist frei und klar. Immer, wenn ich mich zum Schlafen hinlege, ziehen sofort alle Gedanken davon. In mich zieht vollkommene Ruhe ein, und ich schlafe sofort, ohne Unterbrechung bis zum Morgen (auch genaue Zeit einsetzbar).

- Jeden Abend, wenn ich schlafen gehe, fallen alle Gedanken von mir ab. Sie dienten mir am Tage; in der Nacht kehre ich zurück zu der vollkommenen Harmonie in meinem Selbst, zum Stelldichein mit meinem Unterbewußtsein. Alle Gedanken verfliegen. Die unendliche Weisheit meines Unterbewußtseins hilft mir, spielend alles mit leichter Hand zu lösen. Ich bin geborgen in der unerschöpflichen Quelle meiner geistigen Energie. Wenn ich schlafen gehe, sind alle unnötigen Gedanken verflogen. Alle meine Körperfunktionen verlaufen frei und harmonisch. Ich bin völlig entspannt. Sofort überfließt mich eine Welle der Harmonie, und ich bin wieder harmonisch vereint mit allen meinen Kräften. Alle äußeren Dinge sind jetzt völlig unwichtig, und ich schlafe sofort ein. Die ganze Nacht über schlafe ich tief und fest. Mein Schlaf ist wunderbar erholsam. Morgens erwache ich ausgeruht und bin sofort frisch und munter. Immer noch ist und bleibt in mir das herrliche Gefühl der Harmonie und friedlicher Ausgeglichenheit.

- Ein neuer, wunderschöner Tag liegt vor mir. Er wird schöner als jeder andere zuvor. Ich begrüße ihn mit Freude im Herzen. Ich freue mich auf meine Aufgaben und auf alles, was ich mit anderen Menschen erleben werde. Voller Harmonie und positiver Energie trete ich den anderen entgegen. Jede Handlung, jede Überlegung wird von meinem positiven Kern gelenkt.

- Ich ruhe in jedem Augenblick meines Lebens in meinem Selbst, beschirmt und gelenkt von der unendlichen Weisheit meines Unterbewußtseins. – Sie ist meine bestimmende Lebenskraft, sie lehrt mich, mein Schicksal positiv und erfolgreich zu meistern. Ich bin zum Erfolg geboren.

- Ich erlebe das wunderbare Gefühl, an einem sicheren Ort zu ruhen: in der Tiefe und der Geborgenheit meines Selbst. Jeden Abend, wenn ich mich hinlege, ruhe ich sofort in vollkommener Harmonie. Alle Gedanken sind dann unwichtig. Sie verlassen mich. Sie überlassen mich dem Frieden und der Harmonie in meinem Innern. Ich schlafe fest und tief bis zum nächsten Morgen. Ich erwache frisch und erholt und freue mich auf den neuen schönen Tag, der vor mir liegt. Frieden und Harmonie sind in mir. Alle Probleme der äußeren Welt lösen sich leicht und gut in dem Augenblick, in dem ich mich ihnen zuwende. Die unendliche Weisheit meines Unterbewußtseins macht mich sicher in allen Entscheidungen. Ich weiß jetzt richtig und gut zu handeln. Ich vertraue meiner inneren Stimme. Ich bin selbstbewußt und lebensfroh. Das Leben liegt vor mir, wie eine wunderschöne Blumenwiese im Sonnenschein. Ich fühle mich wohl und glücklich. Ich fühle die tiefe, ewige Verbundenheit mit meinem Selbst. In mir ist vollkommene Harmonie.

*3. Suggestionen bei Depressionen, Angstgefühlen, Minderwertigkeitskomplexe*

- Ich bin vollkommen ruhig. Vollkommene Harmonie durchströmt mich. Ich spüre die wunderbare Ausgeglichenheit meiner körperlichen und geistigen Kräfte. Harmonie durchströmt mein ganzes Sein. Positive Energie durchströmt meinen ganzen Körper. Mein Kopf ist frei und klar. Mein Herz schlägt ruhig und gleichmäßig. Alle störenden Gedanken fallen von mir ab, und ich denke nur noch positiv: Ich bin gesund, ich bin frei und klar. Die unendliche Weisheit meines Unterbewußtseins durchströmt mich und gibt mir Kraft und Sicherheit. Alle Kraft ist in mir.

- Frei und gelöst trete ich anderen Menschen gegenüber. Ich kann ihnen offen ins Gesicht sehen und mitfühlend ihre Eigenarten erleben. Ich erlebe sie in innerer Harmonie, in unstörbarer, vollkommener Harmonie. Ich bin sicher und voller Selbstvertrauen. Alle Kraft ist in mir. Ich lebe mein Leben aus der unerschöpflichen Lebenskraft meines Unbewußten. Ich bin harmonisch verbunden mit meiner höchsten geistigen Energie, die der Schöpfer mir in dieses Leben mitgab. In jeder Lebenssituation ruhe ich voller Vertrauen in mir selbst. Gott hilft mir und lenkt mich über die unendliche Weisheit meines unbewußten Wesens. Ich bin gerne mit anderen Menschen zusammen. Ich bin stark und selbstbewußt. Ich bin voller Selbstvertrauen und erfolgreich.

- Jede Arbeit, jede Aufgabe, die ich zu bewältigen habe, fällt mir leicht. Die unendliche Weisheit, die ich aus meinem Unbewußten schöpfe, macht mich sicher und frei. Meine Entscheidungen treffe ich sicher und frei, und alle meine Arbeiten erledige ich freudig und schnell. Ich bin frei und klar. Ich bin frei von allen Gedanken. Mein Kopf ist klar und frei. Ich lebe aus der Kraft meiner Mitte. Wunderbare Ruhe und Harmonie durchströmt mein ganzes Sein.

## 4. Suggestion für Raucher

- Tiefe Ruhe ist in mir. Harmonie durchströmt meinen Körper, Harmonie durchströmt mein ganzes Sein. Ich fühle mich durchströmt von tiefer Ruhe und Harmonie.
- Zigaretten sind unwichtig geworden. Sie stören meine innere Harmonie. Mir graust vor Tabakqualm und Nikotingeruch. Sie stören die Harmonie meiner Kräfte.
- Alle Tabakwaren widern mich so an, daß ich keine Zigarette (Zigarre, Pfeife) mehr an den Mund führen will. Mein ganzes Wesen lehnt sich auf gegen diesen gräßlichen Geruch. Tabakwaren sind für mich völlig uninteressant. Ich sehe sie gar nicht mehr, auch wenn andere sie in meiner Umgebung liegen lassen. Ich rauche nie mehr. Ich fühle mich unsagbar wohl in meiner inneren Harmonie. Rauch und Zigaretten sind eine tiefe Störung meines Wohlbefindens. Meine innere Ausgeglichenheit ist mir unendlich wichtiger als eine Zigarette. Zigaretten sind mir völlig gleichgültig.
- Ich fühle mich frei und gesund. Ich fühle mich tief befriedigt, wenn ich frische Luft in meine Lungen einziehe. Zigarettenqualm ist mir ausgesprochen widerlich. Allein wenn ich an das Rauchen denke, wird mir ganz unangenehm zumute, und in mir steigt ein starkes Ekelgefühl auf. Ich rauche ab sofort nicht

mehr. Wenn ich eine Zigarette nur an den Mund führe, revoltiert mein Magen. Nie mehr lasse ich meine innere Harmonie durch Rauchen stören. Rauchen ist mir widerlich.

- Ich ruhe in tiefer Harmonie und bin glücklich, durch nichts mehr in dieser Ausgeglichenheit und diesem Wohlbefinden gestört zu werden. Mit jedem Tag geht es mir in jeder Hinsicht besser und besser, denn ich rauche nie mehr.

Für fast jedes Ihrer persönlichen Anliegen werden Sie aus diesen Suggestionsbeispielen für sich eine Anregung entnehmen können. Ob Sie Eifersucht plagt oder Minderwertigkeitsgefühle, krankhafter Ehrgeiz oder eine körperliche Krankheit, es kommt nur auf die rechte, positive Motivierung Ihres Unterbewußtseins an, um zufrieden, glücklich und gesund zu werden.

## Gruppensuggestionen

Viele können sich den praktischen Umgang mit Suggestionen nicht so recht vorstellen. In den Murphy-Freundeskreisen, die sich auf meine Anregung gebildet haben, und besonders in meinen Seminaren werden deshalb zum Vertrautmachen mit der Suggestionsmethodik Gruppensuggestionen gesprochen. Mit *einer* Suggestion im großen Zuhörerkreis wird außerdem gleichzeitig eine viel umfangreichere Hilfe erzielt als in mühsamen Einzelsitzungen. In der Gruppe verstärkt sich sogar die Kraft der Suggestion, weil sich der einzelne sicherer und unbeobachteter als Zielobjekt sieht. In den Vereinigten Staaten von Amerika werden Gruppensuggestionen deshalb oft im großen Stil angewandt; Heilungssitzungen oder das Massengebet sind im Prinzip nichts anderes.

Unsere Probleme und Leiden entstehen im Grunde alle aus der gleichen Ursache: dem Verlust des Kontaktes zu unserer höheren Intelligenz, zu unserem unbewußten Sein. Stimmen wir uns auf die Uranliegen jedes einzelnen von uns ein, auf die Sehnsucht nach Gesundheit, Harmonie, Erfolg und Liebe, dann lassen sich damit alle menschlichen Differenzierungen der individuellen Not ausgleichen.

In der Gruppenerfahrung ist deshalb die Suggestion zu einem legitimen und sehr brauchbaren therapeutischen Hilfsmittel geworden. Es ist gar nicht selten, daß sich danach Teilnehmer melden, die vorher bestehende Beschwerden verloren haben. Kopfschmerzen gehören am häufigsten dazu – kein Wunder, wenn vom Verstand beherrschte Menschen sich erstmals aus ihrer Kopflastigkeit loslassen, sich tief entspannen und sich mit ihrem Bewußtsein in ihre Mitte leiten lassen. Vieles Verkrampfte verliert sich, manchmal – bei rechter Einstimmung während der Sitzung – für immer.

## Geistig durch den Körper wandern

Gehen wir an die praktische Auswertung positiver Suggestionen zur körperlichen Behandlung. Wir wollen nicht vergessen, daß jede autosuggestive Behandlung vom psychischen Kraftaufwand und Zustand des einzelnen abhängig ist. Bringen Sie keine falsche energetische Ladung an Ihr Unterbewußtsein, wie etwa Kritik und Zweifel. Das wirkt wie Wasser im Tank Ihres Autos.

Übernehmen Sie voll die Autorität in Ihrem Körper. Sie tragen ohnehin die Verantwortung für jede Eigenbehandlung selbst, nehmen Sie sie deshalb ernst und voll an. Es gibt Situationen im Schicksal des einzelnen, die gar keine andere Chance mehr offenlassen. Bleiben Sie mutig und sicher, denn Sie sind immer und ewig in höherer Obhut, die Ihnen die Kraft auch zum Überwinden der schwierigsten Lage spendet –, wenn Sie das Vertrauen zu Ihrem göttlichen Kern behalten.

Mit dieser absoluten geistigen Sicherheit in Ihrem Unterbewußtsein gehen Sie jetzt einmal ohne Medikamente und äußere Körpereingriffe an Ihre körperliche Schwäche. Der Geist formt sich den Körper. Jede Körperreaktion hängt also von Ihrer geistigen Einstellung, von der Wertigkeit Ihrer Gedanken ab.

Starten Sie zu einer positiven Reinigung Ihrer Körperfunktionen. Gleichgültig, um was es sich handelt in Ihrem persönlichen Fall, wenden Sie sich intensiv und konzentriert einmal folgender Übung zu, der Dankzwiesprache mit Ihren Organen:

Ziehen Sie sich in eine stille Ecke zurück, und legen Sie sich entspannt hin. Nehmen Sie in den einzelnen Partien des Körpers eine vollkommene Entspannung vor. Beobachten Sie Ihre Muskeln. Gesicht, Kopflage, Hals, Schultern werden einzeln entspannt. Alle Gedanken lassen Sie verfliegen; nicht Ihnen anhängen, sie auch nicht gewaltsam verscheuchen wollen, sie einfach entlassen. Alle äußeren Geräusche sind jetzt vollkommen unwichtig.

Schwere und Wärme zieht in Arme und Beine. Atem und Herzschlag sind ruhig und gleichmäßig. Ihr Bewußtsein sinkt völlig in die Mitte Ihres Leibes: Das Sonnengeflecht ist strömend warm.

Vertiefen Sie sich so lange und ausgiebig in das vollständige Erfassen dieser Gefühlsstimmungen, bis Sie die strömende Wärme im Sonnengeflecht als echte Realität wahrnehmen. Glauben Sie nicht, nach dem ersten Lesen dieser Übung alles sofort praktisch nachvollziehen zu können. Es kann Wochen, manchmal Monate dauern, bis Sie die einzelnen Empfindungsabläufe tief und sicher beherrschen.

Ihre Geduld bringt Ihnen jedoch den höchsten Lohn, den Sie je in Ihrem Leben für Ihren Arbeitseinsatz erhielten: Sie gewinnen die Autorität in Ihrem Körper, in Ihrem Leben zurück.

Jahrzehnte haben Sie Beharrlichkeit und Geduld gegenüber Fremdsuggestionen bewiesen, die Sie Kraft und vielleicht auch Gesundheit kosteten. Jetzt erlernen Sie das Umschalten von negativem Abladen auf positives Aufladen. Wie eine Batterie wird jetzt Ihr Körper an den großen unerschöpflichen Lebensgenerator angeschlossen, um neue, positive Kraft aufzunehmen. Sie müssen sich langsam ganz bewußt werden, diesen Generator immer schon und in jedem Augenblick Ihres Lebens in sich zu haben. Nur der richtige Kontakt muß geschlossen werden, damit Sie stark, frei und gesund sind. Nun wird die autosuggestive Behandlung fortgesetzt:

Sie liegen mit strömend warm durchflossenem Sonnengeflecht. Nun folgen Sie der Vorstellung, sich immer mehr von Ihrer Gehirnzentrale, in der Sie sich normalbewußt zu Hause fühlen, zu entfernen und tiefer und tiefer in sich hineinzusinken, der strömenden Wärme in Ihrem Sonnengeflecht entgegen.

Stellen Sie sich vor, am oberen Rand einer Treppe zu stehen, die mit sieben Stufen in Ihre Mitte führt. Zählen Sie ganz langsam rückwärts von sieben bis eins und vollziehen Sie im Geiste Ihr

Abwärtsschreiten. Mit jeder Stufe abwärts befinden Sie sich einen Schritt näher zu Ihrer Mitte. Der Schritt von der ersten (und jetzt letzten) Stufe stellt Sie direkt vor das Tor Ihres Unterbewußtseins. Sie haben tatsächlich das Gefühl, in Ihrer Mitte, in Ihrer Körper- und Wesensmitte zu ruhen.

In diesem versenkten Zustand beginnt der Hauptteil der Übung. In Ihrer Vorstellung schrumpfen Sie zu einem kleinen Lichtpünktchen zusammen, das mit voller Empfindung nach allen Seiten seine Umgebung betrachten kann. Als Lichtpunkt wandern Sie nun, die strömende Wärme, die Lebenskraft aus Ihrer Mitte mitnehmend, durch Ihren ganzen Körper. Von Organ zu Organ wandern Sie, Magen, Darm, Bauchspeicheldrüse, Leber, Galle, Nieren besuchen Sie als kleiner Lichtpunkt, verströmen Lebensenergie in jedes einzelne Organ, strahlen Licht zu jeder dunklen Stelle, bis alles hell und rein wird – und Sie sagen »Danke« zu dem Organ, in dem Sie sich befinden. Jeder seiner Zellen danken Sie für die harmonische Zusammenarbeit, für die uneigennützige Liebe des Organs zum Ganzen, für das Miteinander im großen Chor der Körperzellen.

Mit jeder Wiederholung dieser Übung werden Sie stärker das Gefühl erfahren, wie sich Verkrampfungen und Unstimmigkeiten lösen. Zur Beendigung Ihrer Übung müssen Sie nun korrekt den gleichen Weg zurück antreten, den Sie herkamen. Wandern Sie als Lichtpünktchen wieder in Ihre Mitte. Besteigen Sie die Treppe jetzt von der ersten bis zur siebten Stufe ganz langsam im Geiste nach oben, und wenn Sie oben im Kopf wieder angekommen sind, beenden Sie die Übung:

1. Meine Arme und Beine sind wieder frei und leicht.

2. Mein Körper ist frei und leicht, und ich drehe ihn zum Aufwachen einmal nach rechts und nach links.

3. Ich atme tief ein, strecke mich, schlage die Augen auf, bin wieder hellwach im Tagesbewußtsein und fühle mich wunderbar erfrischt und gestärkt.

Sie werden von der Wirkung des Danksagens in Ihrem Körper überrascht sein. Die geistige Kraft und Liebe, die Sie verströmen, wird sich in Gesundheit und Funktionstüchtigkeit umsetzen. Sie ist genau das, was Sie Ihrem Körper lange vorenthalten haben. Verweilen Sie in jenem Organ oder Körperteil am längsten, in dem die körperliche Harmonie am meisten gestört ist. Wiederholen Sie diese Übung täglich so lange, bis Sie geistig die Registrierung vernehmen: volle Harmonie, volle Aufnahme der Wärmestrahlung, volle Aufnahme der Lichtstrahlung. Was Sie auf diese Weise geistig erleben, wird sich im Tagesbewußtsein manifestieren. Ihre Beschwerden lassen nach. Sie können sie zum Verschwinden bringen in vielen, vielen Fällen. Ihr Geist hat gesiegt.

Die heilsame Wirkung dieser Übung hängt ausschließlich von Ihrer eigenen Intensität ab. Je hochwertiger und positiver Ihre Vorstellung dabei ist, desto edler und wahrer werden Sie Ihre geistige und körperliche Harmonie herstellen – und desto größer sind die Kontraste zu vorhergehenden Unstimmigkeiten. Durch diese Arbeit an sich selbst werden Sie wieder zu Ihrem inneren Meister.

## Bestimmen Sie Ihren Alltag selbst

Was wir mit der letzten Übung in unserem Körper erreichen können, wollen wir jetzt auch auf unsere Umwelt ausdehnen. Sind Sie Herr – oder Frau – Ihrer Zeit? Gibt Ihnen Ihr Tagesverlauf, Ihre Tagesarbeit jene Befriedigung, die Sie sich einmal erhofften?

Sofort wird mancher gleich auf die äußeren Umstände hinweisen, von denen er abhängig ist und getrieben wird. Machen Sie sich nichts vor: Sie erleben, was Sie denken! Treiben lassen, von anderen seine eigene Zeit einteilen lassen, bedeutet, in Abhängigkeit zu leben. Bestimmen Sie selbst, was Sie in Ihrem Tageslauf erleben wollen. Bisher nahmen Sie viel zu viele äußere Einflüsse in Kauf und ließen sich von ihnen bestimmen. Sie leben nur einmal mit diesem Körper, leben Sie ganz nach Ihrer Vorstellung.

Der beste Weg, um auf ein Ziel loszugehen, ist eine klare Vorstellung, die unanfällig ist für Zweifel und Entschlußlosigkeit. Ein unerschütterliches Selbstvertrauen ist aber nur durch sauberes, positives Denken möglich. Wer jedem Kritiker sein Ohr leiht, wer sich von jedem Miesmacher Zweifel einpflanzen läßt, dessen Mißerfolg im Durchsetzen seines Lebensplans ist vorprogrammiert. Folgen Sie allein Ihren eigenen Eingebungen und Sehnsüchten – und Sie haben sich für ein klares, schönes, harmonisches Leben entschieden. Bauen Sie sich positive Suggestionen auf, die Ihnen innere Klarheit verschaffen, Ihre persönlichen Anlagen zu erwekken und sie mit den unerschöpflichen Energien Ihres Unterbewußtseins zur vollen Geltung in Ihrem Leben zu bringen. Das ist Ihre Aufgabe!

Das größte Kraftpotential zur Sicherung Ihres Wohlergehens ist die Macht, die Sie geschaffen hat. Diese unerschöpfliche Stärke ist jederzeit greifbar, sie steht jederzeit zu Ihrer Verfügung in Ihrer Mitte. Werden Sie sich der ungeheuren Tragweite dieser Aussage bewußt.

Prüfen Sie Ihr Gewissen, ob Ihre Wunschvorstellung für die Zukunft richtig ist. Gibt Ihnen Ihre innere Stimme recht, dann schaffen Sie sich eine bildhafte Vorstellung von Ihrem Ziel und identifizieren Sie sich damit so vollständig, als ob der Weg dorthin schon längst bewältigt wäre.

Sie leben von nun an mit der Idee Ihrer bereits verwirklichten Vorstellung. Ganz gleich, welcher Art das Ziel auch sein mag, ob Sie sich an einem Südseestrand erblicken, sich mit dem ersehnten, passenden Lebenspartner zusammen sehen oder gesund und frei Dinge unternehmen, die Sie auf Grund augenblicklicher, körperlicher Behinderung nicht schaffen, Sie *werden* den Erfolg Ihrer Suggestivarbeit erleben.

Seit Jahrtausenden wandten Eingeweihte die Kunst der Imagination an. Medizinmänner Ostasiens, Afrikas und der Indianer Amerikas arbeiten noch heute damit. Jeder von uns hat die gleiche Fähigkeit, diese psychischen Vorgänge zur Erreichung eines positiven Ziels in sich auszulösen. Emile Coué sagte einmal: »Wenn man denkt, ich möchte etwas tun, kann es aber wahrscheinlich nicht, so wird der Betreffende um so weniger Erfolg haben, je mehr er sich anstrengt.« Das innere Gefühl – in diesem Fall: etwas nicht leisten oder beweisen zu können – ist immer stärker als der Wille, der etwas durchsetzen möchte. Stimmen Sie Ihr Gefühl von vornherein auf positive Zustimmung und Verwirklichung ein, dann haben Sie schon gewonnen.

# Geistige Kraft überwindet die Materie

Tausenden meiner Patienten gelang es, ihr Gefühl positiv zu programmieren und die unendliche Weisheit ihres Unbewußten als den höchsten und besten Maßstab in ihrem Leben gelten zu lassen. Millionen Menschen in aller Welt wissen heute um die Macht des Unterbewußtseins. Die Verborgenheit der Geheimlehren ist aufgehoben, weil die Menschen unserer Zeit reif genug sind, sich positiv ihren psychischen Energien zuzuwenden.

Es bereitet mir immer eine besondere Freude, einem skeptischen Akademiker mit der Suggestionsmethode helfen zu können, denn die rationalen Intelligenzler sind meistens am weitesten von ihrer unterbewußten Kraftquelle entfernt. Darum ist es auch für mich immer wieder ein echtes, großes Erfolgserlebnis, in einem von ihnen die Tür zum Unbewußten aufstoßen zu können.

Letztes Jahr half ich einem Physikstudenten und Mathematiker nicht nur sein Examen reibungslos und ohne Streß zu bestehen, sondern seine ganze Persönlichkeit auf eine feste, unerschütterliche Basis zu stellen. Hätte ich ihm vorher gesagt, wir würden dabei ähnlich vorgehen wie Voodoo-Heiler im brasilianischen Urwald, er hätte sofort das Weite gesucht.

So erhielt er nach autogenen Vorbehandlungen zur Beruhigung seines Nervensystems das Suggestivbild zur Aufgabe gesetzt, sich von seinen Professoren zum Bestehen des Examens beglückwünscht zu sehen. Freudestrahlend erlebte er täglich drei Wochen lang diese Szene mit dem beruhigenden Hintergrundgefühl, in allen Wissensgebieten befragt worden zu sein, auf die er sich besonders gut vorbereitet hatte. – Er erlebte seine Prüfung, wie er es sich vorgestellt hatte.

Gehen Sie auch den Weg aktiver Vorstellung. Setzen Sie sich in einer ruhigen Tagesstunde in eine stille Ecke und überlassen Sie sich Ihren Träumen. Folgen Sie der Spur Ihrer Sehnsucht, Ihrem größten Herzenswunsch. Aus diesem Bild, das nun klar und plastisch vor Ihnen steht, schaffen Sie Ihre positive Imagination. Sie sehen sich mitten in der gewünschten Situation. Sie erleben sie geistig – und Sie werden sie bald in Realität erleben, wenn Sie sich jetzt ständig dieses Bild in Ihrer Entspannungsstunde vor Augen rufen, beharrlich Tag für Tag. Stärken Sie nebenher das Gefühl in sich, daß Ihr Unterbewußtsein seine unendliche Intelligenz voll darauf ausgerichtet hat, dieses Bild zu verwirklichen.

Der berühmte Psychologe und Verfeinerer der Psychoanalyse, C. G. Jung, wurde einmal gefragt, ob er denn an diese paranormalen Fähigkeiten des Menschen glaube. »*Glauben* nützt nichts«, antwortete er, »man muß *wissen*. Ich glaube nicht daran, ich weiß!«

Für Sie und mich ist es wichtiger, das suggestive Training zur Hilfe für Körper und Geist mobilisieren zu können. Und das führte uns niemand besser vor als der Vater der neuen Welle des Positiven Denkens in diesem Jahrhundert, Dr. Joseph Murphy. Ihm gelingt die Übertragung suggestiver Kraft nicht nur unter Anwesenden, sondern über beliebige Entfernungen.

Sein stärkstes persönliches Erlebnis hatte er dabei mit seiner Schwester Katherina. Von England aus bat sie ihn in Kalifornien um seine Hilfe, als sie zu einer Galleoperation ins Krankenhaus sollte. Ohne einen Gedanken an ihre Krankheitssymptome zu verschwenden, vergegenwärtigte sich Dr. Murphy mehrmals täglich folgende Situation, wie er es auch in seinem Buch »Die Macht Ihres Unterbewußtseins« festhielt:

»Dieser Wunsch ist für meine Schwester Katherina. Sie ist völlig entspannt, im Frieden mit sich und der Welt, ausgeglichen, voll Ruhe und Heiterkeit. Die heilbringende Weisheit ihres Unterbewußtseins, die ihren Körper schuf, verwandelt in diesem Augenblick jede Zelle, jeden Nerv, jedes Gewebe, jeden Muskel und jeden Knochen und bringt jedes Atom ihres Organismus wieder in Übereinstimmung mit dem vollkommenen Muster und Vorbild, das in ihrem Unterbewußtsein aufbewahrt ist. In aller Stille werden alle negativen Voreingenommenheiten in ihrem Unterbewußtsein spurlos verdrängt, und die Vitalität, Ganzheit und Schönheit des Lebensprinzips durchdringen ihren gesamten Körper, ihre Seele und ihren Geist. Ihr Sein und Wesen stehen nun weit offen für die Ströme heilender Kraft, die ihren ganzen Organismus durchfluten und ihr von neuem Gesundheit, Harmonie und Frieden schenken. Alle abträglichen Gedanken und häßlichen Vorstellungen werden jetzt in der unendlichen Strömung der Liebe und des Friedens getilgt. So und nicht anders geschieht es.«

Zwei Wochen darauf staunten die Ärzte über Katherinas unerklärliche Heilung. Auch auf dem Röntgenbild zeigte sich kein Anlaß mehr für eine Operation. Für mich ist dies der schönste Beweis der Kraft unserer Gedanken: wir sind, was wir denken. Wer kann es wagen, einem leidgeprüften Menschen mit Logik zu kommen, dazu mit verneinender Logik, wenn geistige Erfahrung ihm hoffnungsvolle Wege weist?

Unsere Wissenschaftler stehen mit ihrem Denken vielen geheimnisvoll erscheinenden Geschehnissen kopfschüttelnd gegenüber, die sich ganz einfach durch Suggestionstechnik erklären lassen. Eines der phänomenalsten Beispiele körperlicher Beherrschung und suggestiver Überwindung einer normalerweise tödlichen Giftdosis konnte jedermann 1978 im Deutschen Fernsehen miterleben. Englische Ärzte hatten 1977 in Thailand einen Film über einen siamesischen Schlangenfänger gedreht, der sich vor ihren Augen von zwei frischgefangenen Mambas beißen ließ. Kein Europäer würde auch nur den Biß einer dieser Schlangen überleben. Der Mann aber setzte sich an einen schattigen Platz und verfiel in eine Art Trancezustand, in dem er schweißüberströmt stundenlang verharrte. Nach sechs Stunden, in denen die Mediziner ihn keine Sekunde aus den Augen ließen, stand er plötzlich auf, als ob nichts gewesen wäre. Ohne Serumspritze, Medikament oder irgendein äußeres Hilfsmittel hatte er die Giftdosis gesund überstanden.

Das ist ein klares Konzentrationsphänomen, bei dem der Schlangenfänger mit geistiger Kraft die tödlichen Giftstoffe unbeschadet seinen Körper passieren ließ und daraus wieder entfernte.

Ist Ihr eigenes Problem nicht relativ harmlos oder jedenfalls weniger bedrohlich als dieser massive Angriff auf das Leben eines Menschen? Messen Sie sich nicht an der Sensation, aber stärken Sie Ihren Mut, Ihr unumstößliches Wissen, daß Sie alles, was in Ihrem Leben Ihre Vorstellungswelt je bewegt, mit positiven Suggestionen zu Ihrem Besten wenden können.

Beginnen Sie mit kleinen und kleinsten persönlichen Aufgaben. Sie werden sehr schnell die Erfahrung machen, in sich selbst wunderbare Fähigkeiten erweckt zu haben. Übergewichtige können besonders schnell sichtbare Erfolge ihrer Suggestivarbeit vorweisen. Meistens ist ständige orale Befriedigung in Spannungssituationen die Ursache für übernormale Gewichtszunahme. Leiden Sie vielleicht auch an Übergewicht? Dann wählen Sie für Ihre Entspannungszeiten folgende Suggestion:

»Ich bin in vollkommener Ruhe und Harmonie. Ich esse ab sofort weniger und fühle mich trotzdem wohl und zufrieden. Mein Appetit ist ganz normal, und ich bin bei jeder Mahlzeit schnell gesättigt. Zwischen den Mahlzeiten esse ich nichts. Nach dem Abendessen esse ich vor dem Einschlafen überhaupt nichts mehr. Jede Woche nehme ich dadurch jetzt einige Pfunde ab, so lange, bis ich mir deutlich sagen werde, daß ich genug abgenommen habe. In dieser Zeit des Abnehmens fühle ich mich wohl und besonders frisch. Das Abnehmen tut mir gut und erleichtert alle meine organischen Funktionen.«

Wenn Sie diese gedankliche Vorstellung durchleben und richtig erfühlen, wie sich Ihr Körper danach richtet, dann haben Sie nach einer Woche das erste Resultat. Die Waage zeigt ein bis zwei Kilogramm weniger an. Sie werden kontinuierlich schlanker. Vergessen Sie jedoch nicht, Ihrem Unterbewußtsein nach gewünschter Gewichtsreduzierung die versprochene Suggestion zu geben, nun mit dem Abnehmen aufzuhören.

Wie bestimmend sich Gefühlsgrundstimmungen in die Suggestionswirkung einschalten, demonstrierte mir ein männlicher Patient. Auf Grund verschiedener körperlicher Unstimmigkeiten an Niere, Herz und Leber hatte ich dem kugelrunden Mann mit seinen 120 kg neben den Suggestionen zur Abnahme die Haysche Trennkost für seine Ernährung vorgeschlagen.

Danach trennt man alle Kohlehydrate (Mehl, Reis, Kartoffeln, Nudeln) vom tierischen Eiweiß. Nur Gemüse, Obst und Milcheiweiß darf zu beiden Nahrungsmittelarten gegessen werden. Man ißt also Schnitzel mit Gemüse *oder* Kartoffeln mit Gemüse. Zukker, Kaffee und Alkohol läßt man während der Kur am besten ganz weg. Diese Ernährungsform, die über drei bis zwölf Monate ausgedehnt werden soll, hat den großen Vorteil, den Körper ohne besondere Essenseinschränkung völlig zu entsäuern. Alle Schlackenreste und Fettpolster werden abgebaut, die wir mit unserer falschen europäischen Nahrungszusammenstellung in uns ansammeln. Vom Rheuma bis zur Schrumpfniere bereinigt nach Dr. Hay der Körper bei dieser Entlastung durch die Trennkost viele Störungen – und das Gewicht pendelt sich auf den Normalzustand ein.

Mein Patient, der mit der Vorstellung zu mir gekommen war, von seinen 120 kg nur herunterzukommen, wenn er in harter Disziplin auch seine Essensgewohnheiten einschränken würde, war von der Hayschen Trennkost gar nicht begeistert. Nachdem ihn die Suggestionen bereits seelisch unterstützten, verlangte seine Gefühlsvorstellung vom Leid des Abnehmens stärkere Methoden.

So setzte ich ihn für kürzere Intervalle auf Null-Diät – meine Lieblingsform des Abnehmens. (In den letzten Jahren führe ich mindestens zweimal jährlich Dreiwochen-Fastenzeiten durch, in denen ich nur Fruchtsäfte zu mir nehme. Die Suggestion, wie wohl mir das tut, welche Stärkung meine psychischen Kräfte dadurch erfahren, läßt mich diese Wochen so leicht erleben wie andere den Urlaub mit Vollpension.)

## Suggestionen der Gesellschaft

Wer sein Leben mit Positivem Denken selbst in die Hand nimmt, spürt immer stärker die suggestiven Absichten der Umwelt. Nehmen wir kurz die Politik als Beispiel. Sie ist ein unübersehbares Feld für Suggestionen, für bindende Vorstellungen, die der Masse als erstrebenswert eingegeben werden.

In der Politik ist die Liebe zum Leben durch den Verstand ersetzt. Der Politiker denkt stets in Konfrontation und Machtentfaltung. Wer Wind sät, wird Sturm ernten. Säen Sie Harmonie, und ernten Sie Liebe. In dem Punkt stimme ich völlig mit Maharishi Mahesh Yogi überein, der behauptet, ein Prozent meditierende Bevölkerung in einer Stadt mindere die Aggressionen und Gewalttaten um zehn bis fünfzehn Prozent. Positives Denken schafft ähnliche Voraussetzungen, es ist der Beginn der Meditation, des Umgangs mit unseren psychischen Kräften. Sie selbst machen den Anfang, in unser aller Leben die Sonne stärker scheinen zu lassen.

Erinnern Sie sich noch an den Satz von Coué, der sagt: »Das innere Gefühl, etwas nicht leisten oder beweisen zu können, ist immer stärker als der Wille, der etwas durchsetzen möchte«? Lassen Sie Ihrer Sehnsucht nach einem besseren und harmonischeren Leben freien Lauf. Setzen Sie sie in die Vorstellung um, innerlich frei und harmonisch zu *sein*. Diese positive Vorstellung wird Ihnen zur mächtigen Suggestion gegen alle herkömmlichen negativen Vorstellungen –, von der Abhängigkeit von anderen, von der Schuld anderer Menschen an Ihrem Unglück oder von jedem kleinen Einfluß aus der Außenwelt, der angeblich Ihr Lebensglück beeinträchtigt.

Innere Liebe und Harmonie bringt Sie in Einklang mit Ihrem höheren Selbst. Sie widmen sich damit der größten Lebensaufgabe, die uns irdischen Wesen gestellt ist: wieder eins zu werden mit unserer göttlichen Lebensenergie. Der menschliche Erfolg, den Sie hierdurch erringen, stellt alles in den Schatten, was Sie sich bisher vom Leben erträumten. Mit den kosmischen Kräften in Harmonie zu leben bedeutet, gesund zu sein an Körper, Geist und Seele und frei zu sein in der realen Welt. Freude am Leben ersetzt das angestrengte Nacheifern, das allzu egoistische Anhängen an den Dingen. Sie fallen Ihnen zu, wenn Sie die unerschöpflichen Kräfte Ihres Unterbewußtseins positiv erschließen. Die Fülle des Lebens steht Ihnen dann offen.

Wenn Sie nun aus dieser neugewonnenen inneren Ruhe und Überlegenheit das äußere Geschehen betrachten, erkennen Sie, wie sehr Sie sich vom Strudel negativer Gedanken aus der Umwelt mitreißen ließen. Sie verschenkten Ihre Autorität an fremde Menschen. Machtsucher und Angstverbreiter fanden Ihr Ohr und besetzten Ihren Verstand. Plötzlich erfassen Sie ganz klar, daß die größten politischen Probleme der Menschheit, die Sie täglich Ihrer Zeitung und den Nachrichten entnehmen und die gerade jetzt in den achtziger Jahren einem Höhepunkt zuzustreben scheinen, nur negative Vorstellungen sind, ein Spiel mit der Angst, das dazu noch von unseren politischen Lenkern vollgültig akzeptiert wird. Ein Mensch, der Angst hat, ist leichter zu lenken und zu dirigieren; er ist schneller zu überzeugen, eine bestimmte Partei zu wählen, wenn sie ihm verspricht, die Bedrohung zu beseitigen.

Wir können aber nur unser eigenes Bewußtsein ändern, *keine* Regierung. Fragen Sie irgendeinen großen Weisen dieser Erde; er wird Ihnen bestätigen, daß Sie mit dem Verströmen von Liebe und Harmonie auf Ihre Umwelt – ohne die geringste Gegenleistung zu erwarten oder zu verlangen – den größten und einzig wirksamen Beitrag zur Verhinderung einer neuen, weltweiten Katastrophe leisten. So einfache, positive, psychische Umschaltungen können die Lebensproblematik, in die sich der menschliche Verstand verstrickt hat, lösen. Nehmen Sie sich diese umwälzende Erkenntnis zu Herzen. Sie haben es selbst in der Hand, Ihre alten, verbrauchten Vorstellungen, die Ihnen nur Verdruß, Leid und Krankheiten brachten, durch neue, positive Suggestionen als Leitbilder zu ersetzen. Sie vertrauen sich damit Ihren Seelenkräften an – und Ihre Träume erfüllen sich.

## Das Geheimnis des Erfolgs

Unter Ihren Bekannten und Verwandten kennen Sie sicher einige Menschen, die ständig ein festumrissenes Ziel vor Augen haben. Geradezu fanatisch hängen sie bestimmten Aufgaben oder Hobbys an und erleben und erreichen dabei auch Beachtliches. – Diese Mitmenschen haben bereits den Weg der Suggestion beschritten. Ihnen ist eine bestimmte gedankliche Vorstellung, mag sie noch so speziell sein, zur Suggestion geworden und sie setzen alles in Bewegung, um diese Gedanken noch vollkommener zu realisieren. Wie oft bewundern Sie an ihnen ihre Ausdauer und Geduld. Machen Sie es ihnen nach, auf Ihre ganz persönliche Weise. Setzen Sie Ihr eigenes psychisches Potential zur Erfüllung Ihrer Sehnsüchte auf Ihre persönlichen Vorstellungen an. Ob Sie eine Arthrose bekämpfen oder den Hund Ihres Nachbarn – mit Liebe – zum Schweigen bringen, alles Positive wird sich verwirklichen. – Ich sagte tatsächlich: *alles!*

Sie wünschen einen Gradmesser für Ihre Erfolge im Positiven Denken? Wer sich aus der reinen theoretischen Beschäftigung mit der Wirkung positiver Gedanken in die Praxis – in sich selbst – stürzt, braucht nur seine Familie, seine Freunde und Bekannten zu beobachten. Keine vierzehn Tage dauert es, bis die ersten verwunderten Fragen kommen: »Na, was ist denn mit dir los? Du bist jetzt immer so anders, so ruhig, so ausgeglichen. Du bist so verändert!«

Ganz schnell erfahren Sie auf diese Weise, wie Sie bisher wirklich von Ihren Mitmenschen eingeschätzt wurden. Zögern Sie also keine Minute, von jetzt an Ihre bessere Seite zu entwickeln. Beginnen Sie im Kleinen und sofort. Niemand kann auf die Ausrede verfallen: »Wo soll ich nur die Zeit für diese Übungen hernehmen?« Malen Sie sich einmal aus, wieviel Zeit Sie Ihre verbrauchten, alten Vorstellungen kosten? Was Sie an Zeit bei Ärzten in Wartezimmern wegen jeder Kleinigkeit verbringen, anstatt sich selbst zu helfen? Was Sie alles an Vereinsmeierei, Partygeschwätz und Biertisch-»Gemütlichkeit« einsparen können, die nur ein Weglaufen vor den Aufgaben in sich selbst bedeuten!

Nichts sei damit gegen die Zusammenkunft mit guten Freunden gesagt. Aber suchen Sie sich einen Kreis, in dem Sie über das, was Sie bewegt, sprechen können. So manches Kaffeekränzchen, so mancher Stammtisch, ist ein Zuchtplatz für Krankheiten und negative Gedanken. Überlegen Sie nur einmal, welches stattliche Energiepotential – im negativen Sinne – Klatsch und Kritik aufbauen.

Sie werden mit Sicherheit von ganz alleine in eine neue Umwelt, zu neuen Bekannten und Gleichgesinnten vorstoßen, wenn Sie sich ab sofort auf Ihren Weg zu sich selbst begeben. Bisher formte Sie Ihre Umwelt. Beweisen Sie sich Ihre Fähigkeit dazu gleich einmal selbst. Überlegen Sie, wie oft Sie mit irgendeiner Handlung Rücksicht auf die Meinung anderer nehmen. Sie sammeln so viel Selbstbewußtsein, daß Sie alles, was Sie für richtig empfinden und was Sie für Ihr Leben als bedeutsam und gut ansehen, aus eigener Entscheidung auch durchsetzen, ohne um die Kritik oder Zustimmung anderer zu buhlen. Und dann die Hauptsache: Es ist gar nicht nötig, daß Sie im Augenblick außer Ihren Gedanken etwas an Ihrem Tageslauf ändern. Bemühen Sie sich nicht mit windungsreichen Überlegungen um Übungszeiten, die irgendwo eingeplant werden müssen. Positive Suggestionen werden in Kürze ganz von allein dazu den Wunsch in Ihnen wachrufen. Dies ist deshalb die erste und wichtigste Suggestion, die Sie sich für den Beginn vornehmen:

»Jeden Tag beginne ich fröhlich und unbeschwert. Ich tue alles mit Freude und voller Zuwendung. Meine Gedanken richten sich stets nur auf das Gute im Jetzt. Bei jedem Handgriff bin ich voll konzentriert. Jede Arbeit, jede Bewegung meines Körpers nehme ich in totaler Konzentration vor. Friede ist in meinem Herzen und meinem Geist.«

So einfach dies klingt, so sehr widerspricht es unserer täglichen Gewohnheit. Mit der Konzentration auf das Wesentliche, auf das tatsächlich im Jetzt Erlebte, nehmen Sie den ersten Riesenschritt zur inneren Veränderung vor. Der nervöse Gedankenwirbel versiegt, und Sie entdecken Hunderte von Handgriffen und kleinen Tätigkeiten, die Sie früher automatisch vollzogen haben und die Sie jetzt bei echter geistiger Zuwendung nicht mehr gutheißen können. Lassen Sie sie fallen – und die Hektik in Ihrem Dasein beginnt nachzulassen.

Nach diesem erfolgreichen Beginn zu positiver Lebensführung schaffen Sie sich nun im Laufe der Zeit für Ihre wichtigsten Anliegen und Situationen Suggestionen, die mehr und mehr Ihren gesamten Lebensbereich positiv umformen. Immer stärker werden Sie das Wachsen Ihrer inneren Sicherheit spüren, jeder Außenkraft gewachsen zu sein.

Wenn Sie einen Grippekranken besuchen, dann spüren Sie, wie Ihre strahlende Lebensenergie derartige Krankheiten gar nicht mehr an Sie heranläßt. Im Gegenteil, Sie bringen dem anderen schnelle Genesung. Haben Sie eine wichtige Besprechung mit einem Vorgesetzten, dann gehen Sie in voller Harmonie mit Ihrem Selbst dorthin und lassen das Echte Ihres Anliegens, die Wahrheit Ihrer Argumente für sich selbst sprechen. Vorheriges Ausmalen aller Möglichkeiten, die dabei auftauchen könnten, Gefühlsinvestitionen in Ihre Lage sind völlig unangebracht. Sie haben vorher positiv beschlossen, was Sie bei diesem Gespräch erreichen wollen, damit ist bereits alles entschieden. Ihre innere Ruhe und Ausgeglichenheit, zusammen mit der unendlichen Stärke Ihres Unterbewußtseins, hat schon alles zu Ihren Gunsten bereitet.

Die folgende Suggestionsformel ist eine ausgezeichnete und für alle erdenklichen Fälle völlig ausreichende Stütze Ihres Selbstbewußtseins: »In mir ist vollkommene Ruhe und Harmonie. Ich vertraue jeden Augenblick meines Lebens der unendlichen Weisheit meines Unterbewußtseins, das immer die besten Entscheidungen für mich trifft. Ich handle sicher und richtig aus der Kraft meiner seelischen Mitte.

Ich strahle Ruhe und Sicherheit aus auf meine Mitmenschen. Ich danke dem Schöpfer, mich klar und frei gemacht zu haben. Ich bin gesund und erfolgreich auf dem Weg zu immer vollkommenerem Leben.«

Manchem mag an der Formulierung das eine oder andere Wort fremd oder ungewöhnlich klingen. Feilen Sie am Text ganz nach Ihren persönlichen Empfindungen, bringen Sie aber keine negativen Umschreibungen hinein. Setzen Sie sich ganz einfach über alles hinweg, was Sie nicht mehr machen oder erleben wollen. Es existiert nicht mehr für Sie. Sie nehmen die neuen, positiven Vorstellungen als reale Gegebenheiten, so, als ob Sie nie anders gedacht hätten.

Sollten Sie einmal zweifeln, ob Sie auch wirklich positive, gute

Gedanken aneinandergereiht haben und ob Sie mit Ihren selbstgeschaffenen Suggestionen auch tatsächlich Ihre Probleme abstreifen können, dann befragen Sie sich selbst: »Bringen mir meine Vorstellungen Gesundheit, Harmonie, Liebe, Erfolg?« Ihre innere Stimme gibt Ihnen jetzt in jedem Fall die richtige Antwort.

Suggestionen, die Sie Jahrzehnte benutzten – ganz unbewußt –, sind durch ständige Wiederholung zu fest eingeprägten Reflexen geworden. Ganz automatisch setzt Ihr höheres Selbst seine potentielle Macht dafür ein, Ihre eingegebenen Lebensvorstellungen zu verwirklichen. Jetzt denken Sie positiv. Jetzt möchten Sie die Kraftzentrale in sich umprogrammieren und auf viel feinere, empfindlichere Lebensströme abstimmen. Da ergeht es Ihnen leicht wie einem meiner Seminarteilnehmer, der ungeniert äußerte: »Bis heute ärgerte ich mich über jede Fliege an der Wand – und jetzt soll ich sie lieben?«

Lieben Sie sich selbst zuerst! Zum Aufräumen braucht man Zeit. Was wir in Jahrzenten speicherten, ist nicht an einem Tag zu sichten. Glauben Sie nicht, mit einem Schlag Ihre Probleme beseitigen zu können. Der Weg ist das Ziel, sagen die Buddhisten. Sie meinen damit, daß man den Fort-Schritt nur erreichen kann, wenn man auch wirklich den ersten Schritt unternimmt, um sich auf den Weg zur Selbstverwirklichung zu begeben.

Beim Positiven Denken überlassen Sie sich einfach Ihren positiven Suggestionen, und Ihr Leben ändert sich von allein. Das allmähliche Durchforsten Ihrer Psyche unternimmt das Unterbewußtsein von sich aus, weil es auf Grund der positiven Programmierung dem negativen Auftragsbestand im Denken und Fühlen die Existenzberechtigung entzieht. Sie gehen in ein anderes Zimmer und schalten das Licht ein, während es im verlassenen Raum ausgeht.

»Ich kann es mit meinem Verstand kaum fassen«, meinte eine in drei Monaten bei mir zu Selbstbewußtsein und Lebensmut gelangte Patientin, »daß ich nur mit der Einstellung auf Liebe und Harmonie in mir mein Leben so wandeln konnte.«

»Denken Sie gar nicht erst darüber nach«, erwiderte ich ihr, »denn der Verstand hat Sie lange genug von Gesundheit und Erfolg abgehalten, nur, weil durch ihn jede Situation zergrübelt und zerredet wird. Leben Sie im Jetzt mit Ihrer positiven Grundeinstellung, dann bleiben ›Probleme‹ weitgehend nur Dinge, die Sie bei anderen beseitigen helfen können.«

## Frische Programmierung für Ihr Unterbewußtsein

Die Fülle der faszinierenden Möglichkeiten zur Lebensverbesserung durch suggestive Arbeit an sich selbst, die ich Ihnen aufzählte, enthielt kein einziges Wort über die schädlichen Folgen von positiven Suggestionen, von denen Psychologen und Psychotherapeuten manchmal sprechen. – Es gibt keine! Positive Suggestionen führen Sie zum Guten, zum Harmonischen im Leben. Sie leiten Sie auf die gottgewollte Ebene größerer Vollkommenheit, die Ihren natürlichen Seelenkräften und dem Sinn des Daseins entspricht.

Manche Wissenschaftler stellen es heute noch so dar, als ob die Kraft, die hinter einem Symptom steckt, etwa einem Waschzwang, einem nervösen Tick oder Asthma, sich einen neuen Weg im Körper suchen würde, wenn eine Suggestion ihre Entfaltung hemmt. Diese falsche Vorstellung haben wir zum Teil Sigmund Freud zu verdanken, der in der Frühzeit seiner Hypnosestudien zu der Annahme kam, durch neue Suggestionen würden alte Prägungen, die sich im Unterbewußtsein eingewurzelt hatten, nur verdrängt. In anderen körperlichen oder seelischen Fehlern würden sie sich dann erneut manifestieren. Das kann sehr wohl geschehen, aber nur bei der schulmedizinischen Behandlung von Symptomen. Ich bin es gewöhnt, von manchen meiner Patienten im Konsultationsgespräch von jahrelangen Irrfahrten durch Krankenhäuser, Sanatorien und Arztpraxen zu hören. Die äußeren Symptome wurden behandelt, aber die Ursache, negative Vorstellungen ihrer Ängste im Unterbewußtsein, interessierte niemanden. So konnte die negative Vorstellung wandern, sie wurde »verdrängt«, aber nicht beseitigt.

Für die verschiedenen Ebenen des Unterbewußtseins gilt das Gesetz der überlegenen Idee. Schon vor hundert Jahren stellte es der gründliche französische Suggestionsforscher Emile Coué auf. Danach ist jeder Gedanke bestrebt, sich in die Realität umzusetzen, und der stärkere Impuls hebt jeweils den schwächeren auf. Von der Art unserer Suggestionen hängt es also ab, was wir erleben. Bessere, stärkere und positive Suggestionen *ersetzen* jene Vorstellungen, die uns Schwächen, Fehler und Krankheiten verursachen. Wir verdrängen nicht Ungewünschtes, sondern wir produzieren eine neue, bessere Energiequalität für unser Dasein.

Versuchen Sie einmal, die Vielfalt gefühlsbetonter Engramme (Erinnerungsbilder) aufzuspüren, die Ihr Unterbewußtsein zu bearbeiten und zu bekräftigen hat. Betrachten Sie nur einmal die vielen Vorurteile, die in jedem von uns nisten. Hinter den in der Öffentlichkeit vorrangig verbreiteten eingerasteten Vorstellungen stecken immer wieder pauschal übernommene Vorurteile. Wenn Sie allein davon einen großen Teil durch echte, positive Einstellung zum Leben ersetzen, dann gewinnen Sie bereits ein Riesenmaß an innerer Freiheit und Beruhigung.

## Die tägliche Übung

Haben Sie Geduld mit sich. Wer autosuggestiv für sich allein arbeitet, muß auch von der Krise wissen, die einem der alte Schlendrian nach einigen Wochen bereitet. Die Macht der alten Gewohnheit hat einen Rücksog in sich, der erst überwunden werden will. Wer wird aber in ein Paar alte, drückende Stiefel steigen, wenn die neuen wunderbare Freiheit im Gehen bescheren?

Zur notwendigen Geduld kommt die notwendige Konsequenz. Ihr Unterbewußtsein, das Sie aus seinen alten Geleisen herausgenommen haben, braucht laufende Unterstützung, um über die Weiche, die Sie gestellt haben, in die neue Richtung zu kommen. Suggestionen wirken um so schneller, je *häufiger* und *intensiver* sie eingeprägt werden.

Wenn Sie Ihre Entspannungsform gefunden haben, ziehen Sie sich jeden Tag drei- bis viermal in eine stille Ecke zurück – das geht sogar, wenn Sie in einem Betrieb arbeiten –, und nehmen Sie sich Ihr Suggestionsblatt vor. Nach einiger Zeit kennen Sie den Text auswendig und sagen sich ihn nur noch lautlos, wenn möglich mit geschlossenen Augen vor. Dazu benötigen Sie nicht mehr als drei bis vier Minuten. Die stärkende Kraft, die von diesen Augenblicken auf Sie übergeht, läßt Sie sehr schnell diese kleine Unterbrechung Ihres Tageslaufes nicht als Mühe, sondern als belebendes Moment ansehen, nach dem Sie sich sehnen.

Wer das autogene Training voll einübt, erlernt dabei auch die »Kutscherhaltung«, ein legeres Sitzen mit aufgestützten Ellenbogen auf den Knien, in der man sich nach längerer Übung innerhalb von zehn Sekunden völlig entspannen kann. Sie sind völlig unabhängig von äußeren Bedingungen – und lassen sich in Ihrer Ruhe und Konzentration, die Sie von nun an zeigen, bestaunen.

Die wichtigste tägliche Übung heben Sie sich allerdings für Ihren häuslichen Bereich auf. Am besten abends, vor dem Einschlafen, wenn die Tagesgedanken verabschiedet sind und der Körper sich auf die Nachtruhe vorbereitet und entspannt, dann vollziehen Sie Ihre intensivste Versenkung. Jetzt ist das Tor Ihres Unterbewußtseins weit geöffnet, um Ihre Suggestionen aufzunehmen. Suggestionen, die auf den vier Sehnsüchten nach Gesundheit, Harmonie, Liebe und Erfolg aufbauen, haben den Charakter eines Gebets. Sie nähern sich damit Ihrem göttlichen Selbst, Ihrem gottgegebenen Kern und erfüllen damit die Aufgabe, die den Sinn unseres Lebens ausmacht: eins zu werden mit unserem geistigen Zentrum. Sie formen sich aus dem, was Sie denken!

Wer sich diesem Training voll verschreibt, braucht immer weniger Hilfe von außen, von anderen Menschen. Wenn andere zum Arzt laufen und sich gegen die kleinen Alltagswehwehchen Tabletten verschreiben lassen, dann sammeln Sie eigene Energie in Ihrer Tiefe und schwemmen mit eigener Kraft alles Störende aus sich heraus. Je tiefer Sie in meine Lebensleitsätze eindringen, um so mehr fühlen Sie, alle Kraft zur Lebensmeisterung in sich selbst zu besitzen. Das ist jener Vorgang des Selbst-bewußt-Werdens, den östliche Philosophen als höchsten menschlichen Reifezustand bezeichnen.

Das Positive Denken gehört zum glücklichen Leben wie das Blut in den Adern. Gedanken sind täglich neu belebende Kraft. Die Qualität des Unterbewußtseins hängt von ihnen ab. Haben Sie eine lässige Einstellung zu Ihren wichtigsten Lebensanliegen, zu Ihrem Glücks- und Erfolgsstreben, dann schaltet auch das Unterbewußtsein auf lässigen Krafteinsatz. Es folgt Ihren Gedankenimpulsen wie ein Hund dem Herrn und läßt sich von ihnen formen.

Deshalb ist Konsequenz im Positiven Denken so lebenswandelnd. Es gibt kein Versteckspiel hinter unserem Seelenspiegel. Jedem Menschen können Sie an der Nasenspitze ansehen, ob sein Unterbewußtsein ausreichend mit positiven Suggestionen versorgt wird oder nicht. Nach kurzer eigener Trainingszeit spüren Sie die seelischen Bewegungen auch in allen anderen Menschen viel deutlicher. Sie haben sich nicht nur selbst zu vollkommenerem Leben befreit; Sie schätzen auch Ihre Umwelt neu und besser ein. Die Methode, der Sie sich zugewandt haben, läßt Ihr ganzes Denken allen Anforderungen des Lebens täglich neu und positiv begegnen. Ihr Erfolg liegt in dem steten Festhalten an allem, was Ihr Leben zum Guten wendet.

# KAPITEL 4

## Die Hypnose als Suggestionsverstärker

> *Es geht nicht um die Bemühung, jemand oder anders zu werden,*
> *sondern um das Loslassen in das, was wir sind.*
>
> Baghwan Shree Rajneesh

### Was ist Hypnose?

Autosuggestive Hilfe ist noch nicht die einzige und beste Möglichkeit zur Wandlung zu besserem Leben. Wie sich in der Elektrotechnik Kraftfelder verstärken lassen, so ist das auch mit geistigen Energien möglich. Zwei Menschen schaffen mehr als einer.

Suggestionsverstärkung geschieht in der Hypnose. Auch ein anderer Mensch kann einen nach Entspannung und Entlassen der Gedanken in einen tiefen Versenkungszustand des Bewußtseins versetzen, in dem dann in erhöhtem Maße verschiedene Phänomene spontan oder als Reaktion auf verbale oder andere äußere Reize auftreten können. Ein zugerufenes Wort kann eine unvermutete Muskelbewegung auslösen, Musik kann bildhafte Umsetzung erfahren. Gedanken treten auf, die dem Hypnotisierten in seinem gewohnten Geisteszustand oft nicht vertraut sind, denn er sitzt in der Hypnose sozusagen direkt neben seinem Gewissen, seiner lautersten und ewig wahrhaften Quelle höherer geistiger Kraft. Da gibt es keine Ausflüchte mehr.

Für den tiefen, schlafähnlichen Zustand in der Hypnose (Hypnos: der griechische Gott des Schlafes), der nur die Worte des Hypnotiseurs durchdringen läßt, suchten die Wissenschaftler bisher vergeblich eine Funktionserklärung. Die übergeistigen Ebenen unseres Bewußtseins, die für asiatische Weise zum gewohnten Handlungsbereich gehören, hat sich die westliche Wissenschaft in ihrer objektiven, materialistisch bezogenen Weltsicht selbst verschlossen.

Es ist eine altbekannte Tatsache, daß Fremdsuggestion – also

Beeinflussung durch andere Personen – einen vielfach stärkeren Wirkungsgrad haben als Autosuggestionen.

Wenn Sie die positiven Suggestionen, die Sie sich im vorigen Kapitel zusammenstellten, durch einen Hypnotherapeuten in der Hypnose vermittelt bekommen, erfolgt die Prägung Ihres Unterbewußtseins weit intensiver, als Sie es alleine schaffen würden. Das Ergebnis ist eine enorm steigende Erfolgsquote in kürzester Zeit.

Hypnose ist also nicht dasselbe wie Suggestion. Sie erzeugt nur ein gewisses Zurückziehen von der normalen Wachaktivität des Nervensystems zu einer höheren Bewußtseinslage, in der die Pforten des Unterbewußtseins für das Eindringen der Suggestionen weit geöffnet sind. Den Wert der Hypnose kann am besten derjenige ermessen, der bereits weiß, wie schwer sein Wille sich der Verführung von außen widersetzen kann. Wer beispielsweise Jahr für Jahr der suggestiven Werbung, dem Nachahmungstrieb und der lieben Gewohnheit nachgibt und zur Zigarette greift, obwohl er sich längst vorgenommen hatte, nicht mehr zu rauchen, der kommt gerne zu mir, um sich seinen Vorsatz in hypnotischer Behandlung durch meine zusätzliche Energie stärken und ihn dadurch unumstößlich werden zu lassen.

Sie unternehmen bereits vieles im Leben am liebsten in der Gruppe, gemeinsam mit Gleichgesinnten. Sie fühlen sich dort in Ihren Interessen bestärkt und geborgen. In der Hypnose geschieht etwas Ähnliches. Sie sind auf einer psychischen Ebene viel intensiver, konzentrierter bei der Sache und erlangen damit eine enorm verstärkende Tiefenwirkung.

Die meisten Patienten, die zu mir kommen, haben höchst eigenartige Vorstellungen von der Hypnose. Da erzählte mir unlängst eine junge Frau, der ich in besonders kurzer Zeit helfen konnte, sie hätte monatelang den Besuch in meiner Praxis aufgeschoben, bis ein Bekannter sie auslachte und über Hypnosebehandlung aufklärte. Sie hatte bei Alexander Dumas über den Zauberer Cagliostro gelesen, der zur Zeit der Französischen Revolution jahrelang eine bildschöne, junge Frau gefügig machte, indem er sie ständig in Hypnose hielt.

In unserer aufgeklärten Zeit ist es fast selbstverständlich, durch die Populärwissenschaften über die geheimsten Vorgänge in unseren Körperzellen Bescheid zu wissen. Über unsere Bewußtseinszustände hält sich bis heute sogar noch die Psychologie zurück, grundlegende Aufklärungsarbeit in der Öffentlichkeit vorzunehmen. Man weiß noch zu wenig davon und läßt das hochinteressante Arbeitsgebiet der Suggestionen und ihrer Möglichkeiten verkümmern.

Vergessen Sie deshalb bitte erst einmal alles, was Sie bisher über Hypnose gehört oder gelesen haben mögen, und bilden Sie sich erst am Ende dieses Kapitels ein neues Urteil. Vergessen Sie vor allem spektakuläre Berichte von Hypnose-Vorstellungen oder - Shows auf Jahrmärkten. In der Hypnose wird Ihnen nicht die Gewalt über den eigenen Körper und Verstand genommen. Hypnose durch Faszination mit unwiderstehlichen Augen mag in orientalischen Märchen vorkommen oder von einem jungen Mädchen als Entschuldigung für einen Fehltritt hergenommen werden. Die moderne Hypnosetherapie, auf die ich später eingehen werde, nutzt den wunderbaren Zugang, der sich durch die Hypnose zu unseren höheren Bewußtseinsschichten anbietet, zu reinen, positiven Heilzwecken.

Was ist Hypnose wirklich, und wie kann sie dem Menschen dienstbar gemacht werden? Diese Frage stellte ich vor Jahren an die Spitze meiner psychologischen Arbeit. In tausendfacher Einzelerfahrung fand ich in meinem Institut für Hypnoseforschung die gültige und befriedigende Antwort: Hypnose kann in der Hand des verantwortungsbewußten Arztes und Heilpraktikers unsäglichen Segen spenden. Sie bietet einen manchmal wunderbar erscheinenden Zugang zu unseren unbewußten Tiefenschichten und ist für den erfahrenen Psychotherapeuten ein einzigartiges Mittel, das psychische Feld eines Patienten positiv zu beeinflussen.

Sie werden in der Hypnose in einen Zustand der Konzentration, der selektiven Verwendung tieferer seelischer Empfindungen geführt, wie er Ihnen aus dem Alltag gar nicht so unbekannt ist. Ihr Bewußtsein wird durch suggestive Worte auf einen Punkt eingeengt, der dadurch besonders deutlich wird.

Menschen, die im Kino aufschreien, oder Fußballfans, die vor Begeisterung außer sich geraten, leben in diesen Situationen bereits zeitweilig in einem eingeschränkten Bewußtseinszustand. Auch die Versunkenheit in ein Buch, das Sie die Umwelt völlig vergessen läßt, ist, wie das schönste Liebeserlebnis, eine selbsthypnotische Bewußtseinsverengung.

Selektive Bewußtseinsinhalte bedeuten Konzentration, verstärkte Aufmerksamkeit auf den im Augenblick gerade wichtigsten, schmalen Bereich sinnlicher Wahrnehmung. In der Hypnose öffnet sich nun zusätzlich eine normalerweise unbewußte Bewußtseinsebene, in die ohne Störungen durch den kritischen Verstandesbereich positive Suggestionen direkt einfließen können.

Wenn Sie sich der Hypnose anvertrauen, formuliert der Hypnotherapeut für Sie die positiven Suggestionen; Sie sind jedoch der Programmierer, der in seinem Unterbewußtsein die enormen Kraftreserven für die Erfüllung seiner höchsten Lebensziele befreit. Sie sind und bleiben also der wichtigste Faktor in der Hypnose. An Ihnen allein liegt es, wie schnell Sie sich von Ihren normalen Wahrnehmungen trennen, wie bald Sie es lernen, Ihren Verstand zur Seite zu stellen und nicht alles ständig mit Ihren Gedanken beobachten zu wollen. Hypnose ist eine außerordentliche Möglichkeit, Ihre Zielvorstellung vom glücklichen Leben in kürzester Zeit zu erreichen.

Ihr Intellekt ist der größte Widersacher auf Ihrem Weg, sich fallen zu lassen in Ihre unbewußte Tiefe, in der die Hauptkräfte Ihres Lebens ansässig sind. Sie haben die Kraft in Ihrem unerschöpflichen Unbewußten, die vom Intellekt und äußeren Beeinflussungen geschaffenen Leiden und Probleme augenblicklich von sich zu weisen. Über Jahrzehnte haben Sie nichts von dieser Kraft gewußt. Über Jahrzehnte haben Sie Ihre seelische Tiefe durch ausschließliches Leben in der äußeren Sinneswelt abgeblockt. Nun haben Sie mit dem Lesen dieses Buches begonnen, durch Autosuggestion Ihrem Unterbewußtsein Macht zu verleihen. Es soll mit seiner Weisheit unter Ihren psychischen und körperlichen Schwächen aufräumen. Sie sind mitten bei dieser Arbeit und stellen vielleicht fest, daß Sie sehr gut eine kräftige Hilfe von außen brauchen könnten. Dann ist die Hypnose der richtige Weg für Sie, mit unterstützender Fremdenergie Ihrem Unterbewußtsein schneller näher zu kommen, denn seine Beeinflussung mit positiver Gedankenkraft kann alleine den Weg aus einem Lebenstal in erhoffte Höhen bahnen.

## Was kann Hypnose leisten?

Aus unzähligen Gründen kommen Hilfesuchende in meine Praxis. Die wichtigsten Ursachen, bei denen sich Patienten von einer Hypnosebehandlung Erfolg versprechen, um tiefverwurzelte eigene Probleme und Krankheiten aufzulösen, kann man in mehreren Gruppen zusammenfassen. Diese Aufstellung zeigt gleichzeitig die Erfolgschancen der Hypnosetherapie auf.

*Hypnose kann bei folgenden Symptomen erfolgreich angewandt werden:*

Stottern
Sprachstörungen
Schluckstörungen
Stimmlosigkeit
Konzentrationsstörungen
manchen Lähmungen
Bettnässen
Nägelbeißen
Phobien
Verfolgungswahn
Verhaltensstörungen
Unsicherheit
Zwangshaltungen
Waschzwängen
Zwangsneurosen
Chronischer Bronchitis
Asthma
Herzneurosen
Magen-Darm-Erkrankungen
Ulcus (Geschwür)
Harnwegerkrankungen
Bluthochdruck
manchen Allergien
Vegetativer Dystonie

Prüfungsängsten
Impotenz (Impotentia psychica)
nächtlichem Zähneknirschen
Insomnia (Schlafstörungen)
Ticks
Gesichtszuckungen
Alpträumen
seelischen Erschöpfungs-
    zuständen
Depressionen
Alkohol-Nikotin-Abhängigkeit
fehlendem Selbstbewußtsein
Psychosomatischen und psycho-
    vegetativen Symptomen
Erschöpfungszuständen
Neuralgien
Migräne
Übergewicht (Adipositas)
Verstopfung
chronischen Schmerzzuständen
Streß (Überforderungs-
    reaktionen)
Schulproblemen
Persönlichkeitsaktivierung

erfolgreich im Leben zu sein
selbstbewußter zu werden
sich spirituell weiterzuentwickeln
schöpferischer zu werden
verborgene Talente und Kräfte zu entdecken und zu entfalten
Selbsthypnose zu erlernen
sich selbst zu verwirklichen
sich und andere besser zu verstehen
Selbstentfaltung in Partnerschaft und Beruf
Steigerung der Konzentration
Steigerung der Gedächtnisleistung
die »Kunst des Lebens« zu erlernen
die Lernfähigkeit außerordentlich zu steigern

Diese Zusammenstellung erhebt absolut keinen Anspruch auf Vollzähligkeit. In der Praxis erscheinen manchmal ausgefallene Fälle, die sich in keine Rubrik einordnen lassen. Die menschliche Phantasie reicht oft nicht aus, um sich die verzwickten Situationen auszudenken, in die manche Menschen geraten. Das Leben ist der einfallsreichste Drehbuchautor, den man sich vorstellen kann.

Ist nun jeder hypnotisierbar, und kann sich jeder Hilfe von einem Hypnotherapeuten versprechen? Ich bezeichne gerne jene Hypnosepatienten als »normale«, die noch Intuition und Gefühl besitzen. Das sind auch die Voraussetzungen, um sich jemandem richtig anvertrauen zu können. Intellektuellen gelingt es meist seltener; sie haften an ihrem Wissen, an ihren gußeisern installierten Vorstellungen. Ihr weltliches Ich will sie einfach nicht aus seinen vorgefaßten Meinungen entlassen.

Wer sich genauer über Hypnose informiert, erfährt von der einzigartigen Möglichkeit der direkten Tiefenwirkung, durch die suggestive Umprägungen des Unterbewußtseins fünfzigmal schneller wirksam werden, als es ein Psychotherapeut mit seiner mühsamen Gesprächsanalyse schaffen kann. Drei bis fünf Jahre benötigt die Psychotherapie vielleicht in langsamem Abtasten der Seelenlage eines Patienten, was mir unter Umständen in zwanzig bis dreißig Doppelstunden gelingt. Für die meisten Fälle, die Aussicht auf Besserung versprechen, hat sich dieser Zeitraum als ausreichend herausgestellt. Andere Fälle mögen sechzig Doppelstunden und mehr erfordern, manche brauchen aber noch weniger als dreißig.

Mit dem Analyseweg steht aber nicht nur eine erhebliche Verlängerung der Leidenszeit mit ungewissem Ausgang der Heilungschance auf dem Spiel. In unserer Zeit der Kostenexplosionen ist es auch ein finanzielles Problem für den Patienten, wenn ein Psychotherapeut gegenüber einem Hypnotherapeuten mit fünfzigfachem Zeitaufwand rechnen muß.

Prof. Losanov, der weltweit bekannte Fachmann für Suggestologie und Suggestopädie aus Sofia, hat diesen Beschleunigungsfaktor der Hypnose an seinen Versuchspersonen entdeckt. Angehörigen psychisch kranker Personen erscheint es manchmal wie ein Wunder, wenn durch Hypnose ein ausgesprochener Schnellerfolg in der Heilung zu erzielen ist.

Oftmals überweisen mir Ärzte und Psychotherapeuten Patienten, deren medikamentöse oder psychotherapeutische Behandlung ihnen zu langwierig erscheint. Ihre Einsicht erspart den Patienten viel Zeit und führt sie einer Therapie tatsächlicher Ursachenbehandlung zu, die ihnen oft in wenigen Monaten eine Lebensverbesserung bringt, nach der sie sich manchmal Jahrzehnte vergeblich gesehnt haben.

Ein weiterer entscheidender Vorteil der Hypnosebehandlung ist der Wegfall von Medikamenten. Gerade die in der Psychotherapie verwendeten Psychopharmaka können mit ihren meistens schädigenden Nebenwirkungen eine Behandlung eher verlängern als zu einem guten Ende führen. Viele von ihnen dienen ohnehin nur der Verdeckung der Symptome, wie alle Tranquilizer und Sedativa.

Es gehört zu meinen ersten Maßnahmen bei neuen Patienten, sie von körperlicher Vergiftung durch nur symptomdämpfende Medikamente zu befreien, wenn sie sich erfolgversprechender, psychischer Behandlung anvertrauen wollen. Manche Krankenkassen unterstützen bereits teilweise die günstigere hypnotische Behandlung eines ihrer Patienten. Andere müssen erst noch das strenge Vorstellungsbild unserer Schulmedizin überwinden, die *heute noch nicht* offiziell Hypnosetherapie lehrt.

Ärzte sprechen oft und gerne von psychischen Einflüssen bei vielen Krankheiten. In den allermeisten Fällen bleibt es aber beim Theoretisieren. Hypnose ist ein wunderbarer Zugang zu unseren

Tiefen, die kein Chirurgenmesser und kein Medikament erreichen kann. Man hat oft den Eindruck, daß bei Schulmedizinern der Ausspruch des großen Chirurgen Virchow immer noch vorrangige Bedeutung hat. Er sagte: »Die Seele? Bei keiner Operation habe ich sie je entdecken können!«

Es ist jedoch eine hochbefriedigende Beobachtung, vielerorts das langsam wachsende Vertrauen zu psychischen Tiefenverfahren und Bewußtseinserweiterungen festzustellen, das auch der einzigartigen therapeutischen Methode der Hypnose nach längerem Dornröschenschlaf wieder zu ihrer rechtmäßigen Bedeutung verhilft. Gerade der in den letzten Jahren bekannt gewordene indische Wahrheitslehrer und Philosoph Bhagwan Shree Rajneesh hat auf diesem Gebiet eine außerordentliche Aktivität entwickelt. Lesen Sie hier einige seiner Worte zu diesem Thema:

## »DIE ARBEIT MIT DEM KÖRPER
oder – um präzise zu sein – DEN FÜNF KÖRPERN.

Der Körper ist nicht vollständig begriffen – noch nicht. Unser ganzes Verständnis ist fragmentarisch. Die Wissenschaft des Menschen existiert noch nicht. Pantajalis Yoga ist der treffendste Versuch, der je unternommen worden ist. Er unterteilt den Körper auf fünf Ebenen oder auf fünf Körper: Du hast nicht einen, sondern fünf Körper, und jenseits der fünf Körper ist deine Essenz, dein eigentliches Wesen.

Das, was auch in der Psychologie geschehen ist, ist auf dem Gebiet der Medizin geschehen.

Allopathie erkennt nur den physischen Körper, den grobstofflichsten Körper an. (Dies ist parallel zur Verhaltenstherapie.) Allopathie ist die gröbste Medizin. Deswegen ist sie Wissenschaft geworden, denn wissenschaftliche Instrumentation ist noch immer auf einer sehr unentwickelten Ebene.

Gehst du tiefer, findest du Akupunktur, die chinesische Medizin. Sie wirkt auf den vitalen Körper, das PRANAMAYAKOS. Akupunktur behandelt keine Krankheiten im physischen Körper. Sie bezweckt, am Vitalkörper zu arbeiten. Sie versucht, an der Bioenergie, dem Bioplasma, zu wirken. Sie schafft dort einen Ausgleich, und sofort beginnt der grobstoffliche physische Körper, wieder gut zu funktionieren.

Wenn etwas im Vitalkörper nicht stimmt, so funktioniert Allopathie doch auf der Ebene des physischen Körpers. Für die Allopathie ist dies natürlich ein schwieriges Unternehmen, so wie gegen den Strom zu schwimmen.

Im Falle der Akupunktur ist es leichter, weil der Vitalkörper ein wenig höher ist als der physische Körper. Wenn der Vitalkörper korrigiert ist, so folgt der physische Körper einfach nach, denn die Anlage existiert im Vitalkörper. Das Physische ist nur ein Vorbild des Vitalen.

Homöopathie geht noch etwas tiefer, sie wirkt auf das MANO-MAYAKOS, den mentalen Körper. Der Gründer der Homöopathie, Hahnemann, entdeckte eines der wichtigsten Dinge, die je entdeckt worden sind, nämlich: je kleiner die Quantität der Medizin ist, um so tiefer geht sie. Er nannte die Methode zur Herstellung homöopathischer Medizin ›potenzieren‹.

Je größer die Wirkungskraft, um so kleiner die Menge. Dadurch wirkt sie auf den tiefsten Kern des mentalen Körpers ein. Dies geht tiefer als Akupunktur. Es ist beinahe, als hätte man die atomarische oder sogar subatomarische Ebene erreicht.

Homöopathie berührt weder den physischen, noch den Vitalkörper. Sie ist so subtil und so fein, daß es für sie keine Grenzen gibt. Sie dringt einfach in den mentalen Körper und wirkt von dort aus. Ayurveda, die indische Medizin, ist eine Synthese aus allen diesen dreien.

Hypnotherapie geht noch tiefer. Sie berührt das VIGYAN-MAYAKOS, den vierten Körper, den Körper des Bewußtseins. Sie verwendet keine Medizin, sie gebraucht gar keine Mittel außer Suggestion, das ist alles. Sie gibt dem Geist einfach eine Suggestion – nenne man es Magnetismus, Mesmerismus, Hypnose oder was immer man will – sie funktioniert durch die Kraft des Gedankens, nicht die Kraft der Materie.

Sogar Homöopathie hat noch die Kraft der Materie – in einer sehr subtilen Einheit allerdings.

Hypnotherapie arbeitet ganz ohne jede Form von Materie, auch ohne die sehr subtile Form. Hypnotherapie springt einfach auf die Geistesebene, VIGYANMAYAKOS: den Bewußtseinskörper. Wenn dein Bewußtsein eine bestimmte Idee akzeptiert, beginnt diese zu wirken.

Hypnotherapie hat eine große Zukunft. Sie ist die Medizin der

Zukunft. Denn wenn allein durch die Veränderung der Struktur deines Denkens dein Geist sich verändert, durch den Geist dein vitaler Körper, durch den vitalen Körper dein physischer Körper, wozu soll man sich dann mit Giften und grobstofflichen Medikamenten bemühen? Warum dann also nicht durch die Kraft des Gedankens wirken? Hast du je einen Hypnotiseur beobachtet, wenn er mit seinem Medium arbeitet? Wenn nicht, so solltest du es tun, es wird dir eine gewisse Erkenntnis geben.

Vertrauen ist Hypnotherapie. Ohne Vertrauen kannst du nicht auf die subtilen Ebenen deines Wesens vordringen, denn nur ein kleiner Zweifel – und du bist auf das Grobstoffliche zurückgeworfen. Die Wissenschaft funktioniert durch Zweifel. Zweifel ist die Methode der Wissenschaft, denn Wissenschaft wirkt auf dem Grobstofflichen. Allopathie kümmert sich nicht darum, ob du zweifelst oder nicht. Der Arzt bittet nicht darum, daß du an seine Medizin glaubst – er gibt einfach die Medizin.

Aber für die Homöopathie ist es wichtig zu wissen, daß du auf sie vertraust, andererseits wird es für den Homöopathen schwierig sein, dich zu heilen. Und ein Hypnotherapeut wird vollkommene Hingabe verlangen, ansonsten kann nichts geschehen.

Religion ist Hingabe. Religion ist eine Art Hypnotherapie. Aber es gibt noch einen letzten Körper. Das ist ANANDMAYAKOS, der Seligkeitskörper. Hypnotherapie geht bis zum vierten Körper. Im fünften Körper wirkt nur noch Meditation. MEDITATION – das Wort an sich ist schön, denn der Ursprung dieses Wortes ist derselbe, wie der Ursprung des Wortes MEDIZIN. Beide haben den gleichen Ursprung. MEDIZIN und MEDITATION sind Abzweigungen eines Wortes: ›das, was heilt‹. Das, was dich gesund und ganz macht, ist Medizin, und auf der höchsten Ebene Meditation.«


## Was geschieht in der Hypnose wirklich?

Wenn ein Asthmatiker zu mir kommt, wie Walter S., der sich drei Wochen lang täglich zweimal zur Hypnose bei mir auf die Couch legte, um danach frisch und frei von Beschwerden zu erklären: »Sie haben einen neuen Menschen aus mir gemacht«, was ist dann eigentlich geschehen?

Ein Kranker hat sich den physikalischen und pharmazeutischen Behandlungen entzogen. Er hat auf seinen jährlichen Sanatoriumsaufenthalt verzichtet, der ihm immer nur vorübergehende Erleichterung brachte. Er vertraute sich geistiger Hilfe an, die seinem psychosomatischen Leiden die Wurzel entzog. Hypnose ist ein relativ unkomplizierter Eingriff in unseren komplizierten Seelenhaushalt, der harmloser als jedes Medikament und effektiver als andere psychotherapeutische Verfahren wirkt. Erinnern Sie sich an die Aussage Bhagwans: »Hypnose ist die zweitbeste von fünf Therapiemöglichkeiten.«

Walter S. war in seiner tiefsten Seele gerne bereit, seine verkrampften Lebensvorstellungen aufzugeben, die ihn gesundheitlich in eine Sackgasse geführt hatten. Meine positiven Suggestionen von Harmonie und Gesundheit, die auch in ihm seit seiner Geburt zu seinen größten Sehnsüchten zählten, nahm sein Unterbewußtsein als selbstverständliche Wahrheit auf, an der es nichts zu rütteln gab. Außerdem kamen die Suggestionen seiner Überzeugung entgegen, daß es besser ist, seiner körperlichen Gesundheit zu dienen und einen harmonischen Alltag zu erleben, als Ärger im Beruf zu erliegen.

Seine persönliche Seelenlage ließ ihn also volles Verständnis für das Positive empfinden, auf das er lange unnötig verzichtet hatte. Ein anderer Asthmatiker hätte vielleicht anders reagiert und hätte eine längere Zeit der Wandlung und Gesundung benötigt. Hier geht es schließlich auch nicht um Asthma-Therapie, sondern um psychische Heilung. Der unbewußte Körperhaushalt meines Patienten bekam nur noch positive Lebenskräfte; der Krampf der Bronchien verschwand.

Stellen Sie sich den Bewußtseinszustand, den Sie in Hypnose erleben würden, wie ein Schweben zwischen Wachen und Schlafen vor. Die verstandesmäßige Kritik ist eingeschränkt, daher kann der Verstand nicht mehr seine Probleme in den Vordergrund schieben. Es öffnen sich Zugänge zu seelischen Ebenen, zu den unbewußten Tiefen unseres Seins. Suggestionen können in diesem Bereich, in dem unser Gewissen und unsere schöpferischen Kräfte zu erreichen sind, wahre Wunder bewirken. Hier ist ohnehin das Gute und Wahre im Menschen zu Hause, die göttliche Quelle unseres Lebens.

Das wichtigste Ziel der Hypnose ist es, den Patienten die eigene

Tiefe erspüren zu lassen, die ihm zur Lösung aller Lebensprobleme verhilft.

Es kommt auf den Gehalt jedes einzelnen Wortes an, auf die geistige Energie, die Ihnen in der Hypnose schneller zufließt. Nur sie stärkt Ihre psychische Potenz, mit der Sie dann jeden erdenklichen Fehler aus sich hinausschwemmen können. Nehmen Sie mich beim Wort. Ich sagte tatsächlich: jeden erdenklichen Fehler.

Darüber später noch mehr. Im Augenblick wollen wir nur die Erkenntnis festhalten, daß in der Hypnose aufgenommene Suggestionen von unserem Unterbewußtsein direkt in die Realität umgesetzt werden, wenn wir hemmende, kritische oder zweifelnde Betrachtungen durch unseren Verstand unterbinden. Schaffen wir es nicht allein, unseren treuen, unbewußten Diener und Gedankenverwerter, das Unterbewußtsein, suggestiv positiv umzuformen, dann ist der Hypnotherapeut mit seiner intensiv gelenkten Fremdsuggestion die ideale Verstärkung für unsere seelische Kraft.

## Die drei Phasen der Hypnose

Der Abbau unseres Tagesbewußtseins und das langsame Sinken in Hypnose kann in drei Phasen erlebt werden. In der ersten und zweiten Phase, in denen die Hypnosebehandlung grundsätzlich durchgeführt wird, behält der Patient zum Teil den Eindruck, alles Geschehen mit und um ihn zu erleben, obwohl er nicht mehr ganz in der Lage ist, sein motorisches Nervensystem zu beeinflussen, etwa den Arm zu heben oder die Augenlider zu öffnen.

Dafür ist sein Gedächtnis und die Verfügbarkeit seiner seelischen Kräfte frei von den Einengungen und vielfältigen Ablenkungen durch das Normalbewußtsein. Die verdrängten psychischen Bereiche werden ihm zugänglich. Da alles psychische Erleben in bildhafter Form geschieht, kann er zum Beispiel längst vergangene Szenen wieder plastisch vor seinem geistigen Auge entstehen lassen.

Ein Patient erinnert sich plötzlich in der Hypnose an den Platz, an dem er einen wichtigen Brief in seiner Wohnung versteckt hatte, den er seit Monaten suchte. Eine andere erinnerte sich an das Kleid ihrer Mutter, das diese bei ihrer Einschulung trug und in das sie ihren ersten Tintenklecks fabrizierte. Was im Tagesbewußtsein unzugänglich, verschlossen erscheint, kann im hypnotischen Zustand wieder präsent werden. Hypnose entsperrt den unerschöpflichen Speicher an Informationen in uns, den wir nicht erst seit der Geburt, sondern sogar schon im pränatalen (vorgeburtlichen) Zustand zu füllen beginnen.

Viele Dinge, ich möchte sagen die meisten, sind wirklich nicht wichtig, um bis ins kleinste Detail ständig abrufbereit in unserem Gedächtnis zur Verfügung zu stehen. Die Natur hat uns deshalb weise auch mit einem »Kurzzeitgedächtnis« ausgestattet. Werden gerade aufgenommene Informationen – visuell oder über das Gehör – nicht innerhalb weniger Tage erneut abgerufen und verwendet, was sie verstärkt merkfähig macht und sie in eine dauerhaftere Gedächtnisstufe versetzt, dann versinken sie im Tiefenspeicher. Total ausgelöscht werden sie nie, wenn wir normalerweise auch den Schlüssel zu ihnen in unserer äußeren realen Welt verloren haben.

Der Tintenklecks auf Mutters Kleid mag ruhig vergessen sein. Wenn jedoch unsere Gefühle aus Selbstschutz oder in einer Art Befreiung gravierende Erlebnisse ins Vergessen entlassen, dann benötigt das Energien. Je mehr ein Mensch verdrängt, um so höher ist die Spannung, unter der er steht. Gedächtnisschwäche ist deshalb oft die Flucht eines überspannten Menschen in die Oberflächlichkeit. *Sich nicht erinnern können* bedeutet im seelischen Haushalt, auch nichts Ungewolltes oder Unerlaubtes mehr auszusprechen. Verdrängtes Wissen, Ängste oder Schuldkomplexe sind die Ursachen fast aller Phobien. Ihre Behandlung erfordert vor allem die Bereitschaft der Patienten, von ihren inneren Spannungen in der Hypnose loslassen zu können.

Die dritte und tiefste hypnotische Phase, der somnambule Zustand, wird nur von sehr wenigen Menschen erreicht. Somnambul werden bedeutet, durch Veranlagung so tief in Trance fallen zu können, daß jegliche Sinneswahrnehmung verlorengeht. Früher meinten die Psychotherapeuten, nur in diesem Zustand wirkungsvollen Einfluß auf das Unterbewußtsein nehmen zu können. Für die therapeutische Nutzung der Hypnose ist dieser Zustand jedoch völlig bedeutungslos, weil der Patient nicht mehr ansprechbar ist. Seine Sinnesorgane sind abgeschaltet. Die suggestive Beeinflussung durch den Hypnotiseur verhallt wirkungslos.

Sigmund Freud nahm noch an, Patienten nur in diesem tiefsten

Stadium der Hypnose haftende Suggestionen erteilen zu können. Er erlebte daher damit viele Schwierigkeiten. Sehr richtig stellte er allerdings fest, daß er nur einen kleinen Prozentsatz seiner Patienten in Tiefenhypnose versetzen konnte. Seine eigenen Hemmungen, bei seinen anfänglichen Versuchen die richtige Einleitung einer Hypnose zu bewerkstelligen, ließen ihn bald nach anderen Methoden Ausschau halten. Er wandte sich der freien Gedankenassoziation zu, die dann die Psychoanalyse einleitete. Ein Weg, der Sigmund Freud zu besseren Ergebnissen verhalf.

## Sinnestäuschungen

Während der Bewußtseinsverschiebung in der Hypnose können die Funktionen unseres Tages- oder Wachbewußtseins verändert sein, weil die sinnlichen Erfahrungen, die uns Auge, Ohr, Nase, Geschmack und Tastsinn vermitteln, teilweise, manchmal auch ganz ausgeschaltet sind. Eine Patientin berichtete, im versenkten Zustand immer Veilchenduft zu empfinden. Mancher verliert das Zeitgefühl und meint nach eineinhalb Stunden, sich gerade eben erst hingelegt zu haben.

Die weitgehende Ausschaltung des Gehörs gehört mit zu den vorausgehenden Entspannungssuggestionen jeder Hypnose. Der Therapeut sagt etwa: »Sie sind völlig entspannt. Alle äußeren Geräusche sind unwichtig; sie tragen höchstens dazu bei, Sie tiefer und tiefer in Ihren Entspannungszustand zu führen. Sie hören jetzt nur noch meine Stimme!«

Für den Neuling ist es immer wieder überraschend, mit welcher Präzision das Unterbewußtsein dieser Suggestion zu realem Erleben verhilft. Es ist so, als ob man in einem Radioempfänger ein Tonfilter oder einen Rauschpegelbegrenzer einschaltet. Nur, daß uns die Natur in der Vollkommenheit ihres Instrumentariums unendlich weit überlegen ist. Das allgemein bekannte Experiment, einen Hypnotisierten mit Begeisterung in einen herrlichen süßen Apfel beißen zu lassen – der in Wirklichkeit eine Zwiebel ist –, beweist eindeutig: Die klar im Unterbewußtsein eingelassene Suggestion ist stärker als jede sinnliche Wahrnehmung.

Wenn Menschen Schweißausbrüche bekommen, weil ihnen ein zu warmes Zimmer suggeriert wird, oder sensorische Halluzinationen so weit getrieben werden, daß sie einen Brandfleck auf der Haut erzeugen, den eine nicht vorhandene Zigarette hervorgebracht haben soll, dann sind das einwandfreie Belege dafür, daß unterbewußte Kräfte stärker sind als alle unsere willentlich gelenkten Verstandeskräfte oder Beobachtungen unserer Sinne. Diese Versuche, die nur ganz selten die beschriebenen Ergebnisse haben, führe ich nur an, um Ihnen die unbekannten Kräfte in Ihrem Unbewußten deutlich werden zu lassen. Mit Hypnose-*Therapie* haben sie natürlich nichts zu tun.

Mancher Politiker müßte immer wieder kräftig daran erinnert werden, welchen abträglichen Einfluß seine negativen Suggestionen auf die Abkühlung menschlicher Beziehungen haben. Da wird Jahr für Jahr gezankt und gestritten. Die Machtbeflissenen und Rüstungsinteressenten säen Angst und Haß, und dann wundern sich die Führungsgremien der Völker scheinheilig, daß sie vor einer schier unausweichlichen Katastrophe stehen. Wehren Sie sich in Ihrem persönlichen Bereich ganz entschieden dagegen. Sie denken positiv, und Sie lassen die Harmonie Ihres Lebenslaufs auch jeden anderen Menschen Ihrer Umgebung spüren.

Das gilt auch für die Familie wie für das Auftreten in der Öffentlichkeit. Sie werden ganz schnell merken, Liebe, Zuwendung, Verbrüderung bleiben immer Sieger. Ihrem Unterbewußtsein und seinem darüberstehenden Selbst ist nichts unmöglich. So einfach ist die grundlegende Erkenntnis, mit seinem eigenen Positiven Denken auch zum Hypnotiseur für seine Umgebung werden zu können. Ihre Suggestionen werden fruchten, wenn Sie ausdauernd und hundertprozentig überzeugt hinter ihnen stehen.

## Wie erleben Sie Hypnose?

In unterbewußte Bereiche in sich selbst abzusteigen, bedeutet, der lauten Alltagswelt den Rücken zu kehren. Sie liegen in einem ruhigen, abgedunkelten Zimmer, das alle Sinnesreize schon von der äußeren Umgebung her einschränkt. Leise, meditative Musik erhöht die Einstimmung auf Ihr Innenleben. Langsam beruhigt sich Ihr gesamtes Vegetativum.

In drei Stufen werden Ihnen in dieser Lage Suggestionen gegeben. Zuerst erhalten Sie beruhigende Anweisungen, sich selbst zu entspannen. Nach Art des autogenen Trainings werden die ersten Entspannungsübungen der Schwere und Wärme in den Gliedern bis zur Atemregulierung vorgenommen; manchmal bis zur Ruhestellung der Organtätigkeit im Leib durch Entspannung des Sonnengeflechts. Wie schon erwähnt, werden auch Ihre Augen und Ohren, die sonst gewöhnt sind, selbst beim Einschlafen bis zuletzt ihre aktive Aufmerksamkeit aufrechtzuerhalten, durch geeignete Suggestionen zum Verlassen ihres Wachtpostens bewegt. Alles in Ihnen wird müde und schwer, als ob Sie einschlafen wollten.

Doch dies verhindern nun die folgenden Suggestionen, die in Ihnen ein neues *Innengefühl* aktivieren. Sie spüren die tiefe Ruhe und Harmonie in Ihrem Innern, sobald die äußeren Sinnesreize unwichtig geworden sind. Sie schweben in einem Zustand zwischen Wachen und Schlafen und sind auf seltsame Weise nur noch über Ihr Ohr mit der Außenwelt, und zwar ganz speziell mit der Stimme des Therapeuten, verbunden. Es fällt Ihnen leicht, den Anweisungen dieser Stimme zu folgen.

Sie werden meinen Erklärungen längst entnommen haben, daß Hypnose nicht etwa ein Zustand ohne Besinnung ist. Sie bleiben voll gegenwärtig mit einer gewissen selektiven Einschränkung der Sinne. Sie haben in diesem Augenblick nur die eine wichtige Aufgabe, von aller äußeren Wahrnehmung einfach loszulassen – und das heißt vor allem, auch von aller Gedankenarbeit.

Ihr Intellekt wehrt sich durch eine Fülle von Gedanken hart gegen seine Verdrängung. Er möchte sich über seine gedankliche Beobachtung nicht das Geringste von dem entgehen lassen, was jetzt mit Ihnen geschieht. Und gerade das ist die Barriere, die Sie überwinden müssen. Diese in Ihnen flutende Gedankenenergie steht Ihrem Vorhaben, in Ihre unbewußten Tiefen abzusinken, entgegen; selbst wenn Ihr Verstand Gedanken entstehen läßt, die Ihren festen Willen ausdrücken, nun endlich und vollkommen loszulassen. Denken Sie daran, auch hier gilt wieder der paradoxe Satz: »Die Energie, die Sie einsetzen, um das Ziel zu erreichen, ist das Hindernis auf dem Wege zum Ziel.«

Sie müssen also nicht *wollen*, sie sollen *geschehen lassen*. Wem es gelingt, ganz loszulassen, die Gedanken entgleiten zu lassen, ihnen keine Beachtung mehr zu schenken und sich damit ganz seinen inneren, völlig neuartigen Gefühlen zu erschließen, der ist am ehesten am Ziel: er findet das Tor zu seinem Unterbewußtsein, erschließt es und läßt nun in ihn einströmende Suggestionen direkt in sein Unbewußtes gleiten.

## Hohe Ansprüche an den Therapeuten

Die Haltung und innere Einstellung des Therapeuten ist dabei von ausschlaggebender Bedeutung. Er muß mit Leib und Seele bei der Sache sein und die Probleme des Patienten zu seinen eigenen machen. Das erfordert hohe menschliche Voraussetzungen und ist mit keiner anderen medizinischen Methode vergleichbar, denn nur durch den vollen Einsatz seiner eigenen seelischen Kraft erschließt sich dem Therapeuten ein leidgeprüfter, verschlossener Patient. Die notwendigen positiven seelischen Schwingungen zwischen beiden verlangen vom Behandelnden dann auch wieder die Kraft, jedes Abgleiten in unerwünschte Bereiche, in zu starke Abhängigkeit zu verhindern.

Ein großer Prozentsatz der Frauen, die sich an einen Therapeuten wenden, suchen unbewußt nicht nur ein offenes Ohr. Er ist vielleicht der erste Mensch in ihrem Leben, der ihnen uneingeschränkt zuhört; daraus entstehen oft viele andere untergründige Wünsche und Sehnsüchte.

Die Verantwortung, die ein guter Hypnotiseur gegenüber einem anderen Seelenwesen übernimmt, setzt das starke Selbstvertrauen voraus, jeder Lage, die auftreten könnte, gewachsen zu sein. Von seiner Ausdrucksfähigkeit wird eine ungeheure, gefühlsrichtige Sicherheit verlangt, und sein Einfühlungsvermögen in die speziellen Eigenarten jedes Patienten erfordert tiefste Menschenkenntnis.

Eine Hypnose ist kein Abspulen eines vorfabrizierten Textes. Es gehört die gesamte psychische Kraft und Aufmerksamkeit des Therapeuten dazu, das Unterbewußtsein seines Patienten mit neuen, positiven Inhalten zu füllen. Manchmal ist die intensive Behandlung mit positiven Suggestionen auch ein Kraftquell für den Therapeuten. Die Liebe und Harmonie, die ein Therapeut durch sich zu seinem Patienten strömen läßt, löst auch in ihm Resonanz aus, so daß er nach Beendigung der Sitzung davon gleichfalls gestärkt sein kann. Ich erlebe es immer wieder, daß meine Mitarbeiter an guten Tagen, an denen sie generell zu befriedigenden Ergebnissen mit den Patienten kamen, so beflügelt und beschwingt nach

Hause gehen, als ob der Tag beginnen würde und nicht Stunden harten Einsatzes hinter ihnen lägen.

Ein guter Hypnotherapeut muß seine Sprache absolut beherrschen. Jedes falsche Wort kann unerwünschte Nebenwirkungen haben; jedes versprochene Wort scheucht den Patienten aus seiner Tiefenentspannung in intellektuelle Aufmerksamkeit hoch. In schwierigen Fällen führe ich deshalb die Behandlung selbst in Hypnose durch. Das ergibt höchste Konzentration, tiefste Einfühlsamkeit und intuitives Erfassen der Vorgänge im Patienten.

Die stärksten Wirkungen erreicht der Hypnotherapeut in der ersten und besonders in der zweiten Stufe der Hypnose. Niemand braucht wegen des Abgleitens ins Somnambule Befürchtungen zu haben. Ein verschwindend kleiner Prozentsatz der Menschen ist dazu überhaupt fähig. Ich selbst gehöre dazu. Bei einer meiner Therapeutinnen in meiner Praxis werde ich somnambul und bin dann in keiner Weise ansprechbar, nehme keine Suggestionen mehr auf und reagiere nicht, bis ich schließlich von selbst wieder erwache.

Selbst für diejenigen, die sich, ohne von ihrer Veranlagung zu wissen, hypnotisieren lassen, bleibt Hypnose in den Händen eines versierten Therapeuten, der die Reaktionsweisen des Unterbewußtseins aus vielen Hunderten von Fällen genau kennt, völlig harmlos. Mir ist es in meiner langjährigen Praxis einmal vorgekommen, daß bei einem Patienten der Rapport abriß. Er verzog sich so intensiv in seine unbewußten Tiefen, daß er meinen Suggestionen nicht mehr folgte. Er war somnambul geworden.

Dem Hypnotiseur ist damit die Möglichkeit genommen, ihn mit weiteren Suggestionen zu erreichen oder die Hypnose schließlich abzubrechen. Das ist noch nicht weiter schwerwiegend, denn selbst aus der tiefsten Hypnose, in die ein Patient fallen mag, wird er einmal von selbst aufwachen – auch wenn es Stunden dauern kann. Ich bewahrte also die Ruhe und sprach weiter zu ihm:

»Sie sinken nun immer noch tiefer und tiefer in die Hypnose, und Sie schreiten durch das weitgeöffnete Tor Ihres innersten Wesens direkt in Ihr Unterbewußtsein. Nachdem Sie sich einen Augenblick selbständig gemacht hatten, hören Sie nun wieder ganz auf meine Stimme. Nichts stört Sie, nur meine Stimme nehmen Sie auf und folgen meinen Worten. Doch nun waren Sie sehr tief abgesunken und wollen von allein wieder aufwachen.«

Mit diesem Umweg über eine weitere Vertiefung der Hypnose gelang es mir, wieder die Rückkehr ins Normalbewußtsein einzuleiten. Der Rapport, die Verbindung zwischen Hypnotiseur und Patient, war wieder hergestellt. Laien und experimentierfreudige Neugierige wären solchen oder ähnlichen Situationen nicht gewachsen. Sie können Kreislauf- und Herzgeschehen durcheinanderbringen, allein durch die Unkenntnis der naiven, direkten Aufnahmeart des Unterbewußtseins für leichtfertig benutzte Wortspiele oder Mehrdeutigkeiten.

Das *direkte* Aufnehmen aller Wortwerte im Unterbewußtsein schilderte ich bereits als die Grundlage vieler schädlicher Verhaltensreaktionen in Psyche und Körper. Wenn ein Kind unablässig als dumm und blöde hingestellt wird, erzeugt das auch ohne Hypnose im Laufe der Zeit festgeprägte Komplexe in seinem unbewußten Speicher. – Wie vorsichtig muß also der Therapeut vorgehen, wenn er wirklich nur reine, positive, psychisch regenerierende Gedanken vermitteln will.

Mit dieser therapeutischen Absicht ist auch gleich eine Furcht entkräftet, auf die ich immer wieder stoße, wenn ich mich mit Laien unterhalte, die noch nie etwas von Hypnose erfahren haben. Sie äußern oft die Befürchtung, in einem Zustand, in dem sie nicht mehr Herr ihrer Sinne sind, vielleicht zu Handlungen oder Äußerungen verleitet zu werden, die ihren intimen Wünschen widersprächen. Alberne Jahrmarktexperimente mögen diese Meinung verfestigt haben.

Zwei Gesetzmäßigkeiten machen diese Befürchtungen sinnlos. Zum ersten ist es selbst in der tiefsten Hypnose nicht möglich, einem Menschen ein seelisches Geheimnis zu entreißen, das er nicht preisgeben will. Allein der Versuch dazu hebt die Hypnose sofort auf und versetzt den Hypnotisierten in einen hellwachen Alarmzustand. Zum anderen arbeitet die moderne Hypnosetherapie ausschließlich mit positiven Suggestionen. Der Hypnotiseur macht sich vor der Behandlung eingehend darüber Gedanken, ob er das psychische oder physische Problem des Hilfesuchenden überhaupt angehen kann. Es würde ihm gar nichts nützen, nur egoistische Ziele zu verfolgen. Er kommt natürlich auch gar nicht darauf, wie es vielleicht ein Selfmade-Hypnotiseur versuchen könnte, über einen Menschen Macht ausüben zu wollen. Wer sich in Hypnose befindet, ist in diesem Zustand zu keiner anderen

Handlung oder Informationspreisgabe bereit, der er nicht auch im wachen Normalbewußtsein zustimmen würde. Das heißt aber auch, er kann von außen nur jene positive Hilfe annehmen und in sich wahr werden lassen, die seine Gefühle aus Leidensdruck oder besserer Einsicht längst akzeptiert haben.

Andererseits unterliegt auch der Therapeut dem geistigen Gesetz der Wahrheit, ohne die ihm keine echte Hilfe möglich ist. In dem Maße, wie sich die ethischen Maßstäbe eines Menschen entwickeln, findet er Zugang zu den tiefen, unbewußten Bereichen des anderen, denn er fußt dann selbst in seinem Wesenskern, der seine höheren Kräfte wirksam werden läßt. Die wichtigste Voraussetzung für eine erfolgreiche Behandlung ist deshalb ein tiefes Vertrauen zwischen Therapeut und Patient.


## Versuche mit Kriminellen

Es hat schon Gerichtsverhandlungen gegeben, in denen die Hypnose als mögliche Ursache krimineller Handlungen mituntersucht wurde. In den letzten fünfzig Jahren ist sich allerdings die Wissenschaft absolut sicher geworden, daß kein Mensch durch einen Hypnotiseur zu einer kriminellen Tat gebracht werden kann. Lassen Sie sich von keiner Meinung beeinflussen, die daran wieder zu zweifeln beginnt. Sie kann nur von jemandem kommen, der fachlich keinerlei Ahnung hat.

Niemandem kann etwas suggeriert werden, was er nicht selbst will, wozu seine tiefsten Gefühle nicht ihr Einverständnis geben. Einem Hypnotisierten etwa im posthypnotischen Auftrag abzuverlangen, nach dem Erwachen einen Mord oder einen Raub zu begehen, ist deshalb absolut unmöglich. Das könnte nur gelingen, wenn der Beeinflußte die Anlage oder die Absicht dazu ohnehin schon in sich trüge. Kriminelle Eigenschaften können charakterlich so tief verwurzelt sein wie grundlose Eifersucht oder Alkoholismus. »Ein eingefleischter Autoknacker und Einbrecher ist deshalb durch Hypnose vielleicht eher zum besten Autoknacker der Welt zu machen als zum ehrsamen Bürger«, sagte ich einmal zu einem Staatsanwalt, der mich nach Garantien für eine Hypnotherapie bei einem seiner Dauerklienten befragte.

Den Versuch, einen Menschen aus seiner negativen Programmierung zu lösen, ist es in jedem Fall wert; denn die Hypnose ist eine ausgezeichnete Methode, um die starken, unterbewußten Energien unserer göttlichen Quelle, die auch im größten Verbrecher vorhanden ist, zu seinem Besten zu lenken. Das Gute ist die Grundkraft jedes Menschen. Es hängt immer nur vom Grad der charakterlichen Verhärtung ab, wie weit er sich zu ändern vermag.

Anders ausgedrückt ist es eine Frage der Zeit, wann es gelingt, auch die tiefste Prägung aus dem Unbewußten zu lösen. »Gehirnwäsche« ist schließlich im politischen wie im sektiererischen Bereich bekannt für ihre absolute Wirksamkeit. Im positiven, therapeutischen Bereich gelingt das gleiche, wenn genügend Zeit zur Verfügung steht. Mit Sicherheit läßt sich deshalb bei einem Rückfalltäter erst dann ein Urteil über den Wert hypnotherapeutischer Behandlung fällen, wenn man seine psychischen Veranlagungen genauer kennengelernt hat. Es ist besser, einem Gestrauchelten mit echter menschlicher Zuwendung psychisch zu helfen, als ihn ohne Federlesen der seelenschleifenden Gefängnis-Monotonie zu überantworten. »Therapie ist ein Ausdruck der Liebe am Mitmenschen, Heilung ist eine Funktion der Liebe; Liebe ist die größte Therapie, und die Welt braucht Therapeuten, weil der Welt Liebe fehlt«, sagte Bhagwan Shree Rajneesh.

Wenn der Delinquent selbst seiner Entgleisungen überdrüssig ist und die Sehnsucht danach äußert, ein anderer Mensch zu werden, dann ist die Aussicht auf Erfolg am größten. Seine psychische Energie strebt dann dem gleichen Ziel zu, das der Hypnotherapeut ins Auge faßt.

1977 bekam ich zwei ähnlich gelagerte Fälle zur Betreuung zugewiesen. Willi K. war 35 Jahre alt, als er frisch von der Anklagebank zu mir geschickt wurde. Ein Drittel seines Lebens hatte er wegen Kleptomanie hinter Gittern verbracht. Auch der 36jährige Werner F. verbrachte seine Zeit in ständigem Wechsel zwischen kleinen Unterschlagungen oder Diebstählen und Gerichtsverhandlungen und Gefängnis. Das letztemal wurde er auf Bewährung und mit der Auflage entlassen, sich bei mir einer Hypnotherapie zu unterziehen.

Bei beiden mußte ich damit beginnen, ihre Persönlichkeit auf einen festen Grund zu stellen. Lieblos, unbeachtet, in verwahrlosten Elternhäusern aufgewachsen, hatten sich beide voller Haß gegen eine Welt, die sie herabdrückte, zu Menschen entwickelt, die unbewußt in kriminellen Handlungen die einzige Möglichkeit sahen, sich an ihrer Umwelt zu rächen.

Drei Monate später hatten sie beide ein neues Selbstbewußtsein gewonnen. Sie hatten ihre Frustrationen verloren mit Hilfe der Suggestionen:

»Ich bin eine starke Persönlichkeit. Mein Zusammenleben mit meiner Familie und allen meinen Mitmenschen ist harmonisch und voller Liebe. Ich vertraue voll auf die unerschöpfliche Kraft meines Unterbewußtseins. Es macht mich stark in allen Lebenssituationen und erfolgreich in allem Handeln. In mir ist vollkommene Ruhe und Harmonie. Ich höre auf meine innere Stimme, die mich immer das Richtige und Gute tun läßt. Die Harmonie zwischen meinem Selbst und der Umwelt füllt mich mit Freude und Zufriedenheit. Ich lebe jetzt in tiefer Ruhe und Harmonie auf der Sonnenseite des Lebens.«

Über drei Jahre sind seit den Therapien vergangen. Willi K. blieb sauber. Auch Werner F. ist nicht mehr rückfällig geworden. Seine Bewährungsfrist ist inzwischen abgelaufen.

Meine häufigen Kontakte mit Gefängnisinsassen und als Sachverständiger und Gutachter in Gerichtsverhandlungen, vielfach in Fällen von Kleptomanie, Rückfallvergehen und ähnlichem, bringen mir oft seltsame Typen ins Haus. Ein persischer Waffenhändler, der sich durch die Behandlung bei mir Mut und Selbstbewußtsein holen wollte, legte vorher mit den Schuhen auch seine Pistole neben der Couch ab und zeigte mir hinterher seinen tragbaren Safe: einen Plastikbeutel mit seinem Geschäftskapital von 500 000 DM in bar. Mehrere Jahre lang kam aus einer westdeutschen Großstadt der dortige König der Unterwelt zu mir. Unablässig wuchsen seine Ängste, in den internen Bandenkämpfen zu unterliegen.

Einem Hypnotherapeuten steht keine Kritik an der Lebensweise eines Patienten zu. Er hat aber die stille Hoffnung, durch seine Arbeit des Erweckens von Harmonie und Zuwendung zum Leben auch in finsteren Charakteren Lichter zu setzen, die vielleicht einmal, wenn es demjenigen in diesem Leben bestimmt ist, zu einem erhellenden Durchbruch, zu positivem Leben verhelfen.

Zu meiner Art der Hypnosetherapie gehört generell, daß ich niemals etwas wegsuggeriere. Prinzipiell wird nur etwas herbeisuggeriert, was den geheimen Sehnsüchten des Patienten am meisten entspricht und was ihm fehlt. Das bedeutet, daß ich in der Hypnose keine schlechte Charaktereigenschaft oder menschliche Schwäche anspreche und etwa mit den Worten verdamme: »Sie hassen Ihren Chef nicht mehr!«, oder: »Sie werden niemals mehr stehlen.«

Im allgemeinen ersetze ich alles Negative ganz einfach durch positive Suggestionen der Harmonie, der Liebe, der Gesundheit und des Erfolges. Diese vier belebendsten Kategorien für unsere Gefühls- und Vorstellungswelt wirken wie Eisbrecher. Sie ersetzen im naiv aufnehmenden Unterbewußtsein ganz automatisch alles Negative, dessen Erwähnung allein schon seine Haftung nur verstärken würde.

Die Bibel sagt, Gott ist ein alles verzehrendes Feuer, das alles, was seiner nicht gemäß ist, auflöst. So ist es auch mit einer intensiven, positiven Suggestion. Alles, was ihrer Aussage nicht entspricht, wird – vorausgesetzt, die neue Suggestion ist stark – beeindruckend genug aufgelöst.

Eine positive Suggestion ist wie Licht, eine negative wie Dunkelheit. Die Leute von Schilda versuchten die Dunkelheit zu bekämpfen, indem sie die Wände in dem dunklen Raum weiß strichen und versuchten, die Dunkelheit in großen Säcken herauszutragen. Machen Sie einfach Licht, und alles, was dem Licht nicht gemäß ist, wird aufgelöst. Denn sich mit Negativem beschäftigen, um es loszuwerden, heißt es dadurch nur zu verstärken.

Wenn Sie das Positive mit Gott gleichsetzen, verstehen Sie vielleicht die Aussage: »Einer mit Gott ist immer die Mehrheit.« Ihr Wunsch, ein gutes, positives Leben zu führen, ist immer stärker als alle destruktiven verneinenden Verhaltensmuster der Vergangenheit.

Das Gewissen wirkt als Instanz selbst im größten Außenseiter der Gesellschaft. Hypnotherapeutische Hilfe sollte deshalb viel häufiger angeboten und eingesetzt werden in unserem Leben. In der Verhandlung gegen einen notorischen Autodieb erinnerte ich mich daran, wie Dr. Murphy in einer ähnlichen Situation gehandelt hatte. Er hatte einen lieblos in Heimen aufgewachsenen Hilfsarbeiter zugewiesen bekommen, der ständig fremde Autos aufbrach und mit ihnen herumfuhr, bis der Tank leer war.

Die Zuständigen folgten seiner Empfehlung, dem jungen Mann

eine Automechanikerlehre zu ermöglichen, in der er ganz selbstverständlich täglich mit Autos umzugehen hatte. Bald hatte er sich eine eigene alte Kiste zusammengebastelt und konnte selbst fahren. – Die größte Sehnsucht des Jungen wurde erfüllt, und seine unruhige Vergangenheit war vergessen. So einfach lassen sich oft Schicksale zum Guten wenden, wenn Mitmenschen frustrierende Vorstellungen durch positive Ausrichtung ersetzen.

Um es noch einmal ganz deutlich zu sagen: Gegen den Willen eines Menschen fruchtet keine Fremdsuggestion. Der Patient muß aus eigenem Entschluß die Suggestionen, die ihm vermittelt werden, gutheißen. Er muß sich öffnen und an sich arbeiten wollen.

## Grenzen der Hypnose

Nur wenige Fälle sind für eine hypnotische Behandlung nicht geeignet. Bei einigen Geisteskrankheiten wäre sie ausgesprochen gefährlich. Dem psychotischen Patienten, z. B. der am meisten von der Harmonisierung seiner psychischen Kräfte profitieren würde, ist der suggestive Behandlungsweg gleich aus zwei Gründen verschlossen.

Einmal kann er nicht loslassen, der Zugang zu seinem Unterbewußtsein ist durch seine psychische Fehlhaltung blockiert. Zum anderen können in zeitweiligen Ruhephasen, in denen der Patient völlig normal wirkt, durch die Hypnose neue Krankheitsschübe ausgelöst werden. Der erfahrene Hypnotherapeut achtet deshalb bereits im Konsultationsgespräch auf die geringsten Anzeichen für Geisteskrankheiten. Zur Sicherheit für beide Seiten muß er dann gelegentlich die Behandlung ablehnen.

Es gibt andererseits seltene Fälle, in denen sich zwar Patienten selbst entschließen, zur Therapie zu kommen, aber eine absolute Hypnosesperre in sich haben. Wer grundsätzlich ablehnt, sich hypnotisieren zu lassen, bei dem kann der beste Hypnotiseur keinen Erfolg haben.

Da gibt es die sogenannten »Scheinpatienten«. Sie melden sich nur zur Tarnung zur Behandlung an, weil Freunde, Verwandte oder auch die Eltern sie geschickt haben, denen sie nun beweisen wollen, wie wenig ihnen zu helfen ist. Sie legen sich dann etwa in der Praxis mit den Gedanken hin: »Nun mach mal schön! Bei mir beißt du auf Granit!« Ihre leicht durchschaubare Demonstration ist natürlich der beste Beweis dafür, wie sehr sie es tatsächlich für notwendig halten, liebgewordene Vorstellungen, ganz gleich, ob sie harmlos oder lebensbedrohlich sein mögen, vor jedem Zugriff von außen abzuschirmen. Wenn es sich um wirklich kranke Patienten handelt, kann oft unterstellt werden, daß der Kranke unbewußt gar nicht geheilt werden will, weil er seine Krankheit zur Aufrechterhaltung seines psychischen Gleichgewichts braucht. Er hat gelernt, seine Umwelt mit seiner Krankheit zu manipulieren.

Unter diesen Voraussetzungen kam ein Patient aus der westdeutschen Geldaristokratie zu mir. Er wollte im Grunde nicht geheilt werden und kam nur auf den Druck seiner Familie zu mir zur Therapie. Bei ihm schaffte ich die Voraussetzungen für eine positive Wende seiner psychischen Störungen durch Zusammenarbeit mit seiner Freundin. Sie drohte, ihn zu verlassen, und auf diese Weise konnten wir ihn dazu bewegen, loszulassen, mitzuarbeiten und seine verdrängten Komplexe, die ihn sich sicher fühlen ließen in seinem kranken Zustand, durch positive Suggestionen zu ersetzen.

In solchen Fällen hat sich die klassische Homöopathie außerordentlich gut zur Unterstützung der psychotherapeutischen Bemühungen bewährt; sie kann bis in die tiefen seelischen Bereiche hinein wirksam werden. Aber gerade die Homöopathie ist außerordentlich abhängig von der Qualifikation des Homöopathen. Im Gegensatz zu allopathischen Mitteln (30 000) gibt es nur ein paar hundert homöopathische; jedoch ergibt sich durch die sogenannte Potenzierung (Verdünnung) für den »Auch-Homöopathen« eine unübersehbare Fülle von etwa 6 000 000 Möglichkeiten. Die Wahrscheinlichkeit, daß der ungeübte Homöopath das richtige Mittel findet, erscheint so äußerst unwahrscheinlich. Sogenannte Insider behaupten, in ganz Deutschland gäbe es nur zehn bis zwanzig wirklich gute Homöopathen. Ich habe in München schon oft bei meiner Arbeit auf die wichtige Unterstützung zweier Homöopathen zurückgreifen können.

Zum weit verbreiteten Vorurteil gegenüber Hypnose gehören die Bedenken mancher Laien, im Versenkungszustand vielleicht zuviel oder überhaupt etwas aus dem persönlichen Schatzkästchen der Gedanken oder des Intimlebens auszuplaudern. Wer so spricht, hat tatsächlich eine Reihe von Hemmungen, von denen er sich in der Hypnose wunderbar befreien könnte. Zu diesen Hemmungen gehört meistens die Einstellung zur Sexualität.

Ich wünsche mir oft, daß es in unserer Gesellschaft mehr Oswald Kolles und auch viel mehr Beate Uhses gäbe, um endlich mit den Tabus der Sexualität aufzuräumen. Bhagwan Shree Rajneesh ist der Meinung, daß eine einmal voll ausgelebte Sexualität die Menschen am allerschnellsten zu einem natürlichen Normalmaß gegenseitiger Zuwendung kommen läßt. Ohne den Druck der Frustration finden sie dann ganz von allein zu moralischer Lebenssicht und Abneigung gegen alle Übertreibungen.

Sex gehört trotz aller Offenherzigkeit in unseren Breiten in eines jener Geheimfächer des Bewußtseins, über das die einen zuviel sprechen und das die anderen frustriert verbergen. Für die Hypnose bleibt beides unwichtig und unangetastet. Ein falsches Wort vom Hypnotiseur, eine zu persönliche Frage läßt das Bewußtsein des Hypnotisierten, wie ich schon schilderte, sofort aus der Vertiefung in den Normalzustand schnellen.

Das Vertrauen, das der Patient seinem Helfer entgegenbringt, die beste Suggestion für ihn zu finden, ruht auch in der Gewißheit, selbst in der tiefsten Trance Herr über die Entscheidung zu sein, mit seinem Therapeuten über persönliche Dinge zu sprechen oder nicht.


## Was bewirkt die Hypnotherapie?

An den vielen beschriebenen Fällen werden Sie bereits bemerkt haben, daß die therapeutische Nutzung der Hypnose reine psychische Aufbauarbeit ist, die mit Verdrängen, Gewalt oder Erzeugen von Abhängigkeit nicht das geringste zu tun hat. Ein Arzt mag Sie auf Asthma, Hautausschlag oder Migräne behandeln. Ich sehe nur Ihr Ursachenproblem – und das ist fast immer im psychischen Bereich zu suchen. Nur in der Erstuntersuchung, im Anfangsgespräch erkundige ich mich auch nach den Symptomen, von denen Sie berichten können. Dann wird im allgemeinen die ganze Behandlungszeit über nicht mehr davon gesprochen – höchstens zum Schluß, wenn Sie die Symptome vermissen.

Die Therapiezeit über erhalten Sie ausschließlich positive Suggestionen, die Ihr Problem lösen können. Der Schlüssel dazu liegt immer in Ihrer Psyche. Wenn es gelingt, die Harmonie Ihrer geistigen Kräfte wiederherzustellen, dann verschwinden gleichzeitig Ihre einzelnen Krankheitssymptome. Die ganze Arbeit, die Sie selbst dabei zu leisten haben, besteht einfach im Loslassen von Ihren alten, verbrauchten Vorstellungen, und schon vollzieht sich die Umpolung Ihres Denkens durch positive Suggestionen zur Verwirklichung der vier größten Sehnsüchte, die auch Sie in sich tragen: Gesundheit, Harmonie, Liebe und Erfolg.

Es ist deshalb keine leere Behauptung, wenn ich sage, Sie finden hier die Lösung für jenen Gedanken- oder Empfindungskomplex, der Sie am allermeisten beschäftigt. Immer Neues werden Sie entdecken, wenn Sie erneut nachlesen.

Schließlich werden Sie mir zustimmen, wie berechtigt die östliche Weisheit in der harmonischen Einheit unserer Lebenskräfte das wahre Glück unseres Lebens sieht. Das Geheimnis unserer Psyche ist uns gemeinsam erschlossen, nämlich in jedem Augenblick unseres Lebens durch positive Denk- und Lebenskraft unser Dasein von allen unnötigen Schäden und Belastungen befreien zu können.

Mit Hilfe der Hypnose gelingt es, auf der Basis dieser Erkenntnis auch anderen Suchenden zu helfen. Erfassen Sie die hohe Bedeutung und die absolute Verheißung, die auch für Ihr Leben in dieser Erkenntnis steckt. Das ist durchaus nicht so neu, wie es Ihnen erscheinen mag. Wilhelm von Humboldt verkündete vor hundert Jahren, in späteren Jahrhunderten würde es einmal als Schande angesehen werden, krank zu sein. So fest war er von der absoluten psychischen Macht überzeugt, die jeder über seinen Körper ausüben kann.

Unsere Schulmedizin beginnt erst sehr zögernd, das geistige Lebensprinzip in einigen Bereichen als bedeutsam für unseren Lebenserfolg anzusehen. Halten Sie sich an Ihre eigenen Erkenntnisse. Befreien Sie sich von allem Ballast durch selbstgesetzte positive Suggestionen und kommen Sie zur Hypnose, wenn Sie das Gefühl haben, dabei Unterstützung zu benötigen. Es gibt nur einen Weg, Ihre Sehnsüchte, die Ihr Herz bewegen, in erlebte Realität umzusetzen: konsequentes positives Denken und Handeln.

## Wie Sie Ihren persönlichen Erfolg in der Hypnose erleben

Viele Lebensjahre haben Sie geformt. Herkunft, Veranlagung und Erziehung ließen Sie zu dem Menschen werden, der heute dieses Buch liest. Die Hypnose ist kein Wundermittel, mit dem Sie sich in Stunden von etwas befreien können, was in Jahrzehnten entstanden ist. Obwohl in der Hypnose die fünfzigfache Lern- und Verlerngeschwindigkeit wirkt, geschehen Wandlungen nur allmählich – aber sie geschehen. Was Sie sofort erreichen in Ihrer Lebensbatterie, ist das Umschalten von Minus auf Plus, von »Abladen« zu »Aufladen«.

Dann aber ist Ihre Geduld gefordert. Sie muß es stoisch ertragen, den neuen, positiven Energieschub vom Unterbewußtsein aus im ganzen Körper wirken zu lassen. Wenn Sie negativen Gedanken plötzlich positive entgegensetzen, ist das für Geist und Körper, wie wenn Sie beispielsweise Soda in Säure schütten. Der Wandlungsprozeß durch Ihr dynamisches Denken läßt die eingespielten Zustände quasi aufschäumen.

Von jeder schweren Krankheit wissen Sie, daß der Wende zur Besserung eine Krise vorausgeht. Bei der Hypnose können Sie innerhalb der ersten vierzehn Tage eine Krise erleben, in der Sie meinen, es nicht zu schaffen. Die Gewohnheit wehrt sich gegen die neue, aufbauende Kraft. Die alten Denkschablonen und eingenisteten Schwächen werden aufgewirbelt. Vorurteile, Ressentiments, Unversöhnlichkeit oder Ihre als Krankheit ins Körperliche übertragenen Unstimmigkeiten begehren auf und wollen sich nicht so einfach auflösen lassen.

Es gehen tatsächlich chemische Veränderungen in Ihnen vor, wenn positive, psychische Kraft an körperlichen Dysfunktionen rüttelt. Ein zwanzigjähriger Diabetiker, der auf Grund der Abhängigkeit von seiner Mutter von einer organischen Erkrankung in die andere fiel, nur um weiter von ihr versorgt zu werden und nicht auf eigenen Füßen stehen zu müssen, kam bei meinen Gesundheitssuggestionen buchstäblich mit seinem Hormonhaushalt durcheinander. Der Kampf der Kräfte in seinem Inneren spiegelte sich ganz offensichtlich in seinem Körperzustand. Das war seine Krise, bevor das Positive in ihm siegte.

Die »lieben« Gewohnheiten, mögen sie noch so unangenehme Begleiter sein, wie beispielsweise Phobien oder Neuralgien, versuchen auf diese Weise, ihren Fortbestand zu sichern. Die beste Sicherung gegen alle diese Anfechtungen ist Geduld; Unruhe kann Ihnen nur aus kritischen Überlegungen und Zweifeln erwachsen. Ihr Verstand hat dann noch nicht Ihre geistige Entscheidung für das bessere Leben akzeptiert. Für Sie persönlich gibt es jetzt – nach diesem Buch – überhaupt keine Schwierigkeiten mehr in der Hypnose, denn Sie wissen, daß durchgreifendes, positives Denken von keiner Ungeduld mehr getrübt werden kann. Leben Sie in dieser Überzeugung – und Sie haben sich für das erfolgreiche Leben entschieden.

Unter diesen Voraussetzungen ist es für den Therapeuten ein leichtes, Sie in eine meditative Situation zu bringen, die Sie eine Weile nachempfinden. Anfangs sind das Entspannungsübungen, später dann das völlige Loslassen und schließlich die Übernahme der persönlichen Suggestionen.

Sie haben jetzt erfahren, daß Hypnose nicht wie eine technische Behandlung anzusehen ist, die Sie über sich ergehen lassen und nach der Sie dann geheilt nach Hause gehen. Ihr Bewußtsein ist viel subtiler; zum ersten Mal in Ihrem Leben müssen Sie in sich echte, eigene Arbeit leisten. Kein anderer kann sie Ihnen abnehmen, denn Sie selbst haben Ihr Bewußtsein geformt. Sie müssen es nun auch umformen. Dafür haben Sie sich aber an die lohnendste Arbeit der Welt gemacht. Mit Hilfe des Therapeuten stellen Sie sich auf die Sonnenseite des Lebens. So, wie Sie denken, sind Sie, gesund, glücklich, erfolgreich.

## Wissen und Lernen in Hypnose

Wenn Sie erst einmal die Methode der Hypnose kennengelernt haben, werden Sie an sich eine Reihe höchst angenehmer Nebenerscheinungen erleben. Die Entspannungstechnik (siehe Kapitel 3), die Sie sozusagen zur Vorbereitung lernen, entläßt den Alltagsstreß. Sie werden ruhiger und besonnener – eine weitere Grundlage für erfolgreicheres Handeln.

Dann werden Sie bemerken, wie sich Ihr Gedächtnis verbessert. Der auftauende Zugang zu Ihrem Unterbewußtsein befähigt Sie, besseren Kontakt zu Ihrem allumfassenden Tiefengedächtnis zu halten. Jede Kleinigkeit ist dort gespeichert, die Ihre Sinne jemals aufgenommen haben. Wenn Sie daran denken, was Sie alles in Ihrem Leben schon aufgenommen und vergessen haben, dann braucht Sie das nicht traurig zu stimmen. Die Fundgrube Ihres Tiefenspeichers enthält alle versunkenen Schätze, die Ihr Kurzzeitgedächtnis unbeachtet ließ und die Sie längst vergessen wähnten.

Unser Tagesbewußtsein arbeitet so selektiv auf jeweils interessierende Brennpunkte, daß wir nach einem erfüllten Tageslauf am Abend oft Mühe haben, alle erlebten Details im Rückblick noch einmal aneinanderzureihen. Das ist natürlich auch ein gewisser Schutz, um nicht von der Fülle des Geschehens überflutet zu werden. In der Hypnose stoßen wir nun zu jenem unerschöpflichen Speicher vor, zu unserem Unterbewußtsein, das auch den geringsten Vorgang registriert hat. Denn unsere Sinne registrieren auch unwichtige Details im Alltag so vollkommen, wie sie der Verstand so schnell nie aufnehmen kann.

Vom *Wiener Kurier* wurde ich einmal zu einem Mann gebeten, der in einem Wald bei Wien auf einer Straße, in deren Nähe ein Mord geschehen war, ein Auto bemerkt hatte. Monate danach waren dem Mann natürlich alle Einzelheiten der damaligen Situation entfallen. Ich sollte versuchen, ihn in Hypnose wieder an jene Waldstelle zu führen, um ihn die Autonummer ablesen zu lassen. Sie mochte damals nicht einmal in seinem direkten Blickwinkel gelegen haben – in der Hypnose konnte er sie nennen. Deutlich schilderte er Nummer, Wagentyp und Wagenfarbe.

Das Wichtigste an diesem seltsam erscheinenden Vorgang ist nicht die erstaunliche Lösung eines Kriminalfalles, sondern die Gedächtnisleistung, die unsere weitgehend unerkannte, unwahrscheinlich detaillierte Merkfähigkeit für jeden wachen Augenblick unseres Lebens dokumentiert.

Der bereits erwähnte Prof. Losanov, Sofia, begann in den sechziger Jahren das riesengroße und nur zu fünf Prozent genutzte Aktionsfeld unseres Gehirns zum leichteren und schnelleren Lernen auszuwerten. Die Hypnose ist dabei ein teilweise notwendiges Hilfsmittel, weil es mit ihr gelingt, das Gehirn automatisch von der äußeren, oberflächlichen Gedankenfülle abzuhalten und die unbewußten Bereiche zu öffnen. Die Biophysiker haben nämlich festgestellt, daß die Gehirnströme im hellwachen Zustand, die Beta-Wellen, Verstandesarbeit bedeuten, während im schläfrigen, nur noch halbbewußten Zustand langsamere Alpha-Wellen erzeugt werden, die den tieferen, psychischen Bereichen zugeordnet sind.

Auch an Hypnotisierten lassen sich hauptsächlich Alpha-Wellen messen, wenn nicht noch langsamere Schwingungen. Mit jeder langsameren Wellenstufe befindet sich der Hypnotisierte tiefer in seinen unbewußten Schichten, die den direkten Zugang zum Tiefengedächtnis möglich machen. An die Stelle von positiven Suggestionen lassen sich auch Lerninhalte setzen. Zum Nutzen der fünfzigfachen Lerngeschwindigkeit kommt ein noch größerer Vorteil: Das Unterbewußtsein vergißt nicht mehr. Nach dem System Prof. Losanovs lernen seine Schüler in Monatsfrist komplett eine Fremdsprache.

## Der Trick mit dem Schlaf

Ich benutze die erhöhte Lernfähigkeit und Aufnahmebereitschaft in Versenkungszuständen wie Hypnose und Schlaf bei meinen Patienten zu Lern- und Heilzwecken. Wer sich auch nachts und zu Hause seiner positiven Umformung widmen will, bekommt von mir eine Kassette mit individuell geeigneten Suggestionen, die er während des Schlafs ablaufen lassen kann.

Er benötigt dazu nichts weiter als eine Elektroschaltuhr, einen Kassettenrecorder sowie eine Endloskassette. Die beste Einschaltzeit für die Kassette liegt etwa zwei bis drei Stunden nach dem Einschlafen, also bei den meisten gegen Mitternacht. Wenn die Schaltuhr nun den Recorder auf eine halbe Stunde einschaltet, schafft sich der Schläfer eine private Behandlungstherapie, denn der Suggestionstext fließt wie in der Hypnose direkt ins Unterbewußtsein. Der Ton darf nur nicht zu laut eingestellt werden. Er muß nur gerade hörbar sein und weckt den Schläfer somit nicht auf.

Wer sich mit diesem Experiment beschäftigt, wird sich wundern, wie schnell er einer neuen, suggerierten Vorstellung folgt. Auf diese Art zum Nichtraucher zu werden oder eine Gewichtsabnahme zu programmieren, ist immer wieder verblüffend. Dabei ist es völlig belanglos, welche Art Text Sie sich »einspielen«. Zu Lernzwecken könnten es auch englische Vokabeln oder mathematische Formeln sein.

Wer unter Konzentrationsschwäche und Gedächtnisstörungen leidet, könnte sich diese nächtliche Stunde für die Effektivität seiner gesamten Tagesarbeit zunutze machen. Sprechen Sie sich für Ihre Nachtsuggestion dazu folgenden Text auf Band:

»Ich bin bei jeder meiner Tagesarbeiten voll konzentriert und freue mich auf mein Tun. Alles, was ich lerne, prägt sich sofort und unauslöschlich in mein Unterbewußtsein ein. Wörtlich kann ich mich hinterher an alle wichtigen Lernsätze erinnern. Das Erlernte ist und bleibt für immer sofort greifbar in meinem Gedächtnis. Alles einmal Erlernte und Gemerkte kann ich vollständig und zu jeder Zeit aus meinem Gedächtnis aufsteigen lassen. Meine Konzentration steigert sich von Tag zu Tag. Lernen macht mir große Freude.«

Wiederholen Sie diesen Text in der genau gleichen Form dreimal hintereinander auf dem Tonband. Sie erreichen mit dieser Suggestion die Grundvoraussetzung für Ihre gute Verstandesarbeit am Tage: Ruhe, Konzentration und unmittelbaren Zugang zu Ihrem unterbewußten Speicher.

Gerade für Studenten ist diese Art der »Nachtarbeit« die gesündeste. Viele von ihnen stürzen sich in körperlichen Streß, weil sie in jugendlichem Überschwang die biologische Uhr ihres Körpers nicht beachten und ihm zuviel zumuten. Versäumte Arbeit läßt sich aber nicht durch Rund-um-die-Uhr-Schichten zu einem bestimmten Termin nachholen. Im Herbst erlebe ich deshalb meistens stoßweise Anmeldungen von Hilfesuchenden.

Ein Jurastudent, der bereits zweimal beim Staatsexamen durchgefallen war, kam voller Verzweiflung zu mir und erzählte mir, daß er durch seine große Wut und extreme Aversion gegen das Lernen wie vor einer Mauer stehe. Er hatte promoviert, durfte sich also bereits Dr. jur. nennen, aber er würde nie eine eigene Kanzlei eröffnen dürfen, wenn er beim drittenmal das Examen nicht bestehen würde. In seiner Verzweiflung dachte er nur noch an Selbstmord.

Dabei war in ihm nur die Sperre zu lösen, die er durch Wut und Aversion in sich aufgebaut hatte. Sein Wissen reichte bereits völlig aus, um als erfolgreicher Jurist zu arbeiten. Seine Aversion gegen das ständige Lernen hatte in seinem Unterbewußtsein die Sperre errichtet, die zur Zeit verhinderte, daß er neues Wissen aufnehmen oder bereits gespeichertes abrufen konnte.

Durch Suggestion, bezogen auf sein Ziel – das Staatsexamen – fand sein inneres Selbst schon innerhalb von vierzehn Tagen wieder die Harmonie mit der Umwelt. Sein alter Elan, seine Freude am Lernen kehrten zurück. Die bevorstehende Prüfung war jetzt nur noch ein Termin, auf den er sich freute – sein großes inneres Hoch drängte ihn zu Taten. Als Resultat bestand er das Examen mit Auszeichnung. Er hatte seine »Kraftzentrale Unterbewußtsein« kennengelernt.

Mit den vielen Fallstudien in diesem Kapitel habe ich Ihnen die Möglichkeit zur Umformung der Inhalte Ihres Unterbewußtseins beschrieben. War eines der Beispiele eine Anregung für Ihre persönlichen Bedürfnisse? Dann zögern Sie nicht, die Theorie sofort in die Praxis umzusetzen.

# KAPITEL 5

# Der ungehobene Schatz der Seelenbilder

*Wer sich nach Licht sehnt,*
*ist nicht lichtlos,*
*denn die Sehnsucht*
*ist schon Licht.*

*Bettina von Arnim*

## Was ist ein verdrängter Komplex?

Im Kapitel über Suggestion schrieb ich, daß alteingesessene Suggestionen aus unserem Unterbewußtsein nicht ohne weiteres wieder hinauszuwerfen sind. Sigmund Freud nahm an, daß ein schlechter Gedankenkomplex, wie z. B. Angst, Hemmung oder Frustration, tief ins Gedächtnis eingegraben wurde, weil unser Ich unangenehme bis lebensbedrohliche Vorstellungen nirgendwo anders hin los wird. Damit war er aus dem Tagesbewußtsein »verdrängt« worden. Freud nahm weiter an, daß dieser Gedankenkomplex durch neue, etwa positive Suggestionen zwar verschoben, aber nicht beseitigt werden kann. Das würde in der Praxis bedeuten, eine durch Spannungen und Verkrampfungen entstandene Migräne würde durch suggestive Befreiung der Kopfnerven nur verdrängt und vielleicht als Asthma wieder auftauchen.

Noch heute unterliegen viele Psychologen diesem Denkfehler und versäumen so, die Suggestionstherapie überhaupt als Behandlungsmethode in Betracht zu ziehen.

Die Psychoanalytiker versuchen statt dessen, am seelischen Verhalten und – im oft jahrelangen Gespräch – aus den symbolisch versteckten Darstellungen des Patienten auf seine verdrängten Komplexe zu schließen und sie durch ihr Erkennen vom Patienten aufarbeiten zu lassen. Das ist ein schwieriges Unterfangen, weil der Patient im Tagesbewußtsein selbst nicht mehr weiß, welchen Inhalt und Hintergrund seine Gefühlsäußerungen oder neurotischen Handlungen haben.

Es ist eine klare Erfahrungstatsache der Hypnosetherapie, daß der Mensch nur von einem Gefühlskomplex, einer bestimmten Vorstellungsrichtung besetzt sein kann. Fühlt er sich krank, kann er nicht gesund sein. Fühlt er sich gesund, kann er nicht mehr krank sein. Bei genügender Intensität der Suggestion wird der Komplex nicht verdrängt, sondern *ersetzt*.

Jeder von uns ist mehr mit seinen seelischen Reinigungs- und Überwindungsversuchen beschäftigt, als wir gemeinhin ahnen. Viele Träume sind Spiegelbilder unseres seelischen Fühlens und unseres Aufarbeitens guter und schlechter Lebenserfahrungen. Sie zu deuten, ist deshalb so schwierig, weil unsere Seele unsere Verstandesvorgänge in eine ihr eigene, detaillierte Bildsymbolform umsetzt.

## Das katathyme Bilderleben

Der Psychologe und Pädagoge Hanscarl Leuner nahm diese Bilder vor unserem geistigen Auge als echten Spiegel unserer Seele, dessen Symbolgehalt über die verborgensten Regungen in uns Aufschluß geben kann. Um die Schwierigkeiten eines Menschen zu durchschauen, braucht ein Therapeut ihn nur in sein katathymes Bilderleben (katathym: Gemütswirkung. Wirkung eines affektbetonten, verdrängten Komplexes auf die Seele) eintauchen zu lassen, um aus der Tiefe der Seele alle verdrängten und bedrängenden Komplexe aufscheinen zu lassen. Der Patient braucht nicht einmal zu schlafen, um auf echte Traumbilder zu warten. Sie kommen ihm schon im halbwachen, entspannten Zustand, in dem er sogar noch, wie bei der Hypnose, mit dem Therapeuten sprechen kann.

Wer sich entspannt hinlegt und seine Gedanken in eine bestimmte Richtung aussendet, wie sie gleich erklärt wird, erlebt vor seinem geistigen Auge ein wechselvolles Bilderspiel, das er dirigieren, aber nicht inhaltlich beeinflussen kann. Sein zukünftiges Wunschhaus z. B. kann er sich als Betonbunker oder als Barockschloß vorstellen – und schon hat er sich damit in seinen Gefühlseinstellungen zu erkennen gegeben. Der Ängstliche umgibt sich mit dicken Schutzmauern, der Gefühlvolle, Überschwengliche sieht sich in prunkvoller Umgebung. Die Seele hat gesprochen.

Der nach objektiven Beweisen suchende Psychologe sieht noch heute dieses katathyme Bilderleben als unsichere und willentlich zu beeinflussende Information des Patienten an. Die Wunschsphäre und die Absicht, etwas erreichen zu wollen, seien Störenfriede, die diese Methode für die Erforschung des Unterbewußtseins unbrauchbar werden ließen. Im Gegensatz zu dieser verstandesmäßigen Kritik habe ich in Tausenden von Fällen in meiner Praxis bereits die Erfahrung gemacht, daß die Phantasie eines Menschen gar keine andere Wahl hat, als aus der eigenen, gefühlsbestimmten Seelensphäre zu schöpfen. Der Therapeut kann durch seine Erfahrung und Ausbildung den Symbolwert der Formen und Gestalten richtig einschätzen und den Patienten bis auf den Grund seiner Seele durchschauen. Hanscarl Leuner entwickelte daraus ein praktisch zu handhabendes System, das ich in meiner Praxis täglich benutze.

Viele Hilfesuchende nehme ich zuerst einmal in ein Seminar zur Selbsterkundung und seelischen Selbsthilfe, damit sie den gesamten Haushalt ihres Bewußtseins überschauen lernen. Wenn das Grundproblem dann eingekreist und Hypnose das Richtige ist, bringt das katathyme Bilderleben auch in den letzten Seelenwinkel Licht und Aufschluß über Motive und Hintergründe des unguten Geschehens.

Die Archetypenlehre C. G. Jungs wird bei diesen katathymen Seelenforschungen durch jeden Patienten neu bewiesen. Das zeigt sich in der Gesetzmäßigkeit, mit der ähnliche Bildschablonen in jedem Menschen wiederkehren. Ein Tannenwald, in dem sich der Patient vielleicht in seiner Phantasie vorfindet, ist immer das Anzeichen für Gefühlshemmungen, eine Blumenwiese steht für positive Ausgeglichenheit und Berge oder unzugängliche Felsen deuten auf Probleme und unübersehbare Schwierigkeiten.

Ein Patient, der sich geistig etwa in eine Landschaft versetzt und von einer Kuh oder einem Elefanten erzählt, spricht damit unbewußt immer von seiner Ansicht des mütterlichen und väterlichen Prinzips. Ganze elterliche Ehedramen spiegeln sich in diesen Phantasiebildern, wie bei meiner Patientin W. P. Frau W. P. kam mit schweren Depressionen zu mir; ein einsamer, in liebeloser Eintönigkeit dahindämmernder Mensch. Sie wurde nach einigen Tagen der Einführung in die Behandlung aufgefordert, sich auf der

Couch liegend geistig in eine Landschaft zu versetzen. Sie berichtete das, was sie sah:

»Ich sehe eine große Wiese. Links steht eine Kuh. Sie ist hellbraun und groß und stark. Sie gefällt mir. Ich streichle sie. Sie hat das gerne. Ich werde sie füttern. Die Kuh mag mich auch. Sie hat ein großes, volles Euter.«

Nach der Aufforderung des Therapeuten, sich Milch zu nehmen, sagt sie: »Ich mag nicht aus dem Euter trinken – aber ich nehme einen Topf, den mache ich voll Milch. – Da kommt ein Elefant über die Wiese. Die Kuh dreht sich von ihm weg. – Ich habe auch ein bißchen Angst, was er tun wird.« Frau W. P. wird aufgefordert, den Elefanten zu streicheln. Sie streichelt ihn ungern, berichtet dann aber:

»Ich glaube fast, er mag das Streicheln; nur zeigt er es nicht. Füttern soll ich ihn? Das geht doch nicht. Das kann ich nicht. – Ich will es versuchen. – Er nimmt's. Reiten soll ich auf ihm? O ja, das geht. Das macht sogar Spaß. Er trägt mich über ein tiefes Loch. – Jetzt bin ich aber todmüde. Ich kann nicht mehr reiten. Ich lege mich auf die Wiese. Der ganze Himmel wird schwarz, wie vor einem Gewitter. Die Sonne ist weg. Die Kuh glotzt den Elefanten an, und er trabt auf einmal davon. – Warum läßt er mich jetzt allein? Ich streichle die Kuh. Sie glotzt immer noch dem Elefanten nach. Ich kann ihn gar nicht mehr sehen.«

Traurig und niedergeschlagen kam Frau W. P. wieder zu sich. Wie ich jetzt durch gezielte Fragen erfuhr, fürchtete sie ihren Vater – den Elefanten, den sie ungerne streichelte – mehr, als sie ihn liebte. Und doch half er ihr manchmal über unüberwindlich scheinende Schwierigkeiten (das tiefe Loch in der Wiese). Die Überwindung ihrer inneren Spannungen zum Vater, im katathymen Bilderleben der Elefant, macht sie schließlich »todmüde«. Als sie vierzehn Jahre alt war, verließ ihr Vater nach einem mächtigen Ehekrach, den sie miterlebte, die Mutter (Gewitterhimmel, Elefant geht davon). Seitdem fühlt sie sich einsam und verlassen.

Auch der kleinen Nebenbemerkung ging ich nach, nach der sie sich weigerte, aus dem Euter der Kuh zu trinken. Sie war nie – das wußte sie genau von den Erzählungen ihrer Mutter – gestillt worden. In seltener Einfachheit und Klarheit spiegelte das Seelenbild Frau W. P.s ihre psychische Grundlage.

Der erfahrene Psychotherapeut kann also allein aus dem Umgang und dem Verhalten eines Patienten innerhalb dessen Tagtraums viele Schlüsse auf Verdrängungen, Hemmungen, Traumata, Ängste und somit Krankheitsursachen ziehen. Dies ist der *erste* große Vorteil des katathymen Bilderlebens. Es ist ein einfaches und umgängliches Verfahren, einen direkten Zugang zum verdrängten Wissen im Unterbewußtsein eines Patienten zu gewinnen. Diese Bilder der freifließenden Phantasie entstehen nämlich in zwei verschiedenen Formen.

Den Wechselbildern, die sich durch wunschgesteuerte Einflüsse leicht umändern oder auflösen lassen, stehen starre, festumrissene »Ansichten« gegenüber, die sich bei gleicher Übung über Wochen und Monate erhalten können. Hinter diesen »Ansichten« stecken die neurotischen Abwehr- und Charakterhaltungen, wie etwa in der Vorstellung des Betonbunkers das ängstliche, schutzbedürftige Gemüt.

Eine Übung allein ist natürlich unvollständig, um einen tiefen psychologischen Eindruck zu gewinnen. In der Praxis hat sich herausgestellt, daß sechs bis sieben Standardmotive des katathymen Bilderlebens – Hanscarl Leuner fand insgesamt zehn – den seelischen Erkundungsstreifzug abrunden. Die Bergwelt, die Wiese, der Wald, das Wasser von der Quelle bis zum Meer oder das Betreten eines Hauses zeigen in jeder Kleinigkeit, die geschildert wird, wo bei der Versuchsperson spezifische Blockierungen oder Gefahrenmomente versteckt sind.

Wer nicht in eine Landschaft geschickt werden will, kann auf den Meeresgrund gesandt werden, ins tiefe Unbewußte. Das Meer ist das Symbolbild des unbewußten Geistes. Wer auf seinem Grunde auf Entdeckungsreise geht, blickt sozusagen in sein Archiv der Vergangenheit wie in das Arsenal seiner geheimen Fähigkeiten. Taucht er auf und schaut über den Wasserspiegel, so befindet er sich im Bereich des Tagesbewußtseins.

## Die verschieden wirkenden Gehirnhälften

Die geistigen Spaziergänge des 55jährigen Fabrikanten S. J. führten nach langen Wegen geradeaus immer an Felsen. Plötzlich stand er haushohen Wänden gegenüber, wenn er nach links vom Weg abbog. In der Richtungsbezeichnung links und rechts liegt eine

Besonderheit des katathymen Bilderlebens. Nach moderner neurologischer Sicht wirkt in unserem linken Gehirnteil der Verstand, das rationale Steuern der Umwelt. Im Körper herrscht er über die Nervenbahnen in unserer rechten Hälfte. Der rechte Gehirnteil ist von unserem Gemüt, den Gefühlen beherrscht und herrscht über unsere linke Körperhälfte.

Im Seelenbild erleben wir diese Rechts-Links-Aufteilung unserer geistigen Kräfte plastisch. Wenn der Patient S. J. links – im gemütsgesteuerten Bereich – Felsen sah, dann sind seine größten Schwierigkeiten im Gefühlsbereich zu suchen. Und so war es auch bei ihm im Betrieb. Er war ein überaus tüchtiger Organisator und überall mitanfassender Fabrikant. Als Self-made-Unternehmer fiel es ihm jedoch immer schwerer, die menschlichen Schwächen seiner Angestellten und die daraus resultierenden Auseinandersetzungen zu bewältigen. Seine fehlende Fähigkeit, Menschen richtig zu behandeln und der tägliche Ärger, den er dadurch hatte, wurden ihm zum Alptraum. Seit einigen Jahren litt er an Asthma-Anfällen, die dem sympathischen Mann sein Leben restlos vergällten. Er hatte Angst, abends schlafen zu gehen, und er hatte Angst, morgens wieder aufzustehen. Ich konnte ihm helfen und ihn zu tiefem Selbstbewußtsein kommen lassen, wie ich es später im Abschnitt über die katathymen Hilfsmöglichkeiten schildere.

Mit anderen Bildmotiven läßt sich klar die Einstellung zur Sexualität klären, die in ihrer hintergründigen Vielfalt manche tiefen Lebensprobleme verursacht. Um eine alleinstehende Patientin auf dieser Ebene besser zu erkennen, ließ ich sie in der Entspannung einen Spaziergang auf einsamer Straße imaginieren. Ein Autofahrer hielt neben ihr und wollte sie mitnehmen. Als normale Reaktion wäre eine einfache Annahme oder Ablehnung des Mitfahrangebots zu erwarten gewesen. Frau H. J. flüchtete in ihrer Vorstellung in hellem Entsetzen mitten in ein Stoppelfeld, in dem sie sich mit jedem Sprung in die Füße stach. – Der Ansatz war gegeben, dem Ursprung ihrer hektischen Reaktion nachzuforschen. In späteren Sitzungen kam heraus, daß sie als Zwölfjährige in einem engen Speicherraum fast einmal von ihrem Cousin vergewaltigt worden wäre.

Durch ein weiteres Bildmotiv versuchte ich zu erkennen, welches Traumbild Frau H. J. vom eigenen Ich vorschwebt. Ich ließ sie dazu den schönsten weiblichen Vornamen finden, den sie sich vorstellen konnte. Immer steckt hinter einem solchen Namen des eigenen Geschlechts eine Person, deren Eigenschaften sich die Versuchsperson am meisten wünscht. So war es auch hier. Frau H. J. kam sofort auf den Namen »Margot«. Auf die Frage, wer ihr zu diesem Namen am ehesten als Person einfiele, nannte sie die Frau ihres Kaufmanns. Diese vollschlanke, lebenslustige Person (sie selbst war ganz dünn und unweiblich) hatte es ihr angetan.

»Wie die mit Männern umgehen kann – so unbeschwert und gelöst. Sie ist immer fröhlich und zufrieden«, erzählte sie mir danach. – Der Weg der Suggestionen für Frau H. J. zu neuem Selbstbewußtsein, Angstbefreiung und Liebe zu sich selbst war damit klar vorgezeichnet. Ich konnte ihr auch zu einem völlig neuen Körperbewußtsein durch diese Liebe zu sich verhelfen. Ihre Ausstrahlung, leichte Gewichtszunahme und neuerdings modische Frisur und Kleidung brachte ihr jetzt die Frage anderer Leute ein, ob sie ihre eigene, jüngere Schwester sei.

Aus diesen beiden letzten Fällen ist zu erkennen, wie ein einzelnes »Bild« immer nur einen Teilaufschluß über den Zustand eines Charakters geben kann. Es ist nur *ein* Mosaikstein des Seelengemäldes. Erst die Kombination aller Symbolgehalte, die der erfahrene Therapeut den verschiedenen Motiven entnimmt, in die er den Patienten gezielt führt, rundet das Gesamtbild und gibt Aufschluß über die anzuwendenden speziellen Suggestionen.

Selbst Personen, die sich wegen ihrer rationalen Verfangenheit – nichts glauben, alles wissen wollen und anpacken können – schwer oder gar nicht hypnotisieren lassen, erfahren im katathymen Bilderleben ihren seelischen Knoten. Der Verstand kann also nicht Verfälscher der Phantasiebilder sein, wie manche Psychologen meinen. Er verliert in diesem halbwachen Zustand am Rande des Schlafes seine Macht an die stärkeren Gemütseigenheiten.

Im Hypnosekapitel sprach ich über die Verantwortung des Therapeuten und die Abhängigkeiten, die sich zwischen ihm und Patienten ergeben können. Bei meiner Patientin W. P. spiegelte sich das nach längerer Behandlungsdauer im katathymen Bild. Sie sah sich auf einem Bahnhof stehen, der Zug kam, und einer meiner Assistenten, Herr v. W., stieg aus, lächelte ihr zu und zog den Hut. Sie stieg ein, um zu ihrer Heimatstadt zu fahren; Herr v. W. saß jetzt mit im Abteil. Dann mußte sie umsteigen und ging an ihren Schulort durch einen Tunnel, stieg in einen anderen Zug. Herr v.

W. war wieder dabei. Bei ihrer Ankunft in München (in ihrem geistigen Bild) verabschiedete sich Herr v. W. Nun wußte sie auf einmal nicht, wohin sie gehen sollte. – Die führende Übungstherapeutin brachte sie nun zu einem positiven Entschluß, ihrer Sehnsucht nach Lebensfreude, Wohlbefinden und Natürlichkeit zu folgen. Sie ging in einen großen Park voller Blumen aller Farben und wunderbarer Düfte. Ganz glücklich ließ sie sich inmitten eines Blumenbeetes nieder.

Der hauptsächlich behandelnde Therapeut war in diesem Fall weitgehend als sichernder, harmonischer Faktor in ihren seelischen Hintergrund eingetreten. Eine unbeabsichtigte Nebenwirkung, die auf behutsame, weiter zur Selbständigkeit führende Art sofort wieder berichtigt wird.

## Psychische Kraft zerstreut Probleme

Psychotherapeuten befreunden sich zwar jetzt mehr und mehr mit dem katathymen Bilderleben, weil es schnelle und überschaubare Ergebnisse über die Psyche eines Patienten gibt. Von suggestiver Beeinflussung des Unterbewußtseins wollen sie aber noch immer nicht viel wissen. Die direkte Arbeit am Unterbewußtsein, wie ich sie mit der Suggestionstechnik im Positiven Denken in den Vordergrund stelle, ist für die Wissenschaftler noch eine vage Angelegenheit. Sie unterschätzen die Macht des eigenen Unterbewußtseins *durch ihre Zweifel*. Da ist es dann *mein* Erfolgserlebnis, einen Akademiker im regiegeführten, katathymen Bilderleben über seine inneren Hemmungen und Schwierigkeiten hinwegführen zu können. Das ist der *zweite große Vorteil* der Seelenbilder gegenüber der langwierigen Psychoanalyse: Sie sind durch den begleitenden Therapeuten zu lenken und vermögen das Unterbewußtsein in vielen Fällen umzuprägen auf positive Vorstellungen und Entwicklungen. Das höhere Selbst, unsere geistige Leitstelle, gibt die Kraft dazu aus unserer unerschöpflichen Lebensquelle. Sie braucht nur angeregt zu werden, und das geschieht im vom Therapeuten als Regisseur geführten Symboldrama.

Die Hilfe während des Bilderlebens läßt sich auf vielfache Weise geben. Angsterregende Symbolgestalten, wie Riesenvögel oder Löwen, werden durch Füttern als gleichberechtigte Lebewesen angenommen. Sie verlieren damit ihre Aggressivwirkung. Das Prinzip der Versöhnung, den feindseligen Gestalten freundlich gegenüberzutreten, die Hand zu bieten, verjagt Angstvorstellungen und läßt die innere Harmonie nach außen scheinen.

Erst im unlösbaren Fall eines Problems gibt der Therapeut die Aufforderung, sich radikal zu befreien und das bedrängende Symbol durch die Gegend davonzujagen oder es notfalls sogar umzubringen. Das geschah, als sich einer meiner Patienten von einem Riesenkraken umfangen sah. Er bekam (sinnbildlich vom Therapeuten) ein Schwert in die Hand gedrückt und stürzte das Ungeheuer mit einem Stoß von einem Felsen.

Dies war eine Befreiungstat, die ihn tatsächlich von einer schweren seelischen Bedrückung loskommen ließ, wie sich später herausstellte. Er wußte nach dem Erwachen genau, um welche riesige Belastung es sich in seinem Leben gehandelt hatte. – Jetzt fühlte er sich stark und der Sache überlegen.

Eine Mutter von drei erwachsenen Kindern wagte sich in ihrem Symboldrama in eine Höhle. Plötzlich stand ihr eine Riesenspinne gegenüber, die mit vielen Armen zugleich nach ihr greifen wollte. Die Frau schrie auf vor Entsetzen und wollte fliehen, kam aber nicht mehr vom Fleck. Auch ihr sagte der Therapeut, sie habe ein Zauberschwert (die Kraft des eigenen Zentrums) in der Hand, mit dem sie sich sicher und entschlossen gegen alles wehren könne, was sie bedränge. Mit echten heftigen Armbewegungen auf der Couch schlug sie der Spinne alle Beine ab und stieß sie zum Schluß in die Tiefe eines dunklen Lochs in der Höhle. Zitternd und in Tränen kam sie aus der Versenkung zu sich. Sie war erschrocken, aber befreit nach dieser grausamen Tat und flüsterte: »Das war meine Mutter!«

Die 50jährige Frau hatte sich in ihrem Unterbewußtsein von den Qualen und Ängsten einer harten Kindheit befreit, die eine beherrschende, gewalttätige Mutter verursacht hatte. Wir erlebten in den darauffolgenden Wochen ein Aufleben dieser Frau, wie es dreijährige psychotherapeutische Behandlung davor nicht einmal zur Einleitung gebracht hatte.

## Berge versetzen können

Die farbigsten und schönsten Erlebnisse haben Kinder im katathymen Bilderleben. Sie sind ohnehin ihren unterbewußten Kräften noch nicht so entfremdet wie Erwachsene und reagieren auf die Bilder ihrer Phantasie viel stärker und realer. Oft können sie mit reinen Vorstellungen tatsächlich Problemberge versetzen.

Der vierzehnjährige Horst H., der seit seinem vierten Lebensjahr stotterte, kam auf diese Weise in der Entspannung sehr schnell zum Ursprung seines Leidens. Im Seelenbild war »seine« Landschaft eine große Wiese mit vielen blauen und gelben Blumen (jugendliche Unbeschwertheit). Dann ging er auf einen Wald zu und kam mitten darin zu einer Hütte. Mit seinem Zauberstab, der ihm gleich anfangs vom Therapeuten mitgegeben worden war, schaffte er Brot und Wasser auf den Tisch und wanderte dann weiter. Plötzlich traf er einen Zwerg (seine innere Stimme), den er nach Aufforderung durch den Therapeuten nach dem Grund seiner Sprachstörung befragte. Der Zwerg erklärte ihm, daß er mit vier Jahren einmal auf eine Steinplatte gefallen sei, was ihn damals furchtbar erschreckt hatte (Schock, Trauma). Er sagte ihm auch, wie er wieder gut sprechen könne. Horst H. sollte sich vorstellen, jetzt fest einzuschlafen, und wenn er wieder aufwache, könne er sich ganz normal mit dem Zwerg unterhalten.

Eine ganze Weile war Stille. Plötzlich meldete sich Horst H. und erklärte, ihm sei schlecht. Wie wir später erfuhren, hatte er die gleiche Szene mit der Steinplatte – damals anscheinend mit einer leichten Gehirnerschütterung – wieder durchlebt.

»Horch auf den Zwerg«, sagte der Therapeut zu ihm. Der wies ihn an, seine Gedankenkraft anzusetzen, die alles in ihm harmonisch werden ließe. Dadurch würde ihm sofort wieder besser – wie es dann auch geschah. Das Erlebnis mit dem Zwerg ging nun im Versenkungszustand weiter, und Horst wunderte sich nachher darüber, überhaupt nicht mehr gestottert zu haben. Auch in den Gesprächen mit mir und meinem Assistenten konnten wir danach eine starke Besserung feststellen. Erst, als ihn seine Eltern abholten, gab es wieder vereinzelt Sprechschwierigkeiten. Es sollte noch zehn Wochen dauern, bis wir Horst normal und fehlerfrei sprechend entlassen konnten.

Das Stottern ging bei ihm nicht allein auf den schweren Sturz zurück. Horst hatte einen äußerst strengen, autoritären Vater. Vor der Beendigung der Therapie hatte ich die sehr verständigen Eltern in einen taktischen Zug eingeweiht, den ich bei der Entlassung anwandte. Ich schlug Horst vor, seinem Vater zu Hause einen Beratervertrag anzubieten, mit einem Pfennig symbolischem Honorar für jede Beratung oder Befragung, die er an seinen Vater richte.

Dem Vater hatte ich klargemacht, das zarte Selbstbewußtsein seines Sohnes nur fördern und stärken zu können, wenn er ihm öfter ein Selbstwertgefühl vermittle und seinen Sohn auch mit dessen eigener Meinung zu Wort kommen lasse. Stottern kann ein sehr hartnäckiger Schaltfehler sein, besonders, wenn die Ursache vielleicht schon Jahrzehnte zurückliegt. Nicht immer gelingt durch Hypnose ein so voller Erfolg wie bei Horst.

Besonders große psychische Hilfe kann im Symboldrama die Imagination und der Umgang mit Licht sein. Das geistige Licht, die »Erleuchtung« von oben und innen, ist eine Vorstellung oder besser Erfahrung vom Standpunkt der Betroffenen, die seit Urbeginn der Menschheit mit unserem religiösen, mystischen Leben verbunden ist. Alle Mystiker sprechen von Lichterscheinungen, die Heiligen werden mit einem Lichterglanz oder im Osten mit einer lichtartigen, weißen Lotosblüte gemalt. Immer sind es Lichterfahrungen, die Yoga- oder Meditationsübende bei der Überwindung ihrer Bewußtseinsbarriere erleben.

In der modernen Psychologie ist von der Logik her dafür noch kein Platz. Ich lasse das geistige Licht, wie es sich auch in der hinduistischen Chakralehre präsentiert, aus meiner Anlehnung an östliche Weisheit als subjektive Erfahrung in meiner Praxis voll gelten und habe es stark in meine Arbeit integriert. Meine gleichgesinnten Assistenten und ich und auch manche meiner aufgeschlossenen Kollegen haben das geistige Licht als überlegene, höhere Kraft gegen alles Dunkle, Problematische und Krankhafte in unserem Sein eingesetzt. Es im Patienten zu wecken, bedeutet, ihn den echten Kontakt zu seinem höheren Selbst herstellen zu lassen; genauer: seine natürliche Kraft zum Fließen zu bringen.

Wer geistige Reife erlangt – die vielen Anhänger meditativen Gebets und östlicher Versenkung erleben es an sich selbst – überwindet von allein das reine Verstandesdenken über den materiellen Körper und den Unglauben an das Ende allen Lebens mit dem Tode. Gewiß: Nicht jeder kann sein nach außen gerichtetes Ego überwinden. Wer aber meine Patienten hört, die sich im Eintauchen in ihre unendliche, unterbewußte Weisheit von Magen- und Darmkrankheiten, Herz- und Kreislaufbeschwerden oder Gelenk- und Kopfschmerzen befreit haben, kann nie mehr von »Einbildung« sprechen. Die Führung der Leidenden zu ihrer inneren Kraft, die sie oft als Licht erleben, ist in meinen Augen die einzige und echte Psychotherapie. Heilung geschieht, wenn der Therapeut sein Wissen vergißt und der Patient seine Krankheit.

Was Erziehung, Schule, selbst der Religionsunterricht vom Aufwachsenden fernhalten – nämlich die Erfahrung der eigenen geistigen Quelle – ist deshalb in meiner Hypnose-Therapie-Form nicht erst später Selbsterkenntnis im vorgeschrittenen Alter vorbehalten, sondern kann schon dem jungen Menschen zur Überwindung seiner Komplexe und Lebensprobleme verhelfen – streng rationale Gehirne und Psychopathen ausgenommen. Heilung geschieht, wenn Liebe fließt.

## Spiegel des Ehelebens

Eine junge Frau, Dagmar C., die einen Indonesier geheiratet hatte, zeigte im katathymen Bilderleben die gefühlsmäßigen Schwierigkeiten, unter denen sie durch die fremde Mentalität ihres Mannes litt. Am Rand der grünen Wiese, in die sie ihre Phantasie versetzte, stand rechts ein dunkler Tannenwald (materielle Unsicherheit und Gefühlshemmung, in der sie lebte). Links war heller Sommer, Weite, Felder und ein See. Hinter sich spürte sie eine graue Mauer. – Sonnenstrahlen sollte sie darauf fallen lassen, da verschwand die Mauer, und in der Sonne tauchten Felder auf.

Der See vor ihr war klein und vom Wald beschattet (ihre bedrückte Seele). Sonne und Liebe sollte sie in den Wald schicken. Nun wurde er lichter, heller. Eichhörnchen tauchten auf. Sie fütterte sie. Die Eichhörnchen wollten, daß sie näher käme und weiterfüttere. – Sie trat weiter in den dunklen Wald. Ein junger Mann tauchte auf, ein dunkler Typ im Regenmantel, etwa 35 Jahre alt. Er hieß Karl und grüßte. Sie sollte mitkommen, sie wußte, es ging um Sex. Als sie ablehnte, ging er fort.

Es wurde dunkel. Sie sollte Sonnenlicht in ihre Umwelt schikken, da wurde es heller. Hügel sah sie jetzt, Sand und Meer und ein weißes Boot mit vielen Leuten. Sie zauberte sich auf das Boot, das aus dem Osten kam. Die Leute waren alle indonesisch gekleidet. Eine dunkle Frau grüßte sie. Sie kam aus Neuguinea und fragte Dagmar C., ob sie nach Indonesien wolle. »Ja«, erklärte sie. Ob sie verheiratet wäre und Kinder hätte? – Sie wolle keine Kinder, »er« wolle nur Sex. Das sei alles so schwierig. Die alte Frau nickte verständnisvoll (eine Aussprache mit dem höheren Selbst).

Bei einer späteren Übung befand sie sich unter Wasser in ihrem See (Unterbewußtsein). Viele rote kleine Fische tauchten auf, und dann kam ein riesengroßer Fisch, der sie unentwegt anschaute. Er hieß Gobi und war vierzig Jahre alt. Angst wollte sie von ihm wegtreiben. Mit Liebe und Lichtstrahlung (die der Therapeut anzuwenden empfahl) wurde er jedoch zunehmend freundlicher. Sie fütterte ihn mit Gras, er nahm es und fühlte sich gut an, als sie ihn streichelte.

Nun wollte sie Felder mit Hilfe des Fisches auf dem Seegrund anpflanzen (immer noch unselbständig). Alles sollte grün werden, mit Wasserpflanzen bedeckt. – Frau Dagmar C. brauchte viele Wochen, bis ihr Dreigestirn der Probleme – geschäftliche und emotionale Sicherheit, sexuelle Frustration und Anpassungsschwierigkeiten an ihren Mann – in der Hypnosetherapie harmonisiert werden konnte. Die unbewußte Umpolung auf Licht und Liebe im katathymen Symboldrama befreite sie dabei von vielen Schatten ihres Unterbewußtseins.

## Ängste zerfließen in Licht und Liebe

Der 28jährige Edgar D. erlebte in der Hypnose direkte Gespräche mit seinem Unterbewußtsein. Der sehr unselbständige, ängstliche Kaufmann, der das Geschäft seines Vaters übernehmen sollte, sah anfangs in seinem Seelenbilderleben von einer kleinen Lichtung aus nur Wald. Etwa in der Mitte seiner Behandlungszeit beschrieb er folgendermaßen eine Übung:

»Rechts ist ein Bach mit einem Steg darüber (Möglichkeit seiner Berufslösung) zu einer Wiese mit vielen Schafen. Links ist eine weite Wiese vor dem Wald, da sehe ich mich mitten darin liegen. Hohes Gras versteckt mich fast. Vor mir ist ein Gebirgsmassiv, viele Bäume darauf; man könnte wohl aufsteigen. Vögel sind um mich. Ich füttere sie. Leute kommen vorbei und grüßen mich freundlich.«

»Noch mehr Licht ausstrahlen«, forderte die Therapeutin.

»Die ganze Landschaft wird heller«, fuhr er fort. »Alles wird klarer. Im Hintergrund sehe ich ein Dorf. Hier möchte ich nicht weg, nur faulenzen.«

In den Tagen danach erzählte er mir, daß er mit seinem Vater gesprochen habe. Er hätte ihm klipp und klar erklärt, den Betrieb jetzt noch nicht zu übernehmen, sondern erst Betriebswirtschaft zu studieren. Sein Vater hätte sich sehr über seine Aktivität und Bestimmtheit gewundert. Gegen Schluß der Behandlung erlebte Edgar D. dann direkte Reaktionen seines Unterbewußtseins:

»Ich steige auf den vor mir liegenden Berg«, berichtete er aus seinem Versenkungszustand. »Ganz leicht ist der Gipfel zu erreichen. Es ist sonnig, und ich habe einen wundervollen Überblick über die Landschaft mit ihren Dörfern. – Ein alter Mann (sein höheres Selbst) kommt mit einem großen Bernhardiner auf mich zu. Er sagt, ich habe mich richtig entschieden, mich auf eigene Füße zu stellen. Das sei in Ordnung und gut. Ich solle nur nichts überstürzen. Jetzt klopft mir der alte Mann auf die Schulter. Wir essen zusammen (innere Harmonie). Der alte Mann sagt, so leicht, wie ich auf den Gipfel gestiegen bin, so leicht werde ich auch alle zukünftigen Hindernisse überwinden. So sonnig und klar, wie die Aussicht hier ist, wird auch meine Zukunft sein. – Da kommen auch meine Freunde den Berg hoch. Ich erzähle ihnen, was der alte Mann zu mir gesagt hat. Sie freuen sich mit mir.«

Edgar D. war auch für mich schon in dem Augenblick ein Erfolgserlebnis, als er sich bei mir in der Praxis verabschiedete. Er war auf dem sicheren Weg zu seinem Lebenserfolg.

Eine viel stärker blockierte Persönlichkeit mit enormen sexuellen Verklemmungen zeigte ein österreichischer Arzt. Herbert N. hatte bereits einen Doktor- und einen Magistertitel (in Österreich der diplomierte Abschluß eines akademischen Faches) und steuerte auf den zweiten Doktortitel zu. Das Streben nach Wissen und rationaler Leistung hatte ihm keine innere Ruhe und Ausgeglichenheit bringen können. Sein Bilderleben zeigte harte Kontraste. Herbert N. berichtete aus einer Versenkung:

»Rechts ist ein Wald mit vielen kleinen Tannen. Eine lange Mauer aus Natursteinen sehe ich. Aber die ist ja völlig sinnlos, weil die Kühe ganz woanders weiden. Links sind dichte Büsche, ich kann da gar nicht durchsehen. Ein Marterl (Christus-Kreuz) steht am Wege, und lauter Maulwurfshaufen sind auf der Wiese. Weit hinten blicke ich auf meine Heimatstadt. – Vorne ist auch eine Stadt, viele Wege führen darum herum.« Die Therapeutin forderte ihn auf, Licht und Liebe in seine Landschaft fließen zu lassen.

»Das Gras wird ganz dicht, die Bäume rechts werden auf einmal kleiner«, fuhr er fort. »Da steht eine wunderschöne kleine Margerite. Ich grüße sie. Sie schaut mich freundlich an und lächelt zurück. Ihr Name ist Iris. – Eine Biene kommt, fliegt auf die Blüte, trinkt den Nektar, fliegt weiter (verspielt, bindungslos).

Die Mauer? Stört mich gar nicht. Sie ist doch zwecklos. Ich möchte lieber meine Blumen anschauen. Aus der Mauer ein Haus bauen? Ach, nein! – Oder doch? Das wäre nicht schlecht. Aber ich habe keine Lust. Da, die Mauer stört mich doch gar nicht – er haut in der Vorstellung ein Loch hinein – jetzt sieht sie aus wie ein Gefängnis. – Ich schmeiße die ganze Mauer in die Sonne – da verbrennt sie.

Ein großes Kuhkalb kommt auf mich zu. Es schaut mich mit großen, braunen Augen treuherzig an. Ganz weiche Nüstern hat es und schlägt mit dem Schwanz. Ich streichle es – nun läuft es weg« (gestörtes Verhältnis zum Femininen).

Herbert N. wollte auch in Zukunft nur an Blumen schnuppern, reiten oder in der Sonne liegen. Alles Einengende, Störende in der Landschaft, wie Mauern, Zäune, querliegende Bäume oder Maulwurfshügel, empfand er nicht als störend. Zu sehr war er durch eine strenge, lieblose Erziehung an Einengungen gewöhnt. Wasser – die symbolhafte Form der unterbewußten Kräfte – sah er nie. Das ist geradezu typisch für einen Intellektuellen, für den nur die rationalen Vorgänge im Leben etwas gelten. So war er zum kargen Verstandesmenschen geworden, der bis zum Schluß der Behandlung nicht die Bereitschaft zeigte, innerlich loszulassen, seine fiktiven Vorstellungen vom Dasein wenigstens vorübergehend zu entlassen, um seine verbaute Gefühlswelt zu befreien. Meine Hilfe für ihn bestand aus Impulsen, sein Innenleben allmählich klarer werden zu lassen, andere Bücher als ständig Fachliteratur zu lesen und sich ganz langsam an die Existenz unterbewußter Kräfte zu gewöhnen, deren Vorhandensein ich ihm in der Hypnose deutlich werden ließ.

## Entdeckungsreise in die Vergangenheit

Das katathyme Bilderleben beschränkt sich nun nicht nur auf die Möglichkeit, im Augenblick vorhandene Seeleninhalte zu formieren. In der Tiefenentspannung, wie etwa auch in der Hypnose, kann unser Gedächtnisspeicher angezapft werden, und wir können uns bis in die entfernteste Vergangenheit unseres Lebens in jede einmal erlebte Szenerie begeben. Das eröffnet die Möglichkeit, auch vergessenen oder verdrängten Erlebnissen, die untergründig noch heute auf unkontrollierte Weise in unserem Alltag nachwirken, auf die Schliche zu kommen. Ängste und Phobien, generell Neurosen, gehören dazu. Manche ihrer Ursachen lassen sich durch einen geistigen Marsch in die Vergangenheit entdecken. Die Psychotherapeuten nennen diese Methode, mit der normale Gedächtnisgrenzen überschritten werden können, Regression oder Rückführung.

Im tief entspannten Zustand, verstärkt noch in der hypnotischen Versenkung, öffnet sich das Tor zum Unterbewußtsein und macht die unendliche Reichweite unserer psychischen Kräfte zugänglicher. Es ist heute schon allgemein bekannt, daß man einen älteren Menschen auf diese Weise in sein Schulalter zurückversetzen kann. Er nimmt dann auch die Denkweise und den Schriftzug beispielsweise seines achten Lebensjahres an. Bis in den embryonalen, vorgeburtlichen Zustand lassen sich die Erinnerungen ausgraben. Die Wissenschaftler haben festgestellt, daß der Mensch schon fünf Monate vor seiner Geburt ein registrierendes Unterbewußtsein besitzt.

Schon beim Ungeborenen können die ersten Schädigungen entstehen, die bis ins Erwachsenenalter Nachwirkungen haben. In der katathymen Rückführung können wörtliche Äußerungen der Eltern vor der Geburt auftauchen, wenn ein unerwünschtes Kind vielleicht abgetrieben werden sollte oder die Eltern harte, lebensbedrohliche Auseinandersetzungen miteinander hatten. Immer mehr Psychologen erkennen die Beweiskraft und den Wahrheitsgehalt derartiger Mitteilungen aus der Tiefenpsyche an. In meiner Praxis nehme ich diese Patientenaussagen immer ernst, denn die Erfahrung hat gezeigt, dem Patienten durch Anerkennen der Urängste, die sich hier widerspiegeln, am besten zu positiver Wandlung und Bereinigung alter Komplexe verhelfen zu können.

Einzelfälle machen das schnell deutlich. Eine norddeutsche Patientin, Frau Stella J., kam als schwerkranke Diabetikerin zu mir. Sie war seit fünfundzwanzig Jahren insulinabhängig und verlor jetzt langsam als Nebenerscheinung immer mehr ihre Sehkraft. Durch die Hypnosetherapie suchte sie neue Stärkung und Lebensmut zu bekommen, um ihren schwachen Körper besser zu ertragen. Über die Möglichkeiten der Psychotherapie bei einer schweren Krankheit, wie Diabetes, werde ich später sprechen (Kapitel 8). Hier interessiert im Augenblick nur die Darstellung unseres Vorgehens, um die Ursache der Krankheit bei Frau Stella J. herauszubekommen. Sie bot ein Schulbeispiel dafür, wie jede unserer emotionalen Erschütterungen in unserem Tiefengedächtnis gespeichert wird und die mit gefühlsmäßigen Ladungen eingelagerten Energien Kraft zur Verwirklichung entfalten – selbst wenn wir sie Jahrzehnte aus unserem Tagesbewußtsein verdrängt haben.

Nach genügender Entspannungspraxis wurde mit Frau Stella J. eine Altersregression durchgeführt. Im versunkenen Zustand wurde sie aufgefordert, ihren Lebensfilm vor ihrem geistigen Auge rückwärts laufen zu lassen bis zu dem Zeitpunkt, an dem sie noch völlig gesund war. – Sie fand sich als Fünfjährige wieder am Meeresstrand mit ihrer Mutter. Spielend lief sie hin und her, war zärtlich zu ihrer Mutter und spürte sogar ihr duftendes Haar. Schließlich brach ihre Mutter auf und ging mit ihr über die Dünen zu den Häusern und zu ihrem eigenen Haus (in dem sie starb). Sie verabschiedete sich von ihrer Tochter, die weiterspielte – und seit diesem Augenblick ihre Mutter nie wiedersah.

Im zurückgeführten Symboldrama sah sie sich nun wieder auf der Straße spielen: »Ein anderes Mädchen kommt auf mich zu und sagt: Ich weiß, daß deine Mutter tot ist, meine Mutti hat das aus der Zeitung vorgelesen.«

Stella schrie auf: »Das ist nicht wahr!« Aber Zweifel war doch in ihr. »Die anderen Kinder sind sehr aufgeregt. Das Mädchen erzählt es wie eine Sensation. – Ich laufe zu meiner Kinderschwester. ›Tante‹ Monika nimmt mich auf den Schoß und tröstet mich. Sie sagt, es sei alles gar nicht wahr. Die Mutter sei im Krankenhaus. Aber ich weiß, daß sie lügt. Vater hätte mir sagen müssen, daß Mutti tot ist. Jetzt ist er in Rußland.«

Immer wieder lief Stella zum Telefon und wartete auf einen Anruf der Mutter, bevor ihr der Vater nach Jahresfrist sagte, daß sie verstorben sei.

Diese langfristige Spannung legte in Frau Stella J. den Grund zu unendlicher Verlassenheit und Lebensangst. Sie wurde auch zur Ursache ihrer Krankheit; ein Gegenbeweis des oberflächlichen Sprichworts: Zeit heilt Wunden. Ins Unterbewußte verdrängte Schicksalsschläge verlieren ihre negative Wirksamkeit erst, wenn sie »erlöst« und aufgearbeitet werden und eine positive Umstellung im Denken erfolgt.

# KAPITEL 6

# Die Kunst, vollkommener zu werden

*Wahres Glück ist erlebte Harmonie,*

*Karl-Heinz Jaeckel*

## Die Jagd nach dem Glück

Kaum ein Begriff erfährt von uns Menschen eine vieldeutigere Auslegung als das Glück. Ein geistvoller Essay ließe sich allein über die vielen unterschiedlichen Äußerungen aller Literaten und Philosophen der Erde über das Glück schreiben. Wo liegt sein wahrer Gehalt?

»Ich möchte auch einmal so glücklich sein wie alle anderen Menschen«, sagte eine fünfzigjährige Witwe zu mir. War es Gedankenlosigkeit oder nur Unverständnis für das Schicksal anderer? Kaum zehn von tausend Befragten werden sich je als wirklich glücklich bezeichnen – obwohl »die Jagd nach dem Glück« doch ein Schlagwort unserer Zeit ist.

Ich will mich nicht an kunstvoll umschriebene Formulierungen wagen; für mich liegt das Glück darin, die unendliche, schöpferische Kraft zur Bewältigung dieses herrlichen Lebens in mir zu tragen. Jeder trägt dieses Kleinod in sich. »Alles Glück, das du je findest, liegt in dir«, sagte einmal L. Ron H··bbard, der Begründer von Scientology.

Das größte Märchen, das zahllose Menschen ihr Leben lang als Tatsache akzeptieren, ist die Ansicht, ihrem Schicksal nicht entkommen zu können. Sie sollten einmal auf Baghwan Shree Rajneesh hören, der in einer seiner täglichen Lectures *erklärte:* »Alle Ereignisse im Leben sind da, weil du sie angezogen hast. Was du mit ihnen anfängst, ist deine Sache!«

Er lehnt es ab, dieses Anziehungsvermögen durch den Charakter eines Menschen in der gleichen Weise für immer festgelegt zu sehen. Für den westlichen Wissenschaftler wird der Charakter geformt aus Erbgut, Erziehung, Veranlagung und Umwelt. Wo bleibt bei uns der lebendige Geist, der sich den Körper schafft, wie Goethe sagte?

»Den hat mir schon mein Vater ausgetrieben«, sagte Siegfried M. zu mir. Er umriß mit dieser bitteren Feststellung, was bei uns »Erziehung« heute noch bedeutet. Freie geistige Entwicklung wird in unserer Gesellschaft als *Einordnung* oder *Disziplinierung* verstanden. Siegfried M. bewies eine seltene Charakterstärke gegenüber der ständigen Abwertung durch seinen Vater, der ihn für einen ausgemachten Trottel hielt. In den sechziger Jahren hat der junge Unternehmer in der Kleiderbranche seinem Vater einen Konkurrenzbetrieb gegenübergestellt, der im europäischen Bereich den größeren Ruf errang.


## Befreiung von Fanatismus und Egoismus

Wäre dieser Fall Siegfried M. ein Einzelfall, würde ich ihn nicht erwähnen. Jeder, der sich frustriert fühlt, kann an sich erfahren, daß es für ihn zu einer inneren Befreiung nie zu spät ist. Das Lebensalter spielt dabei überhaupt keine Rolle. Jedes Bedrängen, jede Einschnürung der eigenen Sehnsüchte hat nur so lange Macht über uns, wie wir sie ihr zuteilen.

Der Schritt zur Selbstbefreiung erfordert Mut und Tatkraft. Wer meint, sie nicht aufzubringen, gibt sich völlig grundlos selbst auf, denn er braucht *nur* seine Vorstellungen zu ver-rücken, um ein zufriedener, ausgeglichener Mensch zu werden. Nach einer Wandlung zu Positivem Denken will es uns oft absurd erscheinen, mit welch engstirnigen Vorstellungen wir uns lange Zeit selbst einengten oder – meistens im Eltern-Kind-Verhältnis – einengen ließen.

Eine turbulente Lebensgeschichte mit ständigen Fehlschlägen erzählte mir eine Frau in den mittleren Jahren. Am Ende ihrer mir schier endlos erscheinenden Aufzählung von negativen Geschehnissen konnte ich ihr nur erwidern: »Sie sollten sofort den Regisseur Ihres Lebensfilms wechseln. – Jedes Thema kann von vielen Seiten betrachtet werden. Sie werden so lange Mißgeschicke erleben, wie Sie nicht daraus lernen, was sie Ihnen sagen wollen.«

Sie nahm meine Aufforderung an, an sich zu arbeiten, und mit Vergnügen hörte ich nach einigen Wochen von ihrem tiefen Erstaunen über sich selbst. Noch nie waren ihr in der Vergangenheit so viele angenehme Worte gesagt worden wie jetzt. Sie berichtete: »Wie war ich unwissend darüber, was ich mir alles selbst einbrockte. – Und ich kam mir doch so berechtigt unglücklich vor!«

Arbeitskämpfe und Völkerhaß geben rund um die Erde Zeugnis dafür, wie Phantasieprobleme den Eindruck erwecken können, realer zu sein als die Wirklichkeit. Wer sich in sich selbst wohl fühlt, hat keinen Abfall an Unlustgefühlen und Aggressionen nach draußen zu werfen. Er wird auch nicht ausgebeutet, weil die unerschöpfliche Quelle seiner Lebenskraft nur ihn selbst stärkt und ihn die Außenwelt bewältigen läßt.

Wie viele schöpfen aber daraus? Werden Sie vom Zuschauer Ihres Daseins zum Superstar Ihres Lebensfilms. Im Unterschied zu einem Schauspieler mit vorgeschriebener Rolle sind Sie sogar gleichzeitig Regisseur, Autor und Produzent auf eigener Lebensbühne. Ihre Arbeit ist eine Lebensaufgabe, denn das Stück, welches das Leben schreibt, ist eine Geschichte, deren Ende nicht feststeht. Wir sind alle in der gleichen Situation und können zu jeder Zeit Regie führen. Der Fortgang des Stückes unterliegt in vielfältiger Weise unserem Einfluß. Jede Tat, jeder zur Entscheidung drängende Gedanke entspringt unserer ureigensten Kraftquelle.

## Negatives Denken beherrscht und formt ganze Berufsgruppen

Wenn sich der Verstand anmaßt, über den Wert der Gedanken bestimmen zu können, verliert der Mensch seine Ursprünglichkeit. Von diesem Diktat des Verstandes werden ganze Berufsgruppen in die Enge einer dogmatischen Lebensweise getrieben. Am Ende einer Negativauslese von einflußreich wirkenden Berufen stehen die Ärzte, Juristen, Polizisten und dann die Lehrer. Diese Berufsgruppen sind meiner Erfahrung nach am allermeisten mit den negativen Auswirkungen unserer fehlgelenkten psychischen Energie verstrickt; sie betrachten fast durchweg nur die materielle Seite unseres Lebens.

Die oft unverantwortliche Sprache der Chirurgen im Operationssaal, mit der sie allein bereits in der Lage sind, den Lebensfaden eines Patienten abzuschneiden, ist ein Beweis für den fehlenden Bezug zur eigenen Mitte, zum eigenen übergeistigen Potential. So bewundernswert ihre Kunstfertigkeit, ihre Geduld und Raffinesse ist, mit der sie körperlicher Unzulänglichkeit ein Schnippchen schlagen, so unterlegen bleiben sie der Äußerlichkeit ihres Tuns, das mit Hilfe der unendlichen Kräfte unserer kosmischen Intelligenz himmelweit erfolgreicher wäre.

Wie selbstherrlich hört sich die manchmal noch heute vertretene Klinikermeinung an, Magengeschwüre seien eine Domäne des Chirurgen. Jeder moderne, echte Psychotherapeut bringt sie im Normalfall in einigen Wochen zum Verschwinden, ohne den Patienten zu berühren. Lesen Sie die bittere Bilanz, die der bekannte deutsche Schauspieler Joachim Fuchsberger in seinem Buch »Erlebtes – Ertragenes – Erinnerungen an eine Krankheit« über seinen Aufenthalt in einem Münchner Krankenhaus zog. Unsere mechanisch organisierte Welt des Heilens ist seelenlos geworden. Der Einsatz des teuren medizinischen Maschinenparks ist wichtiger geworden als die Gesundheit des Patienten.

In vielen Kliniken der USA – und langsam auch in einigen in Deutschland – gibt es Sonderbeauftragte, die sich während der Operation ausschließlich um das seelische Wohl der Patienten zu kümmern haben. Eine süddeutsche Operationsschwester, seit fünf Jahren »Murphynistin« und durch Positives Denken selbst von einer zehnjährigen Migräne befreit, erzählte mir von ihrem seltsam erscheinenden Umgang mit Operierten in Vollnarkose.

»Wir legen jetzt den ersten Schnitt«, berichtet sie etwa dem Patienten. »Ihr Puls und Ihre Atmung sind ganz normal. Der Herr Professor ist jetzt am Operationsfeld; es ist alles klar und übersichtlich. Er ist voller Zuversicht: Sie werden wieder ganz gesund. Unsere Messungen zeigen, wie gut und vertrauensvoll Sie mitmachen, Ihre Krankheit zu überwinden. Wir sind gewiß, Sie sind sehr bald ganz darüber hinweg. Jetzt ist die Operation vorüber. Alles ist gelungen. Herr Maier, Sie haben es geschafft... Mit Ihrer Konstitution und Ihrem Glauben an sich selbst ist bald alles besonders schnell zugeheilt. – Gute Genesung!«

Wer möchte nicht auch in schweren Stunden die Hilfe einer solchen Krankenschwester erfahren? Wir alle sind aufgerufen, Positives Denken nie mehr als Bücherschrank-Theorie anzusehen. Wir selbst sind es nämlich, die am meisten darunter zu leiden hätten.

Schauen Sie sich einen Juristen an – vom brillantesten Staatsanwalt bis zum Winkeladvokaten –, jedem ist anzusehen, daß er sein Leben unentwegt im Umgang mit negativen Gedankenenergien verbringt, die ihn genauso formen wie die Schlitzohren, mit denen er zu tun hat und die mit ihren Geschäften im Negativen ihre eigene Grube graben.

Wer einen Gesetzestext liest, wer nur unsere Steuergesetze betrachtet, spürt sofort, wie sich menschliches Trachten nach Perfektion zusammen mit der Gier, den anderen noch dafür zahlen zu lassen, daß er lebt, ad absurdum führt; – denn ist unsere Welt besser geworden? Sehen Sie sich das Zeichen an: § – ein Fleischerhaken, an dem unsere Sehnsüchte aufgehängt worden sind. Paragraphen, Juristendeutsch besteht aus gedanklichen Klauseln, die sich zu einem unverdaulichen Kauderwelsch verkeilen.

»Don't stir the sheet« (rühr nicht im Mist), lehrt eine amerikanische Selbstbefreiungsgruppe. Der Jurist ist sein Lebtag daran gebunden. Er spürt es in seinem Magen; seine Umwelt spürt es an seinem rechthaberischen Wesen.


## Die Kunst der positiven Imagination

Immer bleibt der Verstand an den materiellen Erscheinungsformen hängen. Das drückte ein höherer Bundesbeamter sehr pragmatisch aus. Er wandte sich während einer Hypnosetherapie an mich und fragte: »Dr. Murphy sagt, ›wenn du Fieber hast, sage dir: ich bin gesund!‹ Wie kann ich behaupten, gesund zu sein, wenn ich spüre, Fieber zu haben?« Für ihn gab es nichts Unbewußtes, Ungeregeltes, Unerklärliches in seinem Leben. Ängstlich war er auf Logik und die Erfüllung der Verstandesnorm bedacht, so ängstlich, daß er nicht mehr die Eigeninitiative besaß, seine Gedanken umpolen zu können.

Hatte Dr. Murphy seine Zuhörer mit dem Gesundheitsratschlag auf den Arm genommen? Keineswegs, er hatte ihn so gemeint: Wer Fieber hat, erlebt die Folgen einer psychischen Schwäche, die den Körper anfällig für negative Kräfte von außen machte. Das Abwehrsystem des Körpers arbeitet auf Hochtouren, und der Kranke wirkt seiner Regenerierung entgegen, wenn er nichts weiter tut, als sich in seinem Krankheitsgefühl zu bestätigen. Statt dessen sollte er die Krankheit annehmen und durch die Mobilisierung aller feinstofflichen Energien (Atmung und Vorstellung) das Fieber zur schnellen Reinigung des Körpers unterstützen und sich imaginativ schon wieder am Ziel zu sehen; das wäre die rechte Auslegung der Bewußtseinsbildung eines Fieberkranken mit dem Gedanken: »Ich bin gesund.« Er muß den Einbruch negativer Energie wieder wettmachen und positive Kraft aus seiner unerschöpflichen Tiefe schöpfen. Diese Formel hilft dabei:

»In mir ist vollkommene Harmonie. Ich liebe meinen Körper, ich wende mich ihm wieder voll zu. Unendliche Lebenskraft strömt aus meiner Mitte zu allen meinen Zellen. Sie stärkt und reinigt mich. Sie schwemmt alles Dunkle, Schädliche aus mir heraus. Mit jedem Atemzug strömt neue Lebenskraft hinzu (nicht vergessen: durch die Nase atmen und den reinigenden Kraftfluß durch den ganzen Körper voll mitempfinden). Mit jedem Atemzug bin ich stärker und gesünder. Über Nacht bin ich ganz gesund. Ich bin wieder eins mit meiner geistigen Lenkung. Ich bin geschützt und gestärkt von der unendlichen Intelligenz meines höheren Selbst.«

Der Patient mit der Fieberfrage, der mit Herzneurosen und Hemmungen zu mir kam, erlebte in der Hypnose erstmals in seinem Leben seine unbewußten Regungen und seine geistige Kraft. Er lernte in kurzer Zeit, seinem Unterbewußtsein positive Stärkung und Motivierung zuteil werden zu lassen, um sich gegen Krankheit zu schützen.

Manche Kritikaster, die ihre Gedankenenergie in Zweifeln vergeuden, nennen das Positive Denken platten Positivismus. Sie vergleichen es mit dem Schlaraffenland, in das jeder möchte, aber nicht kann – weil es eben nur im Märchen besteht. Das Kennzeichen ihrer Unwissenheit über vollkommeneres Leben ist die Stärke ihres Glaubens an Ungerechtigkeit und Unglück. Niemandem soll sein Glaube genommen werden. Nur soll er wenigstens hier und jetzt erkennen, daß es ausschließlich *sein* Glaube ist, *seine* Vorstellung von der Welt, die er sich gemacht hat. Denn Glaube ist nicht Wissen, und »nach eurem Glauben wird euch geschehen.«

Ich *weiß* aus meiner Praxis, wie Tausenden Positives Denken aus schweren Schicksalen herausgeholfen hat, wie sie den Wert ihrer Gedankenenergie kennen- und steuern lernten. Natürlich ist es Nonsens, sich vorzureden: »Ich bin gesund und erfolgreich« und insgeheim zu denken: »Wir wollen doch einmal sehen, was jetzt passiert!« Dann ist der Zweifel prägendes Grundgefühl und nicht der neue Vorsatz, der nur als eindringliche und ausschließliche Suggestion im Unterbewußtsein Raum und Kraft gewinnen kann.

Wir unterliegen der Macht der Gewohnheit. Jeder suggeriert sich sein Wohlergehen nach Lust und Laune. Der weibliche Blick in den Spiegel, der männliche Griff nach der Bierflasche verraten harmlose Abhängigkeiten. Je stärker wir diese oder ähnliche Gewohnheiten unseren Alltag bestimmen lassen, desto notwendiger wird uns eine positive Denk- und Handlungsüberwachung.

## Mit Freude in jeden neuen Tag

Positives Denken ist stets der Beginn einer Charakterwandlung – sonst bliebe es tatsächlich an der Oberfläche. Wer sein Wesen auf Harmonie und Liebe einstimmt, wird harmonisch. Er macht sich nichts vor, sondern er erlebt die Reifung seiner Persönlichkeit; er erlebt sogar die Wahrheit des Bibelwortes »Das Himmelreich ist in euch«, das die Zweifler, Egoisten und Unglücksucher in zweitausendjähriger Geschichte des Christentums nicht verwirklichen konnten. War Christus Positivist?

Lassen wir sie also endgültig beiseite, die Problematiker des Lebens, die Leute, die mit ihrem Verstand nur »Ismen« aufbauen, um ihre Unwissenheit über das Höchste in sich zu tarnen. Wir sind nicht in diese Welt gesetzt worden, um in Sünde und Leid dahinzutreiben, sondern um durch sie hindurchzuschreiten und uns über sie zu erheben. In jeden Menschen legte der Schöpfer die Kraft zu Vollkommenheit und Harmonie. Positives Denken ist der Start dazu, diese Kraft zu erkennen und sie frei wirken zu lassen.

Was meinen Sie, wie gut Ihnen das Frühstück bekommt, wenn Sie die stille Freude auf den vor Ihnen liegenden Tag nach dem Aufstehen nachklingen lassen? Fragen Sie sich: »Wo bin ich?« Öffnen Sie Ihr Herz für Ihre Umgebung. Blicken Sie hinaus in die Natur, auf die Bäume vor der Tür, die Ihnen Kraft und Zuversicht vermitteln, die fest in der Realität wurzeln und doch ihr stilles, eigenständiges Leben führen können. Nehmen Sie die Sonnenstrahlen wahr oder den reinigenden Regen. Freuen Sie sich über Ihre Umwelt.

Jetzt, in diesen Augenblicken sind Sie wirklich existent. Sie spüren, daß Leben mehr ist, als sich hinter Büchern oder Maschinen zu vergraben, und Sie empfinden bei täglicher Wiederholung mehr und mehr, wie Ihnen Riesenkräfte zuwachsen. Sie sehen den Alltag nicht mehr grau in grau, sondern Sie erleben die ganze Regenbogenpalette an Vielfalt und Schönheit im Dasein.

Seitdem ich jeden Morgen mit dem freudigen Gruß an den neuen Tag beginne, um innere Führung bitte und der Allmacht in mir mein volles Vertrauen ausspreche, stelle ich zufrieden fest, wie es immer meine eigenen Gemütsbewegungen sind, die mir ein Gesprächspartner reflektiert. Ein freundlicher Gruß, ein netter Blick am Morgen sichert mir das Fluidum des Sympathischen für den ganzen Tag.

## Jeder ist so reich, wie er es sich vorstellt

Wer läßt sich in so freudiger, aufgeschlossener Lebensstimmung schon von Minderwertigkeitsgefühlen befallen? Es ist tatsächlich nichts als ein Befall von negativen Gedanken, die sich wie Bakterien in den Körper schleichen und Unheil stiften. Eine der stärksten Gedankeninfektionen ist die Vorstellung des Unvermögens und der unausweichlichen Armut.

In der Natur zeigen sich überall nur die unerschöpflichen Lebensenergien. Gott gibt Fülle und Reichtum. Sind es nicht nur egoistische Gesellschaftszwänge, Menschen in Armut und Minderwertigkeit zu zwingen? Sich der Armut ergeben, bedeutet, sein Lebenslicht freiwillig ersticken zu lassen. Es gibt keine unverschuldete Armut. Wer sich arm dünkt und darin seine Bestimmung sieht, erliegt seiner eigenen Einbildung. Ein bestimmter Menschentyp trägt den Gefühlskomplex der Armut in sich. Keiner der Clochards in Paris *müßte* jedoch unter den Seinebrücken schlafen. Keiner der Wermutbrüder in München *müßte* auf der untersten Stufe zivilisatorischen Lebens vegetieren und auf Parkbänken schlafen. Sie haben sich selbst aufgegeben. Das ist der echte Sündenfall, das Vertrauen zur unendlichen Weisheit im eigenen Selbst verloren zu haben.

Dabei ist es so einfach, die Naivität zu überwinden und dummen, drückenden Vorstellungen nicht für immer verhaftet zu sein.

Du bist, was du denkst. Es ist ein wunderbares Erlebnis, einem Menschen den Weg zu seiner inneren Harmonie öffnen zu können und ihn seine einengenden Vorstellungen sprengen zu lassen. Allein deswegen bin ich unendlich dankbar, die Hilfe der Hypnose zu kennen.

Sie können sich aber auch selbst befreien vom Joch Ihrer Gedanken, wenn Sie Ihr Herz zur Umwelt öffnen, wenn Sie Ihre tiefer verborgenen Lebensenergien zum Fließen bringen. Dann gibt es keine Beschränkung. Alles steht Ihnen offen, alles können Sie erreichen. Sagen Sie sich regelmäßig: »In mir ist vollkommene Harmonie. Ich vertraue der unendlichen Weisheit meines Unterbewußtseins. Alle meine guten Wünsche werden sich erfüllen. Mein Herz ist weit geöffnet. Liebe, Güte und Erfüllung sind in mir. Ich fühle, alle meine guten Kräfte haben mein Schicksal in die Hand genommen. Dankbar ruhe ich in meinem göttlichen Kern, aus dem sich mein Leben in Schönheit und Vollkommenheit entwickelt.«

Wenn Sie diese Worte in sich lebendig werden lassen, erfahren Sie, *Schöpfer* und *Geschöpf* zugleich zu sein. Sie tauchen in spirituellen Reichtum und werden erstaunt bemerken, daß sich das Materielle zwanglos anschließt. An nichts wird es Ihnen mehr fehlen. Die Überwindung Ihrer intellektuellen Fesseln macht Sie zu einem freien geistigen Wesen.

## Frei sein von aller Schuld

In unserer Gesellschaft ist der Intellekt so dominant, daß sogar Gott zu einem negativen Wert wurde. Die größte Last der Menschheit, die Schuldgefühle, holt sich der Normalbürger in der christlichen Kirche. Sie redet ihm ein, ein Schuldiger, Gestrauchelter, Gefallener, Verdammungswürdiger zu sein.

Ich glaube, Gott ist die reine Liebe, das Verzeihen und Gewähren. Gott zürnt nicht. Die Prediger des Christentums stürzen als selbsternannte Stellvertreter Gottes die von ihnen abhängige Menschheit bedenkenlos in Schuldgefühle und Frustrationen (z. B. Otto van Corvin).

Wie soll ein unschuldiges, neugeborenes Kind sündig sein, wenn es gerade von seinem Schöpfer den Odem höchster geistiger Kraft mit in die von ihm geschaffene Welt bekommen hat? Der berühmteste Heiler Nordamerikas im vorigen Jahrhundert, Dr. Phineas Parkhurst Quimby, stellte fest, daß sechzig Prozent seiner Patienten voller Schuldgefühle waren, die sie sich in der Kirche holten. Die indischen Brahmanen brachten es fertig, aus Machtanspruch für ihre Kaste ein Riesenvolk in Elend und Abhängigkeit zu drücken. Es ist beschämend, das Märchen von der Bestimmung des Menschen zu Leid und Trübsal gerade von den Hütern des Glaubens verbreitet zu sehen.

Die göttliche Gegenwart bestraft niemals, und sie verdammt niemals. Wir sind es selbst, die uns – durch unsere negativen Gedanken – bestrafen. Der Sohn Gottes ist unser eigener Geist. Sie haben richtig gelesen: Der Sohn Gottes ist unser eigener Geist. Leben ist heilige Kraft. Göttliche Weisheit bedeutet unendliche Fülle für alles und jeden. Die Priesterschaft hat daraus ein klägliches Rinnsal an Leben in Angst und Schuld werden lassen.

Begeben Sie sich zusammen mit mir einmal auf eine besondere Reise in Ihr Innenleben. Streifen Sie alle Vorstellungen von weltlichen Schuldgefühlen ab, die Ihnen beim Lesen dieser Zeilen gekommen sein mögen. Lassen Sie alle Gedanken an Vergangenes vollständig von sich abfallen, auch an alles Wissen, das sich kritisch und beurteilend bei jeder Wahrnehmung einschleicht. Denken Sie in diesem Moment des Rückzugs auf Ihre wahre augenblickliche Lebensebene auch nicht an Zukünftiges! Was bleibt Ihnen?

Sie spüren Ihren Körper. Sie empfangen über Ihre Sinne Reize Ihrer Umwelt. Sie empfinden köstlich ungestört, dazusein, zu atmen und zu leben. Sie ruhen im göttlichen und ewigen Jetzt. Das ist der Augenblick echter, wahrer Existenz. Spielen in ihm Bezüge zur Vergangenheit nicht die geringste Rolle? Beobachten Sie sich genau: Kommt der kleinste Gedanke in Ihnen auf, warum Sie das oder jenes getan haben oder dieses und das tun müßten, dann ist diese Harmonie in Ihnen gestört.

Übernehmen Sie deshalb ab sofort wieder Ihre geistige Autorität, und entscheiden Sie, welche unnützen, schädigenden Gedanken in Ihnen keinen Platz mehr haben. Wenden Sie die gleiche Autorität gegenüber Gedanken und Vorstellungen an, die von außen an Sie herangetragen werden. Hier dürfen Sie einmal wahrhaft rücksichtslos sein. *Ihr* Leben liegt Ihnen am nächsten. *Sie* sind der Herr Ihrer Zeit.

## Schicksal als Aufgabe: Harmonie im realen Leben

Sie können die Zeit Ihres Lebens mit Ihrer ungezähmten Gedankenflut vergeuden, oder Sie können sich mit positiven Gedanken wahrem Erleben zuwenden.

Viele von uns verkaufen ihre Seele. Sie arbeiten nur, um Geld zu verdienen. Arbeit ist der Anfang aller Häßlichkeit, erklärte einmal Dr. Murphy. Er meinte damit auch unseren Fehler in der hochindustrialisierten Gesellschaft, uns mit unserer Arbeit zu identifizieren. Viele leben für die Arbeit, nicht mehr für sich selbst.

Arbeiten Sie nicht, um Geld zu verdienen, sondern verwenden Sie etwas aus Ihrem Wesen, was Ihnen am meisten Spaß macht, um sich damit Aufgaben zu widmen, die Ihren Lebensunterhalt bestreiten. Arbeit allein hat den schlechtesten Wirkungsgrad, um Geld zu verdienen. Gehen Sie ihr als Selbstzweck nach, verlieren Sie mehr oder weniger schnell die Lust daran; Flucht in die Krankheit folgt. Ihre Seele zeigt Ihnen, was sie von diesem Verkauf Ihrer Lebenszeit hält.

»Deine Seele ist dir näher als der Schal auf deiner Haut«, heißt ein islamischer Spruch. Nehmen Sie den Kontakt zu ihr für wichtiger als den zur Sinneswelt. Nur dann erkennen Sie die Ursachen allen Leids und aller Probleme. Das Positive Denken ist also auch ein Weg nach innen. Wer es praktiziert, formt letzten Endes sein Unterbewußtsein im geistigen Sinn. Ganz folgerichtig wird er dadurch wieder religiös. Religion ist die Rückbindung zur geistigen Lebenskraft.

Seit ich begann, meine transzendentalen Bereiche auszuloten und den Ursehnsüchten meines Wesens gerecht zu werden, bin ich religiöser geworden als viele, die regelmäßig in die Kirche gehen. Auch Sie werden erkennen: Den einzigen Gott, den es gibt, finden Sie nur in sich selbst. Was wir auf der Suche nach paranormaler Hilfe am Rande unseres Verstandes geschehen lassen – Wahrsagen, Hellsehen, Pendeln, die Beschäftigung mit Alchimie und Astrologie –, sind nur äußere Krücken.

Gehen Sie Ihr Schicksal freudig und geöffnet an. Es ist für Sie bestimmt, ganz allein für Sie! Wovor Sie sich heute drücken, das kommt morgen erneut auf Sie zu – bis Sie Ihre Aufgabe gelernt haben. Machen Sie es sich zur Gewohnheit: Fragen und Aufgaben, die vor Ihnen stehen, werden sofort gelöst. Lassen Sie jeden sofort wissen, was Sie von seiner Einladung, der zugewiesenen Arbeit, seinem Angebot, seiner Überlegung oder seinem Wunsch halten. Alle hinhaltenden Taktiken lassen Sie fallen. Entweder die Angelegenheit ist wichtig für Ihr eigenständiges Leben, dann treten Sie der Sache näher, oder Sie haben etwas dagegen, Sie sind desinteressiert, dann sagen Sie es auch klar heraus. Wer sich immer alle Türen offenhält, lebt nicht sich selbst; er ist von den Vorstellungen und Zielsetzungen anderer besetzt.

Wenn Sie selbst an andere Menschen herantreten, um irgend etwas zu erreichen, hören Sie auf den Tonfall der Antworten. »Ich weiß noch nicht,… vielleicht,… das könnte man eventuell ins Auge fassen«, das sind alles Ausflüchte für den Satz: »Ich will nicht!« Verschwenden Sie nicht Ihre Kraft, die Gefühlsmotivation eines Gesprächspartners auf den Kopf zu stellen. Ihr Wille ist der Gefühlsstärke des anderen immer unterlegen. Gehen Sie an die Ursache eines Problems. Sie liegt in Ihnen selbst. Lauschen Sie Ihrer inneren Stimme. Vor ihr zerschmelzen alle Probleme. Sie verschafft Ihnen Klarheit und Wahrheit.

»Ich höre oft die warnende Stimme in mir«, erzählte mir eine Patientin, »nur, ich *folge* meistens erst, wenn es zu spät ist!«

Wir alle haben diesen Fehler wohl schon selbst begangen. Das soll jetzt vorbei sein. Unser Ego hat nicht das Recht, unser besseres Wissen zu unterdrücken und uns vielfach ins Unglück zu stürzen. Wir öffnen uns unseren unterbewußten Empfindungen.

Der erste Schritt, sich vertrauensvoll der Weisheit des Unbewußten zu unterstellen, ist, sich selbst zu lieben, wie ich später bei dem Absatz über die Angst ausführlicher erklären werde. Was wir normalerweise unter »Liebe« verstehen, ist meistens nur ein egoistisches Wollen, ein Haben-Wollen, Besitzen-Wollen. Worin das in unserer Gesellschaft gipfelt, drückte einmal der Engländer Donald Clayton mit sarkastischem Humor aus: »Nichts bringt zwei Menschen einander so nahe wie der häufige Austausch von Banknoten.«

Kernige Charaktere empfinden den ständigen Gebrauch der Begriffe Harmonie und Liebe vielleicht als übertrieben. Sie sollen sich durchaus nicht mit einem falschen Heiligenschein umgeben. Positiv zu denken bedeutet nämlich auch positives Hinwenden zur Realität. Wir sind körperliche Wesen, die auch in der materiellen Welt handeln. Auf nichts sollten Sie verzichten, nur auf negative

Gedanken, die schließlich *Ihr* Schaden sind.

Es gibt nichts, was Sie nun noch erschüttern könnte. Lebenssturm, Autounfall, Hausverlust, nichts kann Sie umwerfen, wenn Sie den ewigen Lebensquell in sich spüren. In Gott ruhen heißt, der Lebensfluß reißt nie ab. Geht Ihnen etwas an äußeren Dingen verloren, eröffnet sich sofort Neues. Schauen Sie nie auf Ihre Firma, Ihren Chef oder Ihre Versicherungspolice als Sicherung Ihres Lebens. Schauen Sie immer nur auf die echte Quelle Ihrer Bedürfnisse, Ihres Einkommens und Auskommens: auf Ihren geistigen Kern. Ein harmonisch seinem höheren Selbst verbundener Mensch wird niemals geschaffenen Dingen Macht verleihen. Er gibt niemals Sonne, Sternen oder Mond die Macht über sich. Er gibt sie ausschließlich Gott. Ihr Geist ist Ihr engster Freund.

Spreche ich Ihnen im Augenblick zu religiös? Dann werden Sie jetzt hellwach, wenn ich Sie darauf hinweise, sich nicht selbst zu verleugnen. Nichts gibt es in unserem Kosmos außerhalb der göttlichen Allmacht. Will Ihr Ego selbstherrlich sein? Jede Wissenschaft ist nur ein Teilchen dieser Allmacht, für sich allein ein unvollkommenes Teilchen.

Einstein sagte, Glaube ohne Wissenschaft ist lahm. Wissenschaft ohne Religion ist blind. Heften Sie sich deshalb nicht an Detailwissen. Denken und fühlen Sie aus Ihrer Mitte, in der alles Wissen in der unendlichen Weisheit Ihres Seins vereint ist. Aus ihr schöpfen Sie das Echte, Wahre, Befreiende, das Sie zu vollkommenerem Leben reifen läßt. Bedenken Sie in jedem Augenblick: Sie *sind* den ganzen Tag, was Sie denken.

Wer sich der höheren Weisheit in sich überläßt, gewinnt bald Überblick über die primitiven Methoden der Fanatiker und Machtbesessenen, die Sie gerne in ihr geistiges Schlepptau nehmen möchten. Es gibt für Sie nur eine Wahrheit in dieser Welt, und das ist Ihr persönliches Schicksal, zu dessen erfolgreicher Bewältigung die Allmacht alle Kraft in Sie selbst hineingelegt hat.

Der Begriff »Erfolg« hat in unserer Gesellschaftsordnung ein etwas einseitiges Gewicht zum Materiellen bekommen. Ein Erfolgsmensch ist das Symbol finanzieller Stärke. Erziehung, Ausbildung, Beruf sind voll auf dieses einseitig zu erringende Prädikat ausgerichtet.

Erfolg ist jedoch keine Ordensverleihung unter Privilegierten; er steht jedem zu. Unser Menschwerden ist darauf angelegt, sich durchzusetzen und in der gesamten Lebensführung Erfolg zu haben. Er manifestiert sich in einer harmonischen Partnerschaft, in der Ehe, wie auch im Beruf. Auf unendlich vielen Ebenen drückt sich die prosperierende Entwicklung eines Menschen aus, schließlich und endlich auch auf dem Bankkonto. Geld ist eine gute Hilfe, wenn es im Fluß von einem zum anderen gehalten wird. Es ist nur *ein* Hilfsmittel zur Lebenserleichterung. Positiver Reichtum entsteht aus Erfüllung, und diese kann jeder aus innerer Kraft erreichen.

## Positive Wandlung in drei Schritten

Die Geldgierigen, die ewigen Spekulanten auf materiellen Gewinn, die unsere Umwelt im Namen eines fadenscheinigen Fortschritts vernichten und uns in eine grenzenlose Inflation treiben, entbehren eine Grunderfahrung im Leben, Gier und Neid lassen sie an unserer größten geistigen Kraftquelle vorbeiziehen: Die unendliche kosmische Kraft in uns, die dem Geöffneten alles und mehr als er braucht in unermeßlicher Fülle erschließt, ist ihnen unzugänglich.

Wer sich benachteiligt glaubt von Fortunas Füllhorn, der gehe in sich. Seine eigenen negativen Gedanken, seine Zweifel sind das einzige Hemmnis, das ihn in Beschränkung und Bedrückung hält. Umgepolt in positive Energie bringt er sich eindeutig als Sieger ins Ziel seiner Wünsche und Träume. Was Sie auch immer erreichen möchten, es gibt kein Hindernis, ein faires, gutes Ziel mit positiver Programmierung zu erreichen.

Gehen Sie Ihre positive Wandlung oder Ihre Wünsche in drei Schritten an:

1. Denken Sie nie mehr einen negativen Gedanken zu Ende. Wandeln Sie Ihre bisherige Denkweise positiv mit der Suggestionsausrichtung um: »Liebe und Harmonie sind in meinem Herzen. Gott denkt, spricht und handelt durch mich. Ich vertraue der unerschöpflichen Quelle meiner Lebenskraft, die mein Leben bestimmt und alles zu meinem Besten regelt. Sie stärkt meine geistigen Fähigkeiten und läßt mich jeden Augenblick das Richtige und Gute tun.

Aus dem Frieden in der Mitte meines Wesens verströme ich Liebe zu allen Menschen meiner Umgebung. Ich spüre, je mehr ich meine positiven Kräfte ausstrahle, um so stärker fließen sie zu mir zurück. Alles, was ich ersehne, fließt mir zu. Die Harmonie meines Wesens erfüllt mein Leben. – Alles geschieht von selbst.«

2. Wer Liebe und Harmonie in sich wachsen läßt, verschwendet keine Energie mehr an unnütze Gefühlsausbrüche. Streichen Sie Zorn, Ärger, Neid und Eifersucht aus dem Gefühlsregister. Keines der vier Gefühle bringt Ihnen den geringsten Vorteil im Leben. Zorn und Ärger entstehen aus fehlendem Eingeständnis, selbst eine schlechte Situation verursacht zu haben oder unsere Vorstellungen nicht erfüllt zu bekommen. Neid stärkt nur das Vermögen eines anderen, denn wir erniedrigen uns damit selbst. Eifersucht schließlich ist das Eingeständnis fehlenden Selbstvertrauens und unsicherer Gefühle zu einem Partner. Alle zusammen sind reine Negativenergie, die in unserem Körperhaushalt die ärgsten Störungen verursachen kann.

Lassen Sie sie für immer fallen. Verscheuchen Sie den geringsten Anflug eines dieser Gefühle. Ihr innerer Friede und Ihre vollkommene Harmonie sind Ihnen von jetzt an in alle Zukunft heilig.

3. Lernen Sie, mit Ihrem Unterbewußtsein in Bildern zu sprechen. Nachdem Sie sich über ein zukünftiges Vorhaben völlig klargeworden sind und Ihre innere Stimme Ihnen bestätigt, auf dem rechten Weg zu sein, setzen Sie Ihren Plan in ein fertiges, vollendetes Bild um, d. h., sehen Sie sich in diesem Bild am Ziel Ihres Plans. Wer ein Haus bauen will, stelle sich das fertige Haus vor. Wer eine körperliche Schwäche hat, sehe sich gesund und leistungsfähig. Wer einen beruflichen Sprung nach vorne vorhat, sehe sich bereits in der Position, die er ausfüllen will.

Leben Sie von diesem Augenblick an ausschließlich in dem Bewußtsein, Ihren Plan schon erfüllt zu sehen. Tauchen Sie jeden Tag mindestens einmal bei geschlossenen Augen in die Meditation Ihrer Vorstellung, die vollendete Situation plastisch, farbig vor sich zu sehen. Es gibt nichts, was dieser aufbauenden, suggestiven Kraft Widerstand leisten könnte. Ihr Unterbewußtsein wird seine unerschöpflichen Kraftreserven voll zur Verwirklichung Ihres Vorhabens einsetzen. Sie erleben, was Sie denken.

## Systematischer Kontakt mit Ihrem Unterbewußtsein

Bauen Sie nicht auf Menschen, die immer voller hochfliegender Pläne sind. Sie werden mit ihnen immer nur im Wolkenkuckucksheim wohnen. Der Erfolgreiche braucht keine anpreisenden Worte. Er ruht in sich, alles andere richtet seine unerschöpfliche, unbewußte Kraftquelle für ihn. Dafür kann er Resultate nachweisen, körperlich, beruflich, seelisch, denn die positiven Energien aus seinem Unbewußten wirken ständig auf seine Umwelt.

Das Geheimnis des Erfolglosen besteht darin, daß er nicht weiß, was er will. Ein Mensch, der nicht weiß, was er will, ist gleichzeitig einer, der nicht weiß, wer er ist, der sich selbst in seinem Leben noch nicht gefunden hat und der sich noch nicht einmal die Mühe gemacht hat, sein Selbst zu suchen. Er steht sich selbst im Weg, allein durch sein negatives, destruktives Denken. Der Gedanke: »Mir ist so etwas nicht beschieden« zeigt, daß er sich seiner unendlichen seelischen Kraft noch nie bewußt geworden ist. Er ist sich seiner selbst nicht bewußt. Wir müssen uns der Tragweite und der tiefen Sinnhaftigkeit jedes einzelnen dieser Worte erst wieder mit aktiver Aufmerksamkeit zuwenden, um richtig zu erfassen, was es bedeutet, daß jemandem das Selbstbewußtsein fehlt. Er ist sich seines Selbst zuwenig bewußt!

Persönlichkeitsbildung erfolgt nach sehr einfachen, geistigen Gesetzen. Sie entsteht durch die Verwirklichung unserer Vorstellungen, wie wir uns zur Umwelt stellen, wie wir unsere mitbekommenen Anlagen erkennen, nutzen oder übergehen, vielleicht durch eigene Willensschwäche sogar von anderen verdrängen lassen. Das Maß, in dem wir Sinn und Stellung unseres Wesens in diesem Leben erkennen, entscheidet über den Grad unserer Selbstverwirklichung, über unsere Persönlichkeit.

Fragen Sie Erfolgreiche, die es in ihrem Leben nach Ihrer Vorstellung besonders weit gebracht haben. Nutzen Sie dazu eine ruhige Minute unter vier Augen, unbeobachtet und ungestört von dritten Personen, die das Urteil des Befragten aus irgendwelchen taktischen Gründen verfälschen könnten. Sie werden im Prinzip immer die ähnliche Antwort erhalten: »Mein Erfolg? Ich habe immer genau gewußt, was ich wollte! Ich hatte Vertrauen zu mir, mochten andere auch über mich lächeln oder mich sogar für verrückt halten. Es war ganz einfach, ich bin nur meiner geistigen

Zielvorstellung gefolgt – und die hatte ich von Anfang an ganz plastisch vor mir!«

Nehmen Sie einem Millionär seine Millionen weg. Es wird ihn nicht treffen. Sein Geist ist auf Wohlstand, Harmonie und Gesundheit programmiert. Mit keiner Mark in der Tasche hätte er in wenigen Jahren wieder Millionen. Wer sich innerlich reich fühlt, wird reich werden – auch ohne Elternvermögen.

Beobachten Sie Ihre Kollegen, Nachbarn oder einfach zwei Straßenarbeiter. Der eine schummelt sich durch lang gedehnte Pausen und trickreiche Bewegungsersparnis zum Ende seiner täglichen Arbeitsstunden. Beim Bier an der Theke verbringt er dann seine Freizeit. Der andere interessiert sich für seine Aufgabe. Er vollendet präzise und schnell seine Arbeit und hat Freude daran. Kein Wunder, daß er bald als Vorarbeiter der Gruppe vorsteht, weil sein strebsamer Einsatz, sein forsches Angehen jeder angenommenen Aufgabe längst seinen Vorgesetzten auffiel.

Immer werden Sie erkennen, wie der Aktive, der jeden Handgriff bewußt, zielstrebig ausführt, besser dasteht im Leben. Nichts schadet der Persönlichkeit eines Menschen mehr als Lethargie, Verschwommenheit der Gedanken oder nur einfach Neid und Mißgunst auf den Besseren. Negative Einstellung zur Arbeit, wie beispielsweise das ständige Gerangel in unserer Wirtschaft um höhere Löhne, macht die Menschen zu Zerstörern ihrer Mitarbeiterschaft. Inflation ist die Folge sinkender menschlicher Qualität.


## Wünsche werden Wirklichkeit

Achten Sie deshalb besonders auf Schritt 3, den ich zur Umpolung Ihres Unterbewußtseins notierte (Seite 190). Schaffen Sie sich klare, exakte Bilder, die Sie Ihrem Unterbewußtsein vermitteln. Wer heute »Hüh« sagt und morgen »Hott«, der macht sich selbst zum Schaukelpferd und reitet auf der Stelle.

Bewegt Sie ein besonders großer Wunsch, dann malen Sie sich mit geschlossenen Augen in den kräftigsten Farben aus, wie die optimale Erfüllung Ihres Wunsches aussehen könnte. Schwelgen Sie geradezu mit Ihrer Phantasie, bis Sie das Höchstmaß Ihrer Vorstellungsmöglichkeiten erreicht haben.

An diesem Punkt angelangt, machen Sie einen kurzen Stop. Befragen Sie Ihr Gewissen, ob Sie mit der Durchsetzung Ihres Wunsches keinen anderen Menschen beeinträchtigen oder schädigen. Wird diese Frage rückhaltlos von Ihnen selbst bejaht, dann machen Sie das Bild der höchsten Vollendung Ihres Wunsches zur täglichen Meditation. Rufen Sie es sich während des Tages zwei- bis dreimal in kurzen entspannten Rückziehpausen ins Gedächtnis. Abends vor dem Einschlafen rufen Sie es sich besonders eindringlich und plastisch vor Ihr geistiges Auge. Prägen Sie Ihrem Unterbewußtsein zu diesem Bild die Wortsuggestion ein: »So ist es, so erlebe ich es. Die unendliche Weisheit meines Unterbewußtseins setzt seine mächtige Kraft dafür ein. Ich sehe mich am Ziel, alles geht in Erfüllung.«

Wenn die Wissenschaftler behaupten, wir wären uns nur fünf Prozent unserer Persönlichkeit bewußt, dann können Sie sich mit imaginativer und suggestiver Arbeit an sich selbst bald ein Prozent mehr bewußtmachen.

Zusätzliche Bewußtseinsinhalte, die auch hinter dem heute viel strapazierten Wort »Bewußtseinserweiterung« stehen, sind allerdings nicht mit unseren sinnlichen Werkzeugen Auge, Nase, Ohr oder Tastsinn nachzuweisen. Sie können sie nur durch Ihren gefestigten Kontakt zu Ihrem seelischen Bereich *erfahren*. Durch die Jahrhunderte haben die Geheimgesellschaften diese vom Verstand zugedeckten Wege zu unseren Tiefenmächten unter Verschluß gehalten. Heute gehört es fast schon zum Allgemeinwissen, etwa mit suggestiv wirkenden Worten, den Mantras der Yogis, wie sie auch in der transzendentalen Meditation Anwendung finden, durch deren Lautschwingungen die Verbindung zum Unterbewußtsein zu aktivieren.

Nutzen Sie dieses uralte Wissen. Begeben Sie sich auf den Königsweg zu vollkommenerem Leben. Wer in seinem Alltag mit positiver Denkumschaltung beginnt, ahnt noch nicht, welche wunderbare und ungeheure Lebenserweiterung noch vor ihm liegen kann. Prüfen Sie die Vielfalt der Möglichkeiten. Was Sie in Ihren Gedanken verstärken, wird Ihnen geschehen. Wenn Sie Mißerfolge wirtschaftlicher Art einstecken müssen, unterliegen Sie niemals einem deprimierenden Gefühl. Der Verlust will Ihnen etwas sagen. Identifizieren Sie sich damit, und sagen Sie sich: »Es mußte so kommen. Ich war vorher nicht klar genug. Ich nehme den Verlust als Zeichen. Er wird sich wieder vollkommen ausgleichen. Ich setze nur auf meine eigene Kraft und meine innere Stimme. Alle Schlangenwege im Denken verwerfe ich. Ich bin klar und eindeutig. Mein Ziel liegt klar vor meinen Augen. Jetzt gelingt mir alles. Die unendliche Weisheit in mir lenkt und behütet mich.«

## Abschirmung vor fremder Beeinflussung

Lassen Sie sich nie von dummen Sprichwörtern, wie »Nomen est Omen«, oder Zweifeln irritieren. Selbst ein böser Traum von einem Flugzeug- oder Autounglück ist kein Grund zur Ängstlichkeit. Nichts ist vorherbestimmt, *wenn Sie es sich nicht so ausmalen!*

Gewiß gibt es Hellsehträume. Träumende mit diesen Fähigkeiten wissen dann aber sehr genau, ob sie sie als Warnung mit in ihr Tagesbewußtsein nehmen sollen. Wer glaubt, einem Fluch zu unterliegen, glaubt das allein. Niemand hat die Macht, ihn geistig zu verletzen. Nur er vergibt diese Macht, wenn er die Gedankenenergie der Wirksamkeit erzeugt. Der Fluch afrikanischer Medizinmänner wirkt nur, wenn der Verfluchte Mitteilung davon bekommt. Die Angst ist es dann, die ihn umbringt.

Fühlen Sie sich bedrängt von einer fremden Macht? Dann schütteln Sie sie ab wie ein Hund die Wassertropfen von seinem Fell. Werfen Sie die Gedanken daran aus sich heraus – und Sie sind und bleiben frei davon. Jemand solle sich »zum Teufel scheren«, ist ein Fluch, der den Äußernden selbst am meisten trifft. Er produziert Haßenergie, eine Kraft, die ihn nur selber schwächt.

Es ist ganz einfach, sich gegen negative Energie zu schützen. Überkommt Sie eine ängstliche Anwandlung, beten Sie. Stellen Sie sich in Gottes Hand. Wie viele Geschichten gibt es, in denen Ungläubige in höchster Not den Durchbruch zu ihrem göttlichen Kern erlebten. Lassen Sie es nicht erst soweit kommen. Folgen Sie Ihrer Einsicht, und tauchen Sie in Ihre Tiefe, an Ihren Lebensquell. Gottes Kraft umgibt Sie und schützt Sie. Im Gefühl dieser sicheren inneren Verbundenheit kann Ihnen keine äußere irdische Macht mehr etwas anhaben.

Vielleicht benutzen Sie dazu laut schreiend folgende Worte, als ständen Sie auf einer Bühne und müßten ein großes Publikum überzeugen: »Harmonie und Liebe durchströmen mich, durchströmen mein ganzes Sein. Ich spüre die Kraft in meiner Mitte, die mich stärkt und mein ganzes Leben bestimmt. Ich bin geborgen in dieser Quelle meiner Lebenskraft. Ich ruhe in der unerschöpflichen Stärke meiner höheren Intelligenz. Sie umgibt mich wie ein schützender Schirm. Ich bin stark und frei, und wer sucht, findet bei mir Liebe und Geborgenheit.«

Danach meditieren Sie über diese Worte. Wer sich in die Stille seines innersten Wesens fallen läßt – die Yoga- und Meditationsanhänger nennen es Versenkung –, erlebt die Rückantwort seiner unbewußten Energien. Das unbeschreibliche Glücksgefühl innerer, unzerstörbarer Geborgenheit macht jeden Meditierenden zum Fels in der Brandung negativer, äußerlichen Geschehens.

Ich habe mir zum Verständnis für den Intellekt die metaphysische Formel angeeignet, meditativ in mir die Intuition zu wecken, die die Schwelle zu meinem Tagesbewußtsein durchbricht, hinter der Vergangenheit, Gegenwart und Zukunft verschmelzen. Auch Sie können durch intensive Arbeit an sich selbst die intuitiven Mächte aus Ihrem Unterbewußtsein aufsteigen lassen. Wenn es Ihnen liegt, sich geistig zurückzuziehen, stellen Sie sich in der Meditation vor: »Ich bin eins mit allem!« Bis in die Kleinstädte gibt es heute überall die Möglichkeit, an Meditationsgruppen teilzunehmen. Versuchen Sie es, wenn Sie Sehnsucht nach geistiger Vertiefung in sich spüren.

Alles in uns und um uns ist in irgendeiner Form energetische Schwingung, sogar jedes Atom im Stein. Auch wir. Das Einswerden oder sich Einsfühlen mit allen kosmischen Energien ist das höchste Yogaziel. Es ist wohl unser allgemeines, evolutionäres Ziel, wieder diese Einheit mit der göttlichen Allmacht zu gewinnen, die Adam und Eva einst verloren haben.

Bleiben wir hier aber auf der praktischen Ebene in unserer Umwelt. Messen Sie sich nicht gleich am höchsten Ziel unseres Daseins, sondern beginnen Sie in Ihrer vordergründig wichtigen Realität. Das Positive Denken ist der Weg der Befreiung aus vieler, täglicher Mühsal. Je konsequenter Sie in sich wirken, um so größer werden Ihre Schritte heraus aus allen Problemen. Der Schlüssel zu Ihrem Lebensglück liegt in Ihrer Hand.

»Das Himmelreich ist *in* euch sagte Jesus; hier und jetzt. – Und Sie sind es, die es in sich entdecken können.

# KAPITEL 7

# Wir überwinden Weltfeind Nr. 1 – die Angst

*Der Mensch ist frei geschaffen,*
*ist frei,*
*Und würde er in Ketten geboren.*

*Friedrich Schiller*

## Die Angst hat tausend Gesichter

Zu den schwersten psychischen Belastungen der Menschheit gehört die Angst. Seit Adam und Eva aus dem Paradies – der Harmonie mit ihrer geistigen Führung – vertrieben wurden und in der materiellen Welt zurechtkommen mußten, wuchsen Furcht und Unsicherheit. Die Angst hat tausend Gesichter. Sie ist der Tribut, den die Menschen dafür bezahlen müssen, daß sie als einzige Lebewesen mit Intellekt diesem Teil ihres Bewußtseins totale Lebensrechte zugestehen. Viele Weltanschauungen basieren darauf, die ganze Gesellschaftsgruppen und Völker selbstherrlich in Zwangsvorstellungen getrieben haben – ein unerschöpflicher Geburtsherd von Ängsten.

Wir sollten diesen Tribut freiwillig an unseren Intellekt entrichten. Kein Mensch, der in sich ruht und durch positives Denken und Handeln den Kontakt zu seiner göttlichen Lebensquelle aufrechterhält, hat in diesem Leben das geringste zu befürchten. Er ist völlig in den Kreislauf des kosmischen Reigens eingebunden.

Das Paradoxe in unserer Welt ist, daß die Kirche, die uns am stärksten über unsere rein materielle Lebensebene erheben sollte, ihre intellektuelle Macht dazu benutzt, tiefgehende Ängste in die Gläubigen zu pressen. Ihren selbsterhobenen Anspruch, Mittler Gottes zu sein, untermauerte sie mit Drohungen vom zürnenden Gott, im Mittelalter mit Folter und heute mit Frustration.

Das erschütterndste Beispiel in meiner bisherigen Praxis bleibt für mich die Geschichte einer alten Dame, deren vom Glauben gesetzte Ängste sie ein halbes Jahrhundert daran gehindert haben, ein natürliches, freies, ausgeglichenes Leben zu führen.

Frau Katharina A. verliebte sich als Tochter eines Revierförsters in einen jungen »Sommerfrischler« – wie das nach dem Ersten Weltkrieg noch hieß – und fühlte sich einige Monate später schwanger. Ihre heile Welt brach unter dem Entsetzen zusammen, gesündigt zu haben. Heiraten konnte ihr Studiosus noch nicht, so suchten und fanden sie einen Arzt, der das Kind wegnahm. Noch vorher hatte Katharina der Jungfrau Maria geschworen, nie mehr in ihrem Leben einen Mann an sich heranzulassen, wenn sie dieses Kind loswürde. *Schwerste Krankheit* sollte sie treffen, wenn sie je diesen Schwur brechen würde.

Das geschah im nächsten Sommer, als der Student wieder auf Urlaub im Dorf war. Sie konnte seinem Drängen keine zwei Tage widerstehen. Kurze Zeit darauf begann Katharinas fünfundfünfzigjährige Leidenszeit. Starke Magen- und Darmbeschwerden stellten sich ein, ihre kritischen Tage wurden zur Qual. Ständig mußte sie nun zu schmerzstillenden Mitteln greifen. Kreislaufbeschwerden und Hitzewallungen kamen hinzu. Das unter Schock gegebene und dann gebrochene Versprechen an die Jungfrau Maria wurde für ihr Unterbewußtsein zur zwingenden Suggestion.

Wenn sie nun auch ihr Leben lang eingedenk ihres Schwures und aus Angst vor der Beichte jungfräulich lebte, die Strafe, die sie sich selbst auferlegt hatte, hatte ihr Wachbewußtsein verdrängt. Nie wäre Katharina A. darauf gekommen, Ihre Krankheiten damit in Zusammenhang zu bringen.

Welche Erlösung konnte ich ihr mit ihrer eigenen Tiefenerfahrung ihres göttlichen Kerns bringen? Gott verzeiht nicht einmal und nicht siebenmal, er verzeiht immer und ewig. Er *ist* die Kraft, die uns bewegt; wir *sind* die göttliche Energie, die uns das Leben in diesem Körper ermöglicht. Wir müssen uns schon selber darum kümmern, diese Energie gut und recht einzusetzen. Andernfalls erleiden wir das Schicksal der Katharina A., die sich aus Angst vor dem Gesellschaftsdenken, vor der kirchlichen Zuchtrute, um die schönsten Jahre ihres Lebens betrog. Ein Opfer des machtpolitischen Denkens des Klerus.

Diese machthungrige Glaubenslenkung war der Grund, warum ich vor vielen Jahren die Kirche verlassen habe. Auf der Suche nach mir selbst, nach meinem Wesenskern, bin ich Gott begegnet. Direkt und in mir, nicht auf der Kanzel oder in einer Kirche. Heute spüren sogar Priester bei mir eine Art Religiosität, die sie oftmals veranlaßt, in eigener Seelennot in meiner Praxis um Rat zu fragen.

»Die größte Lebensenergie ist Liebe«, sagte einmal Bhagwan Shree Rajneesh. Wie kann sich die Kirche zum Mittler der göttlichen Ordnung machen, wenn sie Angst verbreitet und mit Strafen droht? Die Allmacht ist eine positive, aufbauende Kraft. Sie straft nicht. Wir selbst bestrafen uns mit unseren negativen Vorstellungen von Lebenszwängen, durch unser Unverständnis gegenüber den geistigen Gesetzen.

Gott zu lieben bedeutet, eine gesunde Einstellung und einen vollkommenen Respekt zur Göttlichkeit zu haben, zu jener geistigen Kraft, die uns geschaffen hat. Was Sie über sich selbst denken, denken Sie über Gott. Stützen Sie Ihr Vertrauen nie auf Dogmen oder Institutionen, sondern auf die einzige richtige Lebensbasis, auf den allgegenwärtigen Geist in Ihnen.

Wenn Sie ein gesundes Verhältnis zu Ihrer inneren Göttlichkeit, zu der Ihres Lebenspartners, wie auch zu der in allen anderen Menschen haben, dann fühlen Sie Geborgenheit und Sicherheit. Es ist nur die Vertrauenslosigkeit des Intellekts in seine Vorstellung vom Leben, die uns unsere Ängste und Unsicherheiten beschert. Unser echtes Kraftzentrum sitzt viel tiefer.

## Liebe zu sich selbst

Liebe deinen Nächsten *wie* dich selbst! Wer ermißt in unserem glaubenslosen Alltag noch die überragende Bedeutung dieses kleinen Wörtchens »wie«? Wer sich nicht selbst liebt, kann auch keinen anderen lieben. Er entrückt sich seinem Zentrum. Er ist ver-rückt. Ist unsere Welt mit ihren wirren Lebenssituationen nicht der beste Beweis? Wir sind ver-rückt! 95 Prozent der Menschheit ist neurotisch, wie die Wissenschaftler festzustellen wagen.

Im Alltagsjargon nennen wir immer jene Leute »ver-rückt«, die nach unserem Empfinden völlig aus der Reihe tanzen. Wer sich extrem außerhalb der Gesellschaftsnorm verhält, gilt als verrückt. Die Gesellschaft wird sich in vielen Fällen gar nicht bewußt, daß sie durch ihr Verhalten manchen Menschen mit gestörtem geistigen Anpassungsvermögen erst wirklich in die Ent-rückung drängt. Schizophrenie z. B. ist nicht angeboren. Schizophrene Zustände sind in jedem Menschen latent. Sie können u. a. durch totale Vereinsamung oder – wie die Hebephrenie, die Jugendschizophrenie – durch bedrängende Familienverhältnisse akut werden.

Von der Schulmedizin wird die Schizophrenie im Grunde als Stoffwechselanomalie des Gehirns angesehen. Das entspricht der ausschließlich materiellen Auffassung der Wissenschaft, die »noch keine Seele gefunden hat« (Virchow).

»Das reine Faktum an sich ist uns nicht zugänglich, weil wir uns ihm nur perspektivisch nähern können«, schrieb einmal Immanuel Kant.

Mit dieser Haltung zu Seele und Glauben begnügt sich noch heute weitgehend eine Gesellschaft, die sich selbst auf dem Höhepunkt einer alten Kultur fühlt. Mit Sicherheit sind bei Schizophrenen Stoffwechselanomalien im Gehirn festzustellen – aber das sind Symptome dieser Krankheit, nicht die Ursache. Ich habe oft versucht, der Phantasie Schizophrener zu folgen. Ein Schizophrener – wir sagen, ein psychisch Geschädigter – hat es nicht leicht in unserer Gesellschafts-»Ordnung«.

Gibt er sich nicht zufrieden, wenn er vom Therapeuten eine »Sonnenbrille« für die Psyche, ein Dämpfungspräparat, verschrieben bekommen hat und behauptet, doch wohl an seelischen Ursachen zu leiden, dann schickt der Behandelnde, der keinen Zugang zu der verursachenden, geistigen Ebene des Patienten kennt, den »Fall« in die psychiatrische Klinik. Wenn Mediziner von einem »Fall« sprechen, drücken sie damit untergründig aus, etwas entpersönlicht zu haben. Das Wesen Mensch blieb auf der Strecke. In der Klinik werden Schübe (Anfallperioden) einfach mit Psychopharmaka zugedeckt; das Körperliche ist dem Psychiater das einzig Zugängliche. Was ist eine Geisteskrankheit, was ist eine Schizophrenie tatsächlich?

Wenn die moderne Psychiatrie nur eine Stoffwechselproblematik im Gehirn anerkennt, ist das nicht zu beweisen. Ausschlaggebend ist der echte Heilungsweg – und da scheidet die Psychiatrie sofort aus, weil ihr einziges Verdienst an den wenigen Prozent der Geheilten, die sie wieder entläßt, darin besteht, diese Menschen mit Medikamenten nicht völlig zerstört zu haben. – Ich will nicht ungesagt lassen, daß für eine seelenlose Gesellschaft, wie die westliche Zivilisation sie darstellt, die psychiatrische Verwaltung der Anormalen die einzige Alternative ist.

Ein Irrer braucht keinen Arzt, sondern einen Freund, sagt Bhagwan Shree Rajneesh. Er braucht niemanden, der ihn wie ein Objekt behandelt, sondern einen, der ihn liebt und umsorgt, denn sein Ent-rücken aus der Umwelt ist oft nur ein Versteckspiel. Sein Unterbewußtsein hat entdeckt, daß es sich so viel bequemer leben läßt. Irgendwann einmal fand er sich nicht mehr im Leben zurecht, zog sich zurück und sah, wie sich nun die anderen um ihn bemühten. Er hatte völlig unbewußt die Verantwortung für sein Leben abgegeben.

»Wenn du einem Verrückten sagen kannst, daß nicht nur er verrückt ist, sondern du auch, ist sofort eine Brücke geschlagen. Und dann ist er erreichbar...«, meinte Bhagwan einmal zu Sannyasins (seinen Schülern und Anhängern), die Geistesgestörten in England helfen wollten (Darshan-Tagebuch: »Sprengt den Fels der Unbewußtheit«).

Manchmal ist auch unser Intellekt nicht in der Lage, den geistigen Höhenflügen eines Schizophrenen zu folgen. Überall bestätigen Wissenschaftler den Eindruck, daß die gesteigerte Phantasie dieser Patienten mit den psychedelischen Erlebnissen bei Drogenexperimenten weitgehend übereinstimmen kann. Der Schizophrene wird demnach zum Meister der Imagination. Nur gelingt es ihm nicht, wieder vollständig Herr seiner ungezügelten Phantasie zu werden.

Die verschiedenen Bereiche der Psychologie müßten ihr Hauptaugenmerk mehr auf die Ursachen dieser Geistes-»Krankheit« richten, auf die verursachende Umwelt. Aber damit kehren wir wieder zum entscheidenden Punkt unseres eigenen Vorhabens zurück: Lebensverbesserung und Charaktervervollkommnung durch Positives Denken. Hier können wir von allein unsere Selbstverwirklichung meistern und Möglichkeiten zum krankhaften Ausscheren aus geistigen oder körperlichen Normalfunktionen von uns fernhalten.

# Außergewöhnliche Wege zu höherem Bewußtsein

In früheren Jahren habe ich mich auf der Suche nach äußeren Kraftverstärkern für die psychische Energie vielen Eigenexperimenten unterzogen. Einmal bewog ich den Torwächter der Cheopspyramide mit einem großzügigen Bakschisch, mich nach Abschluß der Touristenbesuche über Nacht in die Pyramide einzuschließen. Siebzehn Stunden verbrachte ich zusammen mit der bekannten Heilpraktikerin und Geistheilerin Stefanie Merges vom Tegernsee in der totalen Stille und Dunkelheit der Königskammer in und neben dem Sarkophag. Der englische Yogi und Schriftsteller Paul Brunton erlebte hier eine Bewußtseinsspaltung, über die er ausführlich in seinem Buch »Geheimnisvolles Ägypten« berichtete.

Wir erfuhren die unfaßlichen Form-Kräfte der Pyramide, deren kleine Nachahmungen heute überall zur energetischen Körperaufladung benutzt werden, in ihrer urtümlichen Gewalt. Doch jeder seltsamerweise auf seine eigene Art. Eine Stunde nach dem Verlöschen der Lampen verlor sich für mich die Dunkelheit, und ich glaubte, alles im sanften Schein einer unergründlichen Lichtquelle zu sehen. Ich fühlte mich durchstrahlt, wie angeschlossen an einen großen Generator. Je länger ich – nun mit geschlossenen Augen – im Meditationssitz verharrte, um so heller wurde es auch in mir. Meinen ganzen Körper, meinen Kopf empfand ich hell durchstrahlt und vibrierend.

Ich konnte mir sehr gut vorstellen, daß Personen mit negativer Gedankenenergie dieser geballten Kraft nicht standhalten könnten und in dieser Totenstille und – real gesehen – rabenschwarzen Nacht ihre Ängste und Unsicherheiten hochkeimen fühlen und ins Unermeßliche steigern würden. Derartige extreme Umstände können in den Wahnsinn führen.

Die sensitive Stefanie Merges beschreibt es ähnlich: »Mich überraschte, daß es für mich hell blieb in den Gängen, obwohl ich intellektuell doch genau wußte, daß das Licht längst ausgeschaltet worden war. Nach fünfzehn Minuten spürte ich ein lautes Singen in meinem Kopf. Erhard Freitag hörte es auch. Ob es von außen, von der Sphinx her kam? Unmöglich! Waren es Winde in den Luftschächten? Wir konnten nicht dahinterkommen. Wie Frauensingen hörte es sich an. Wir befanden uns genau in der Mitte der

Grabkammer. Sofort bekomme ich wieder diesen seltsamen Geschmack auf der Zunge, wenn ich von dieser Nacht nur erzähle. Wir fühlten uns in Hochspannung, wie bei Föhn in Bayern. Es war wunderbar zu meditieren.

Zwanzig Minuten vor Mitternacht begann ein tiefes Summen, wie ein brummender Männerchor. Es muß unser Kopf gewesen sein, der so vibrierte, denn zwei Tage lang nahm der Kopfdruck unablässig zu. Noch nie und nirgendwo sonst habe ich in meinem Leben eine so außergewöhnlich gespannte Atmosphäre erlebt!«

Als wir nach siebzehn Stunden des Eingeschlossenseins ganz benommen wieder in die heiße Sonne torkelten, dankten auch wir dem Sonnengott Ra der alten Ägypter, in dessen Reich wir uns begeben hatten, für die unwahrscheinliche Stärkung und Klarheit, die wir erfahren hatten. In den nächsten zwei Tagen konnten wir nachts kein Auge schließen.

Auf andere Art und Weise versetzte sich der amerikanische Forscher John C. Lilly unter bewußten psychischen Druck. Er ließ sich tagelang in einen großen, mit besonders gut tragendem Salzwasser gefüllten Tank bei körperwarmem Wasser einsperren und schwamm reglos in der absoluten Stille und Dunkelheit auf der Wasseroberfläche. Heute stehen derartige Tanks zu psychischen Übungen an vielen Orten, auch in München. Durch das Überschreiten der Belastungsgrenze des Bewußtseins wird in ihnen versucht, in neue, höhere Ebenen vorzustoßen, über die bisher nur von Mystikern und Yogis berichtet wird.

Ängste und verdrängte Komplexe können in solchen Extremsituationen zum absoluten Zusammenbruch führen. Es gibt viele Wege, sie in der Verdrängung im Unbewußten aufzufinden. Mich faszinierten immer am meisten die östlichen Schritte über Yoga und Meditation. Dabei empfing ich starke Impulse von dem Weisheitslehrer Bhagwan Shree Rajneesh. In meinen Augen ist er einer der tiefgründigsten Psychotherapeuten unserer Zeit. Die meisten Europäer, die nie etwas von ihm gelesen haben, ahnen gar nicht, daß er ihnen eine Essenz der östlichen *und* westlichen Weisheit vermitteln kann. Bhagwan weist in ungewohnter Klarheit denen, die sich tatsächlich aus ihrem verkrusteten Zivilisationsgefüge und ihren verstaubten Denksystemen lösen möchten, evolutionäre Wege. Verschiedene Elemente seiner dynamischen Meditation betrachte ich beispielsweise auch für meine Arbeit als leicht zugängliche Möglichkeit zur Psychokatharsis, um sich von manchen Engrammen und Gemütsprägungen, besonders von Aggressionen, zu befreien.

## Ich spüre Gott in meiner Mitte

Ständig kommen in meine Praxis auch Anhänger verschiedener geistiger Wege und betrachten mich als Zwischenstation auf ihrer Suche nach effektiven, rationalen Techniken zu besserem, schnellerem Weiterkommen. Ihr Motiv ist fast immer das gleiche. Sie suchen Befreiung von den Ängsten und Frustrationen dieser Welt. Das schnelle Streben nach einem vollkommeneren Daseinszustand ist ihnen dabei das stärkste Hindernis zur Erreichung ihres Ziels. Der einfachste und wirksamste Beginn bleibt für jeden der gleiche: jeden negativen Gedanken meiden.

Fangen Sie beim Aufstehen an. Welcher Gedanke Ihnen auch morgens kommen mag, sagen Sie sich: »Ich fühle Gott in meiner Mitte!« Was Ihnen auch geschehen mag, lassen Sie sich nicht aus Ihrer Mitte reißen. Es gibt keine stärkere Kraft, die Sie am Leben erhält, die Sie alles Äußerliche überwinden läßt und die Ihnen Sicherheit und Geborgenheit in alle Ewigkeit geben kann.

Die Angst, in die wir uns verrennen, kann nur deshalb soviel Macht über uns gewinnen, weil wir sie ihr erteilen. Dann strahlt sie sogar noch über uns hinaus und zieht geradezu magisch jene Situationen an, die wir befürchten. Wer tief in seiner Angst steckt, empfindet diese Behauptung manchmal als Hohn. Einmal kam eine Frau zu mir, die seit Jahren in ständiger Angst vor ihren Urängsten lebte. Erregt fuhr sie mich an: »Wie können Sie es wagen, Menschen in tiefen seelischen Nöten mit so simplen, nutzlosen Hinweisen abzuspeisen. Die Angst ist doch in mir! Wollen Sie behaupten, ich hätte sie mir eingebildet?« Ich antwortete ihr mit einer Gegenfrage: »Wollen Sie behaupten, daß Sie dem Leben mit tiefem Selbstvertrauen zu der unendlichen Weisheit Ihres tiefsten Wesens entgegentreten und Kraft und Sicherheit daraus ziehen?«

Von den kleinsten Ängsten im Alltag bis zu den stärksten Existenzängsten ist in jedem Fall der fehlende Kontakt zum eigenen Selbst die Ursache. Angstvorstellungen, negative Gedanken sind die Folgen davon, den Halt in sich verloren zu haben. Positives

Denken ist schließlich nichts anderes als ein Aufkeimenlassen des Urvertrauens zum Leben, das in jedem Menschen steckt. Es ist ein Erkennen, von einer Macht geschaffen zu sein, die nicht abstrakt oder ausgedacht ist, die nicht hinter dem Mond liegt, die nicht unfaßbar ist, sondern die in uns allen aktiv ist und wieder wirksam werden kann, wenn wir sie eine Weile vergessen haben sollten. Sie zu suchen, ist das Anklopfen, auf das mit Sicherheit aufgetan wird – und dann ist es kein Glaube mehr, daß Gott in unserer Mitte ist, es wird vielmehr Erfahrung, wird zum Wissen.

Wenn Sie sich dem Positiven Denken widmen, geschieht das nicht aus blindem Glauben, sondern aus dem bewußt werdenden Wissen um Gott in Ihnen. Wie können Sie mit diesem Wissen von der schöpferischen Kraft in Ihnen noch negativ denken? Wie können Sie Depressionen haben? Wie können Sie gleichzeitig Ängste haben, wenn Sie wissen, daß Gott in Ihnen wirkt, Sie führt und lenkt und daß das in Ihnen bewahrte göttliche Prinzip jederzeit bereit ist, Ihnen zu helfen? Angst und Furcht haben keinen Platz mehr in einem Menschen, der auf seine schöpferische Kraft vertraut. Andere können Ihnen nur den Weg dazu weisen. Gehen müssen Sie ihn selbst.

Mitleid ist dabei die schlechteste Form einer Zuwendung zu einem Leidenden. Es verstärkt nur seine Bindung an sein negativ erlebtes Dasein. Bhagwan Shree Rajneesh spricht vom notwendigen Zerschlagen des Egos, wenn es sich dem höheren Bewußtwerden widersetzt – und das ist nun einmal seine übliche Reaktion. Es klingt hart, ist aber die stärkste Hilfe für einen anderen, wenn seine Freunde ihm sein Lieblingsspielzeug an negativen Gedanken vernichten, es ihm wegnehmen, um ihn darauf zu bringen, was seine Leiden verursachte. Den Wünschen eines Egoisten zu entsprechen bedeutet, ihn in seinem Egoismus zu bestärken. Wem das Positive Denken als Lösung seiner Probleme erscheint, der hat bereits zwei große Schritte vorwärts mit einem Mal genommen.

Als eine große Hilfe für diejenigen, die sich so sehr im Spinnennetz ihrer eigenen Gedanken verfangen haben, daß sie allein nicht wieder herausfinden, hat sich der Murphy-Freundeskreis erwiesen, den ich 1979 in München gegründet habe. Mit jedem Monatstreffen steigt die Zahl der Teilnehmer, und in vielen anderen Städten werden bereits Anschlußkreise für die zuströmenden Interessenten geschaffen.

## Heraus mit der Angst – aus jeder Körperzelle

Die Psychologen haben schon lange erkannt, daß hinter jedem krankhaften Symptom eine Angst steckt. Die wichtigste Entstehungszeit für Ängste ist die Kindheit. Schon bis zu fünf Monaten vor der Geburt können Ängste das Ungeborene beeinflussen. Kommen noch Geburtsschwierigkeiten hinzu, dann tritt das bedauernswerte Geschöpf bereits mit einem viel höheren Potential an ängstlichen Spannungen ins Leben, als Kinder aus harmonischen Verhältnissen und nach einer normalen Geburt.

Von der frühesten Jugend bis zum Schulende sammeln wir dann weiter Traumen, Schockerlebnisse und Aversionen, die durch die Verdrängung ins Unbewußte manchem ein Leben lang Leiden bescheren. Es gehört bald schon zum Erbgut unserer Gesellschaft, daß die Erwachsenen der Jugend die immer gleichen Härten, Ängste und Frustrationen aufzwingen.

Keine Angst, kein verdrängter Komplex hat das Recht auf Dauerpacht in unserem Unterbewußtsein. Für niemanden ist es zu spät, sich seiner tieferen Bewußtseinskräfte zu besinnen und alte Gravierungen aus dem unbewußten Speicher hinauszuwerfen. Positive, psychische Energien sind die stärkste Kraft im Kosmos. Nichts kann ihnen widerstehen. Unser höheres Selbst wartet geradezu darauf, daß wir den befreienden Schritt aus einengenden Vorstellungen vornehmen. Sofort stellt es dann seine unendliche Stärke hinter uns. Das ist der Grund für ganz plötzliche Wandlungen vom Negativen zum Guten.

Wollen wir das nur mit dem Verstand bewältigen, werden wir der Stauungen und Spannungszustände in uns nur über irgendeine Kompensierung Herr: Rauchen, Alkohol, Eßlust oder Sex ohne Liebe. Positive Suggestionen wirbeln diese verdrängten Komplexe aller Art aus ihren Schlupflöchern im Unterbewußtsein. In der Hypnosetherapie kann das zu schweren Auseinandersetzungen im Körper führen, denn die Spannungen und Verkrampfungen, die wir uns im Laufe des Lebens zugezogen haben, räumen nicht immer kampflos das Feld.

Eine Patientin, die wegen fehlendem Selbstbewußtsein, Prüfungsangst und zum Abgewöhnen des Kettenrauchens zu mir gekommen war, fanden wir etwa in der Mitte der Therapiezeit plötzlich schweißgebadet im Behandlungszimmer. In der kurzen Zeit, in der der Therapeut zum Einsinken der Suggestionen in absoluter Stille das Zimmer immer wieder für wenige Minuten verläßt, mußte der Patientin Aufregendes geschehen sein.

Mein Assistent weckte sie, keuchend richtete sie sich auf und erzählte, plötzlich eine äußerst schmerzhafte Verkrampfung ihres Rückens im Nieren- und oberen Beckenbereich erlebt zu haben. Vor Jahren war sie hier bei einem Autounfall rechtsseitig an der Wirbelsäule verletzt worden. Nach besonderen Anstrengungen, wie Autofahren oder tagelangem Schreibmaschineschreiben, war sie deswegen immer wieder in Behandlung. Noch in der Hypnose versuchte sie, wie suggestiv angewiesen, zu entspannen und die Schmerzen dadurch aufzulösen. Es gelang ihr nicht.

Nun, im Gespräch mit dem Therapeuten, wurde eine zweite Belastung deutlich. Es sei ihr entsetzlich peinlich, berichtete sie, als hypochondrisch oder als hysterisch angesehen zu werden. Seit der Kindheit war ihr Beherrschung und Haltung eingeimpft worden. »Man« zeigte niemandem, wie es in einem aussah.

Verwundert betrachtete sie jetzt meinen Assistenten, der fröhlich lachte. »Gleich zwei Knoten sind in Ihnen heute geplatzt«, erklärte er ihr. »Soeben haben Sie erstmals richtig losgelassen, sich total entspannt. Wenn Sie einen Muskel ständig überspannen und plötzlich loslassen, dann tut auch das Loslassen weh. Der Puls kann hochschnellen, Atembeklemmungen können auftreten. Bei Ihnen hat sich der Rücken verkrampft, aus Angst, die Schmerzen wieder zu erleben, die Sie nach dem Autounfall erlitten. Der zweite Knoten war Ihre seit der Kindheit geprägte Vorstellung, ihr Innenleben in sich verschließen zu müssen. Jetzt haben Sie sich geöffnet, mir alles erzählt, und Sie werden diese Befreiung von Ihrer Ichverkrampfung auch in der Befreiung von Ihren körperlichen Leiden behalten.«

Bei der Abschlußkonsultation berichtete sie mir dankbar, daß sie seit dieser denkwürdigen Hypnosesitzung, in der ihr das vollständige Loslassen gelungen war, keine Rückenschmerzen mehr zu haben; ein Zeichen dafür, daß ein traumatischer Block aufgelöst worden war. Enthemmung und Tiefenlösung ihrer Probleme bewirkten außerdem, daß sie viel geöffneter und feinfühliger ihre Mitmenschen erfaßte und ohne Ich-Blockierungen frei ihre unterbewußten Kräfte zur endgültigen Bewältigung ihres Studiums fließen lassen konnte.

»Mein Leben ist dank Ihrer Hilfe viel tiefer, farbiger und harmonischer geworden«, schrieb sie mir einmal nach Monaten.

Anhänger der klassischen Psychologie halten diese Problemlösung durch Suggestionen kaum für möglich. Das spricht nicht gegen das Positive Denken, sondern nur für die fehlende Fähigkeit, sich von einstudierten Vorstellungen lösen zu können. Es gibt zwar keine Statistiken darüber, aber nach Schätzungen innerhalb der Psychotherapie ist das Aufarbeiten von verdrängten Komplexen höchstens zu 25 Prozent erfolgreich.

Wer sich dagegen ganz loslassen kann und positive Suggestionen an die Stelle negativer Vorstellungen setzt, dem gelingt es, wie ich im Kapitel über katathymes Bilderleben auseinandersetzte, viel leichter, seine inneren Spannungen, Ängste und Traumen auszuräumen. Ganz von selbst kommt der Patient nachträglich auf die Deutung seiner abenteuerlichen Reise in seine eigenen Tiefen. Er überwindet die alten Ängste und bedrängenden Komplexe einfach dadurch, daß er erkennt, wie sie ihre geheimnisvoll bedrängende Macht nur in ihrer unerkannten Anonymität besitzen. Durchschaut er sie erst einmal mit klarem Bewußtsein – oder im Seelenbild –, verlieren sie ihren belastenden Inhalt und versinken in der Bedeutungslosigkeit. Das positive Denken hat sein Ziel erreicht.

## Imponiergehabe in der Politik

Wer in sich ruht, in dem herrscht Harmonie zwischen Geist und Körper. Das Grimmsche Märchen »Von einem, der auszog, das Fürchten zu lernen« ist symbolhaft für die Überzeugung der meisten, Ängste gehörten nun einmal zum Dasein.

Das spiegelt sich überall in unserem öffentlichen Leben. Eine der Kompensationen der Angst ist ihre Umkehrung in Machtstreben. Wer etwas gelten will, muß seine Lebensüberlegenheit zeigen. Er stürzt sich in ein Imponiergehabe äußerlicher Machtentfaltung. Die größten Schreihälse in der Politik machen die größten Schlagzeilen. Getrieben von eigenen Unsicherheiten und Ängsten predigen sie Haß und schüren das Geschäft mit der Angst, die Rüstung.

Jeder Politiker ist ein Verfälscher des Lebenssinns, sich zu entfalten, vollkommener zu werden und ein harmonisches Leben zu führen. Es gibt nur einen Garant für besseres Leben: Bewußtseinswandlung. Jedem positiven Denker gelingt es, die Blocks an Ängsten und Frustrationen aus sich herauszuwerfen. Er befreit sich nicht nur selbst von den Belastungen, die seinen eigenen Vorstellungen entsprungen sind, sondern wird durch seine innere Harmonie auch politisch zu einem beruhigenden Element.

Sagen Sie das einmal einem Politiker! Er versteht gar nicht, daß es die Bewußtseinsinhalte sind, mit denen er verstandesmäßig arbeitet und die gleichzeitig seine energetische, psychische Ladung bestimmen. Würde er in sich die Bewußtseinsinhalte eines Yogi zulassen, stände er vor einer positiven Welt ohne Probleme, in der Haß und Angst nicht vorkommen, und er selbst wäre nicht ein Pulverfaß an Aggressionen, sondern lebte gesund und harmonisch. Eine utopische Vorstellung!

Politisches Denken als lebensfeindlich hinzustellen, erregt in unserer Gesellschaft pures Unverständnis. Überlegen Sie aber einmal genau: Wenn es Ihnen persönlich aus eigener Kraft psychisch und physisch besser ginge, sähen die Öffentlichkeitsvertreter glatt ihre Felle wegschwimmen. Sie wären nicht mehr manipulierbar! Sie bestimmten ja selbst, was Ihnen guttut und ließen es sich nicht mehr scheibchenweise zuordnen. – Bhagwan Shree Rajneesh sagt deshalb in seiner freien Art: »Politiker sind Geister dritter Klasse.«

Politik miterleben heißt, die Verblendung des Verstandes miterleiden. Sie sollen aber kein Mitleid mit den Politikern haben, denn mitleiden bedeutet auch, das Leid des anderen zu verstärken und ihn noch tiefer in seine Unwissenheit zu treiben. Setzen Sie in Zukunft voll auf Ihren inneren Frieden, auf Harmonie und Liebe in Ihrem Leben. Harmonie und Lebenserfolg werden in überreichlichem Maße zu Ihnen zurückströmen. Das physikalische Gesetz des Kräfteausgleichs hat nämlich auch im geistigen Bereich seine Gültigkeit. Druck erzeugt Gegendruck. Liebe erzeugt Gegenliebe, Harmonie erzeugt Harmonie.

Kein Mensch ersetzt Ihnen auch nur eine Sekunde an Leidenszeit, die Sie unnützerweise durch das Mitängstigen mit negativen Lebensvorstellungen anderer verbringen. Welcher harmonische Mensch hat Platz in seinem Selbst für Gedanken an Atombomben und Waffensysteme? Nur die Manipulierer der Angst vergeuden ihre Lebenszeit damit freiwillig. Denken Sie an Mahatma Gandhi, der sich gegen fremde Besetzung mit der gesamten Bevölkerung des indischen Subkontinents wehrte: Gewaltlosigkeit aus geistigem Kraftbewußtsein und innerer Harmonie. Diese höchsten Lebensenergien überwinden alle Waffen dieser Welt.

## Die Übung der Gedankenstille

Lassen Sie sich nicht von Ihrer Umwelt mitreißen. Praktizieren Sie inneres Freiwerden und das Ablegen von Ängsten und Frustrationen allein. Machen Sie eine kleine Übung. Setzen Sie sich in einer ruhigen Ecke auf einen Stuhl. Schließen Sie die Augen und entspannen Sie sich. Nun geben Sie sich innerlich den Auftrag: »Mein Gehirn wird jetzt gedankenleer. Alle meine Gedanken fliegen davon. Ich entlasse sie. In mir ist vollkommene Stille.«

Es ist nicht so einfach, beim ersten Mal auch nur einen Augenblick der Gedankenstille zu erreichen. Versuchen Sie, ohne Zwang dreißig Sekunden lang einmal nicht Ihren Gedanken nachzuhängen, leer zu sein. Sie werden feststellen, das ist schwer. Erst, wenn Sie diese Übung mehrfach täglich – mitten in Ihrer Arbeitszeit – zu Ihrer Kurzentspannung machen und wochenlang trainieren, wird es Ihnen immer besser gelingen. Schließlich erreichen Sie die 30-Sekunden-Gedankenstille tatsächlich. Das wäre schon ein Riesenerfolg, den Sie bereits an Ihrem weitgehend beruhigten Allgemeinzustand ablesen können. Diese kleine Zwischenentspannung mehrfach am Tage hat schon eine gewaltige Tiefenwirkung auf Ihr Seelenleben.

## Aufladen der Lebensbatterie

Wenn die Seele leidet, verliert sie ihre Lebensfreude. Auch der Körper wird davon in Mitleidenschaft gezogen. Wir gewähren den schlechten Gedankenenergien eine gefährliche Vormachtstellung und züchten uns auf diese Weise unsere Krankheiten selbst. Steht das nicht im Widerspruch zu unserer offiziellen, wissenschaftlichen Denkweise?

Lassen Sie sich von keinem Mediziner einreden, eine Veranlagung oder ein Virus wäre ausschließlich an einer Krankheit schuld. Es ist *seine* Vorstellung von der Körperlichkeit der Krankheit; es ist *sein* Übersehen der feinstofflichen, psychischen Vorgänge.

Ihre Ängste, Ihre negativen Gedanken bewirken, daß, von äußeren Verhältnissen aufgeheizt, Ihre Lebensbatterie entlädt und Sie dadurch anfällig werden. Die Immunität, die den Hindus am Ganges oder in indischen dörflichen Gemeinschaften unter schlimmsten hygienischen Verhältnissen zugeschrieben wird, sieht der Inder selbst nur als Folge seiner geistigen Stabilität. Ihm kann nach seiner Ganzheitsphilosophie nichts etwas anhaben, was ihm nicht bestimmt ist. Er kann das brackigste Wasser trinken, in dem Abfälle aller Art schwimmen, sogar die Leichenreste der Verbrennungstürme: Aus Benares beispielsweise sind nicht mehr Krankheiten zu berichten als aus irgendeiner anderen Stadt der Welt.

Lassen Sie Ihren Willen aus dem Spiel. Sich mit dem Willen helfen zu wollen, wirkt so, als ob jemand mit dem Holzhammer eine Uhr zu reparieren versuchte. Der Intellekt kommt gegen psychische Verirrung nicht an. Unser unerschöpflicher Brunnen ewiger Lebenskraft liegt tiefer verborgen. Jeder kann ihn erreichen, wenn er die Macht seines Unterbewußtseins erschließt. Das Unterbewußtsein richtet sich exakt nach den Äußerungen des Bewußtseins.

Ich erlebe sehr oft, daß Patienten eine lange Liste mitbringen, auf der sie ihre Krankheiten notiert haben. So wichtig erscheinen ihnen ihre Krankheiten, daß sie diese sogar aufschreiben, um sie einem anderen auch vollständig und genau mitteilen zu können. Hören Sie endlich auf, sich um Ihre Krankheit zu kümmern, kümmern Sie sich doch um Ihre Gesundheit!

Eine Volksschullehrerin mittleren Alters meldete sich einmal zur Therapie bei mir mit einer solchen Krankheitsliste der letzten vier Jahrzehnte ihres Lebens an. Nachdem sie mir einen Katalog an Therapiemethoden vorgelesen hatte, zu dem auch Psychotherapie, autogenes Training, Hatha Yoga und Atemtechnik gehörten, stand mein Urteil fest: »Sie sind absolut kopflastig. Sie lassen sich von Ihren Gedanken tyrannisieren und haben keinen Zugang und damit auch kein Vertrauen zu Ihrer inneren Stärke. Ich kann Ihnen nur helfen, wenn Sie zum echten Sucher werden, der das Diktat seines Verstandes nicht mehr akzeptiert, der seine negativ geprägte Gemütsstimmung nicht unablässig von neuen Gedanken bestätigt sieht. Das ist alles nur Ihre ganz persönliche Vorstellung.

Wenn Sie lernen, wirklich loszulassen und Ihr Innenleben zu harmonisieren, dann sind Sie auf dem besten Wege, Ihren Krankheitskatalog endgültig zu Ihren Lebensakten zu legen. Erledigt! Noch besser ist es, ihn dann zu verbrennen, um der Vergangenheit keinen unnötigen Platz in Ihrem Gedächtnis einzuräumen. Für viele negative Geschehnisse und Gedanken aus der Zeit, die hinter uns liegt, wäre es besser, ein *Vergessnis*, anstatt ein Gedächtnis zu haben.«

Sie schaffte es, die leidgeprüfte Lehrerin; auch wenn sie mit ihrer Ratio viel länger kämpfen mußte als mancher andere Patient. Nach sechs Monaten der Hypnotherapie – mit mehreren Zwischenräumen – erzählte sie mir, jetzt habe *sie* ihre Klassen im Griff und nicht mehr, wie früher, die Schüler sie. Sie hatte sogar begonnen, einen Teil der Suggestionstherapie mit in ihren Unterricht einzubauen und ihre Schüler mit neuen Kommunikationstechniken zu verblüffen, die sie in meinen Seminaren kennengelernt hatte.

## Das Ende eines Minderwertigkeitskomplexes

Ein 48jähriger Unternehmensberater, den ich im Dreiwochen-Schnellverfahren von einem Minderwertigkeitskomplex befreien konnte – ihm versagte manchmal in entscheidenden Situationen die Stimme –, schüttelte beim Abschlußgespräch immer wieder den Kopf. Er konnte nicht verstehen, daß er 48 Jahre alt werden mußte, bevor er – fast zufällig!! – mit dem Positiven Denken und den Zusammenhängen zwischen Leid und negativen Vorstellungen bekannt wurde. »Hat denn zweitausendjährige Wissenschaft das Dunkel der Seele nicht besser aufhellen können, damit wir gar nicht erst in die Fehler verfallen, die wir alle machen?« fragte er mich. Auch ihn hatte die einfache Lösung überrascht, daß der Gedanke eine geistige Energie ist, die alles Erleben, wie Glück oder Mißerfolg, Krankheit und Gesundheit verursacht. Der Nährboden für Minderwertigkeitskomplexe und Furchtsamkeit, für Ängste und Frustrationen ist positiv umgepolt sogleich die Kraftquelle für die Freude am Leben. Es gibt nur eine steuernde Kraft im Universum, fühlen Sie sich mit ihr verbunden, denn sie ist in Ihnen, wie in jedem anderen Menschen auf dieser Erde.

Besonders Berufsversagern und beruflich Überforderten ist das anfangs immer ein großes Rätsel. Sie sollen sich selbst ihre Lebenslage geschaffen haben? Der Topmanager eines großen deutschen Kaufhausunternehmens schilderte mir seine nervliche Überlastung und seine verschiedenen Krankheiten in den letzten zwei Jahren, als ob Arbeitsandrang und Termindruck seine Kondition beeinträchtigt hätten.

Angst hatte er, nackte Angst, mit seinen 51 Jahren den Anforderungen seiner Stellung, dem Leistungsverlangen der Gesellschaft und dem ehrgeizigen Druck der jüngeren Nachfolger nicht mehr standhalten zu können. Er fürchtete, einfach überrundet zu werden. Das sind die Situationen, die zum Herzinfarkt führen.

Die Zusammenhänge hatten wir gemeinsam schnell geklärt. Ich erinnerte ihn an das Harzburger Modell, das er einmal gelernt hatte, Verantwortung zu delegieren, vielleicht einen neuen Mitarbeiter einzustellen und sich damit zu entlasten. Grundsätzlich war ihm das selbst klar, nur sah er plötzlich die Möglichkeiten nicht mehr. Er war betriebsblind geworden und bekam einfach Angst. Er hatte die Übersicht verloren.

Er erlebte die Hypnose mit ganz großem Erfolg. Während der Therapie hatte er eine Reihe extremer körperlicher Erlebnisse, die Krankheitsfelder abbauen halfen. Seine Magengeschwüre verschwanden. Er verlor die Neigung zu einer besonders schlimmen Migräne, die bis zur Trigeminus-Neuralgie neigte. Diese Qualen werden bekanntlich auch oft als Selbstmordschmerz bezeichnet. Migräne ist in solchen Fällen eine fast wörtliche Übersetzung der auslösenden Momente: sich über etwas Kopfzerbrechen machen.

Mein Patient stürzte sich mit der Aktivität eines konsequenten Intelligenzlers auf die Zusammenhänge des Positiven Denkens. Es wurde für ihn zu einer Erlösung. In wenigen Wochen blühte er auf und fand über die innere Harmonie zurück in seinen äußeren Rahmen. Als Geheimtip gab ich ihm mit auf den Weg, sich der Fülle der repräsentativen Verpflichtungen so weitgehend wie möglich zu entziehen. Wer sich rar macht, steigt ohnehin im Wert. Nichts ist kraftzehrender als der negative Gedankenzirkus unablässigen Partygeschwätzes.

# Machen Sie sich zum entschlossenen Praktiker alter Weisheit

Machen Sie sich bewußt, daß Ihr Verstand nicht allein Ihre großen Probleme lösen kann. Seelische Erkrankungen entstehen nach der Tiefenpsychologie aus Konflikten, die ins Unterbewußtsein abgedrängt werden, oder aus einbildungswirksamen Vorstellungen, Erlebnissen, die von Gefühlsregungen begleitet waren und von ihnen aufgeladen in die unbewußten Seelengründe absanken. Wenn Sie jemand zu Tode erschreckte oder Sie in einer wichtigen Situation versagten, dann kann die Erinnerung daran längst verblaßt sein, Ihr Unterbewußtsein läßt Sie die einmal geprägte Angst in völlig anderem Zusammenhang, in unerkennbarer anderer Form immer wieder spüren.

Positives Denken ist wie ein Sonnenstrahl im seelischen Erleben, der den, der sich ihm zuwendet, von dem Augenblick an erhellt. Wir leben hier und jetzt. Wer sich dem Augenblick des Seins zuwendet und jede Handlung und jeden Gedanken in sich positiv gestaltet, erlebt sofort eine weitgehende Befreiung.

Seien Sie absolut ehrlich zu sich selbst und anderen – die Hälfte Ihrer Alltagsnöte wird sofort verschwinden. Jedes Gefühl, das Sie zur Schau produzieren oder das Sie in sich unterdrücken, schädigt Sie irgendwann an anderer Stelle. An einer klaren Persönlichkeit schätzen wir das Gerade und Echte. Legen Sie alle Winkelkanäle des Denkens und Fühlens in sich trocken. »Macht, was euch Spaß macht«, erklärte einmal der indische Weisheitslehrer Yesudian. Wer seine innere Freiheit erlangt, um blasse Konventionen zu überwinden, ist sofort der Stärkere, Echtere, denn nur er lebt wirklich.

»Ich spüre wieder Blütenduft und Farben«, sagte mir eine Studentin, die nach monatelanger Behandlung wieder aus der Grauzone ihrer Ängste und äußeren Bedrängungen aufgestiegen war. In vielen Seelenbild-Übungen, wie ich sie im fünften Kapitel beschrieb, hatten wir eine Reihe von Komplexen bei ihr aus der Verdrängung wieder bewußt werden lassen. Sie selbst war es, die nach dem Erwachen aus der Hypnose die gewaltigen emotionalen Stauungen, die sich vor ihrem geistigen Auge in wilden, symbolhaft verkleideten Szenen entluden, zu deuten – und damit zu verarbeiten wußte. Umwandlung bringt Schmerzen mit sich, bevor die harmonische Ausgeglichenheit erreicht wird. Der Therapeut wirkt dabei mit, wie ein geistiger Helfer, der das Geschehen fest in der Hand hat und dem Patienten in jedem Augenblick die notwendigen, rettenden Hilfsmittel zur Hand geben kann. Das Geheimnisvolle daran ist, daß der entsprechende Komplex, mag es eine Angst, ein Trauma oder eine psychische Blockierung sein, endgültige Auflösung finden kann. Ihm ist für immer die Energie entzogen, weiter aus dem Hinterhalt des Unbewußten Unheil zu stiften.

Ich halte das katathyme Bilderleben, wie es auch vom Bundesgesundheitsministerium empfohlen und in Volkshochschulkursen für Eltern und Pädagogen gelehrt wird, für eine sanftere Art, psychische Blocks und neurotische Ausbrüche im Verlauf des positiven Denktrainings abzubauen, als sich über Monate und Jahre nur mit negativen Spannungen seiner Vergangenheit zu beschäftigen. Der bessere Weg hängt natürlich immer von der Konstitution und der Ichverhaftung des einzelnen ab.


## Positive Hilfe, Zwangssituationen zu entweichen

Ein 54jähriger, den die Ärzte aufgegeben hatten, weil Lebensangst und immer drückendere Alltagszwänge medizinisch unheilbaren Krebs in ihm erzeugt hatten, erlebte in der Klinik eine seltsame Erleuchtung. Nach der behutsamen Mitteilung der Ärzte brach er in ein nicht enden wollendes Gelächter aus über die Unsinnigkeit menschlicher Bestrebungen. Er ging mit dem Vorsatz nach Hause, bis zum Ende seiner Tage nur noch über alles zu lachen, was er sein Leben lang so tierisch ernst genommen und für unverrückbar wichtig gehalten hatte. Jetzt hatte er sich selbst ver-rückt. Er war aus seinem alten Rahmen gerückt. Nur noch Humor beschäftigte ihn. Er sammelte Witze, suchte ständig Kontakte zu Humoristen und Kabarettisten und lachte sich durch den Alltag. Königlich konnte er sich über menschliche Verklemmungen oder Narrheiten amüsieren.

Die Ärzte fürchteten um den Verstand ihres Krebskranken – er hatte die Krankheit längst vergessen.

Heute – nach zwei Jahren – ist er völlig gesund, ein lebendiger Beweis für die Kraft der Lebensfreude. Der stärkste Schock in seinem Leben, die angeblich tödliche Erkrankung, hatte ihm zur seelischen und körperlichen Befreiung verholfen.

Nicht jeder erlebt so eine wunderbare Selbsterlösung – und doch steht er in jedem Augenblick seines Lebens auf der Schwelle zu positiver Wandlung. Ihm brauchen nur die Augen geöffnet zu werden für die Zäune seiner eigenen Vorstellung. Er muß den ersten Schritt *selbst* tun.

Manche Ängste, die kein Entspannungsventil finden, erzeugen extreme Verhaltensstörungen. Bei der 25jährigen Ehefrau Marga B. waren es phantastische Lügen, mit denen sie sich aus selbstgeschaffenen Zwangssituationen zurückzuziehen trachtete. Depressionen wechselten mit Aggressionen, unter deren Einfluß sie die Teller in ihrer Küche einfach an die Wand warf, anstatt sie abzuwaschen. Als Schlimmstes empfand sie ihre Alpträume, die ihr die Nachtruhe raubten und sie morgens erschöpft aufstehen ließen. Angst vor Versagen im Bett, Angst vor den Schlägen ihres Mannes und Angst, ihre Arbeit nicht zu schaffen, trafen in ihr auf Traumen aus einer harten, frustrierten und lieblosen Kindheit.

Die Ursache der neuen Ängste war ihr Mann. Er hätte selbst in die Behandlung gehört. Marga B. war offen und fähig, die Kraft positiver Gedanken in sich wirksam werden zu lassen. Stete Suggestionen bauten ihr Selbstbewußtsein auf, ein eigenverantwortlicher, freier Mensch zu sein. Sie lernte wieder zu leben und ihrem Mann auch einmal ganz handfesten Widerstand entgegenzusetzen, wenn sie das Gefühl hatte, sich wehren zu müssen.

Ihre neue Geduld, Güte und ihr Verständnis machten ihren Mann ab und zu sprachlos; er war dem in seiner aufgepfropften Herrscherrolle nicht gewachsen. Durch die positive Wandlung der Frau kam die Ehe wieder in eine ruhigere Phase.


## Kraft aus natürlicher Tiefenatmung

Zum täglichen Leben gehören unsere vielen kleinen Ängste, die uns das Dasein mit Berufsnöten, Prüfungsängsten oder Durchsetzungsschwierigkeiten schwer erscheinen lassen. Sie sind wirklich im Handumdrehen zu beseitigen, denn sie existieren ausschließlich in unserer Vorstellung.

»Kluges Gerede«, wird mancher sagen, »als ob mein Chef mir nicht ständig Schrecken einjagt!« Oder, wie es eine Patientin ausdrückte: »Man muß sich einfach ängstigen; die Zeitungen sind doch voll von immer neuen furchtbaren Geschichten! Man kann doch nicht einfach abschalten!«

Da haben wir zum Beispiel das anonyme Wörtchen »man«. Warum geben Sie ihm eine Macht, hinter der sich alles mögliche Unfaßbare verstecken kann? Was auch immer um Sie herum geschehen mag, Sie sind unangreifbar und sicher, wenn Sie in sich ruhen, wenn Sie Ihre innere Harmonie durch nichts stören lassen. Ein harmonischer Mensch nimmt alles gelassen. Er sammelt ständig in sich so viel Kraft, um sich flexibel jedem Unerwarteten anpassen zu können, und er strahlt so viel Sicherheit aus, daß ihn kriminelle Elemente gar nicht bemerken. Harmonie wirkt wie ein Tranquilizer im Körper *und* auf die Umwelt.

Die Wirkung der Ängste spiegelt sich in bestimmten Ausdrucksformen der Alltagssprache. »Das verschlägt mir den Atem«, »Das schnürt mir die Kehle zu«, »Das nimmt mir die Luft«, diese Ausdrücke weisen darauf hin, daß die Atmung, unsere autonome Lebensversorgung, bei einer Gefahr behindert ist.

Beobachten Sie einmal ängstliche Menschen. Mit hochgezogenen Schultern, als ob sie sich dazwischen schützend zurückziehen möchten, atmen sie alle höchst flach im oberen Lungenbereich. Sie können auch gar nicht anders atmen in dieser verkrampften Haltung. Wir können sechzig Tage leben, ohne zu essen. Wir können sechs Tage leben, ohne zu trinken, aber keine sechs Minuten, ohne zu atmen. Schlecht oder falsch zu atmen, heißt falsch zu leben.

Die »Erste Hilfe« in bedrängenden Situationen können Sie sich demnach – neben dem Positiven Denken – selbst schon über Ihre Atmung geben. Lassen Sie es erst gar nicht zu einer Verspannung Ihres Oberkörpers kommen. Kopf hoch, Schultern locker und ein tiefer Atemzug bjs in den Bauchraum bringt Ihnen die erste Erleichterung. Tatsächlich! Sie fühlen sich sofort wieder als Herr der Lage.

Menschen mit natürlicher Tiefenatmung leben nicht nur gesünder, sondern auch seelisch ruhiger. Sie sind im Körperlichen wie im Seelischen stärker und robuster. Nach hinduistischer Ansicht dringt nicht nur der vermehrte Sauerstoff mit der tieferen Atmung ein, sondern auch das feinstoffliche Prana, das uns psychisch stärkt. Die moderne Physik bezieht dieses alte Wissen neuerdings in ihre wissenschaftlichen Untersuchungen mit ein. Tiefer, ruhiger Atem bis in den Bauch, wie er auch im Yoga gelehrt wird, ist deshalb eine der Vorbedingungen für unser seelisches Wohlbefinden. Bei den Entspannungsvorbereitungen zur Hypnose achten die Hypnotherapeuten sehr genau auf die tiefe Bauchatmung, ohne die kein echtes Loslassen oder Entspannen möglich ist.

Wann und wo Sie auch immer sind, gewöhnen Sie sich folgende Übung an. Sie ist wichtiger als das zweite Frühstück oder die Kaffeepause:

1. Lassen Sie die Arbeit für drei bis vier Minuten ruhen. Selbst im Großraumbüro sieht der Chef bald ein, daß diese Pause eher zu tolerieren ist als mancher »Dienst nach Vorschrift«, dessen Zeitverlust er nicht kontrollieren kann.

2. Stellen Sie sich ans offene Fenster, noch besser ins Freie und heben Sie seitwärts die Arme langsam einatmend hoch bis über den Kopf. Im Ausatmen lassen Sie sie wieder langsam seitlich absinken, bis sie mit dem Rest des Atems ganz hängen.

3. Verlangsamen Sie Ihren Atem, so daß das Einatmen 10–20 Sekunden dauert, wie es Ihnen angenehm ist. Stellen Sie sich dabei vor, die Luft fließt durch den ganzen Körper bis zum Bekkenboden; der Bauch ist also ganz locker und tritt dabei vor.

4. Halten Sie die Luft vier Pulsschläge lang an (ohne zu pressen, als ob Sie immer noch weiter einatmen) und stoßen Sie die Luft beim Ausatmen mit einem Zischlaut durch den Mund wieder aus. Vier Pulsschläge ausgeatmet stehenbleiben.

5. Fünf bis höchstens zehn Atemzüge genügen. Sie werden sich erfrischt fühlen und mit neuer Arbeitsfreude weitermachen. Wer eintönige Arbeit zu vollbringen hat oder ständig sitzt, sollte diese Übung vier- bis fünfmal am Tag wiederholen.

Was sollen die anderen denken, die Ihnen zusehen? Machen Sie sich nichts daraus. Ihre Gesundheit und Ihre seelische Ruhe stehen auf dem Spiel. Die anderen gewöhnen sich sehr schnell an derartige Gewohnheiten – und machen vielleicht sogar mit. In Japan unterbricht die Mannschaft ganzer Werksäle zweimal täglich die Arbeit zu einer gemeinsamen Körperübung.

In meiner Praxis spielt das Atmen, besonders zur Behandlung von Ängsten und Phobien, eine große Rolle. Alle Klienten mit Prüfungsängsten werden beispielsweise zuerst einer tiefen Entspannung durch Atemregulierung im Liegen zugeführt.

Gerlinde H., eine junge, alleinstehende Mutter, die mit 27 Jahren ihr Abitur nachmachen wollte, war ein typischer Beweis. Wie viele Frauen hatte sie eine ganz flache Brustatmung. Ihr Intellekt ließ ihre Gefühle nicht zur Geltung kommen. Hemmungen, Frustrationen und jetzt Prüfungsangst waren die unmittelbaren Folgen, zu denen noch zeitweilig starke Kopfschmerzen kamen.

Schon nach vierzehn Tagen bekam sie ganz andere, entspanntere Gesichtszüge und ihre Kopfschmerzen verschwanden. Nach dem Entspannungstraining und den Suggestionen der Harmonie und Liebe zu sich selbst entkrampfte sich ihr ganzer Oberkörper. Die schmalen Lippen wurden voller, und während sie vorher eine müde, gedrückte Haltung zeigte, kam sie bald federnd, ausgeschlafen wie nach einer Urlaubswoche, in die Praxis.

Als ich sie verabschiedete, verschaffte sie mir eines meiner schönsten Erfolgserlebnisse. Mit einem Satz gab sie mir zu erkennen, daß das Positive Denken ihr tieferes Wesen erschlossen hatte. »Angst rentiert sich nicht«, erklärte sie. »Ich kann gar nicht mehr verstehen, daß ich so wenig Selbstvertrauen in meine eigene Kraft gehabt habe!«

# KAPITEL 8

# Ist Denken Glücksache? Der Gedanke als Ursache psychischer Krankheit

*Wunder geschehen nicht im*
*Widerspruch zur Natur, sondern*
*nur im Widerspruch zu dem,*
*was uns über die Natur bekannt ist.*

*Augustinus*

## Testen Sie Ihr Gedankenspiel

Ein Unglück, das wir selbst auf uns herabziehen, ist nicht mehr aufzuhalten, sagt ein chinesischer Spruch. Die Wahrheit dieser Weisheit bleibt bestehen, wenn wir die erste Silbe von »Unglück« streichen. Und so wird für unser Selbstbefreiungstraining daraus die positive Weisung: *Ein Glück, das wir selbst an uns heranziehen, ist nicht mehr aufzuhalten.*

Machen Sie sich zu Hause einen Wandspruch daraus. Er wird zum Denkmal für Ihren größten Lebenserfolg. Kümmern Sie sich ab sofort nicht mehr um Ihre Krankheiten, sondern um Ihre Gesundheit. Ziehen Sie mit Positivem Denken das Glück an; Glück und Unglück unterscheiden sich auf geistiger Ebene nur durch eine andere Schwingungsqualität. Niemand zwingt Sie, in einem Energiefeld zu bleiben, das Sie gar nicht mögen. Allein durch Ihre Gedanken vollbringen Sie das Wunder einer gewünschten Besserung.

Testen Sie einmal Ihren Verstand, um festzustellen, wie und wo er Ihnen am meisten mitspielt. Streichen Sie in Ihrem Kalender eine beliebige Woche an, in der Sie sich täglich zwei- bis dreimal fünf Minuten zurückziehen, um das festzuhalten, was Sie in den davorliegenden fünf Minuten gedacht haben.

Morgens legen Sie fest: heute prüfe ich mich um 9.50 Uhr, 13.10 Uhr und 20.05 Uhr, oder wie es Ihnen paßt. Bei jeder Beanspruchung und jeder Arbeit lassen sich derartige Augenblicke einräumen. Das Ergebnis wird Sie überraschen. Ehrlich bleiben! Tauchen Sie mit aller Konzentration in die gerade verlebten Minuten zurück.

In jeder dieser Denkpausen machen Sie sich genaue Notizen über jeden Gedanken, der Sie gerade beschäftigte, aber auch tatsächlich jeden. Die kleinen, nebenher springenden Intimgedanken sind dabei oft die wichtigsten. Nach dieser Woche werten Sie Ihre Notizen systematisch aus. Schreiben Sie auf ein großes Blatt untereinander die Stichworte der einzelnen Gedanken – etwa: Ärger mit der Nachbarin; Sehnsucht nach körperlicher Liebe; Freude über Wetter; Gewinnspekulation; ehrgeiziges Arbeitsziel; Sehnsucht nach Abwechslung; ärgerliche Gedanken über Chef; Suche nach Werkzeug.

Immer, wenn ein gleicher Gedanke in Ihren Notizen aufkreuzt, der vielleicht in den Komplex Gewinnstreben, ewige Suche oder sehnliche Wünsche hineinpaßt, machen Sie nur einen Strich hinter dem weiter oben vermerkten Stichwort. Sie werden zum Schluß bemerken, daß sich 60 bis 70 Prozent Ihrer Gedanken wiederholen. Diese Gedanken enthalten das Material der stärksten Suggestionen, denen Sie sich selbst aussetzen. Von dieser Mehrheit hängen Ihr Wohlbefinden, Ihre Gesundheit und Ihr Erfolg als Mensch in diesem Erdenleben entscheidend ab. Wenn es Ihnen gelingt, durch Positives Denken nur noch jene Gedanken in sich wirksam werden zu lassen, die ausschließlich Ihren Sehnsüchten gewidmet sind, wie Gesundheit, Harmonie, Liebe und Erfolg, dann sind Sie nicht nur wunschlos glücklich, sondern stehen auf dem Höhepunkt Ihrer Menschlichkeit.

Trösten Sie sich, das fällt sogar Pfarrern schwer. Die absolute, gute Beherrschung unserer Gedanken würde uns tatsächlich zu Übermenschen machen, die Menschen wie Ihnen und mir unwirklich vorkämen – so weit sind wir alle noch vom ehemaligen Paradies entfernt. Das überragend Wichtige an diesen Erkenntnissen vom Positiven Denken ist jedoch die Tatsache, zu wissen: Hier ist der Weg! Hier liegt die Ursache meiner Leiden und meiner Schwächen. In jedem Augenblick meines Lebens ist die Kraft in mir, mich über alles, was mich bedrückt, erheben zu können.

# Narrende negative Gedanken

Wenn wir die fatalen Wirkungen falscher Vorstellungen jetzt eingehender betrachten, dann wird uns immer stärker der Reflexmechanismus unseres Gehirns bewußt. Wer sich etwa unablässig einer Angst widmet, setzt die phantasievoll ausgemalten Folgen direkt in seine Lebensrealität um.

Die Suggestion der Angst ist zu dem Reflex geworden, in jedem Erlebnis nur noch die schlimmen, negativen Momente und Möglichkeiten zu bemerken. Menschen dieses Denktyps schneiden sich ohne Zwang einfach die zweite, positive Hälfte ihres Lebensfilms weg. – Schenken Sie ihnen dieses Buch, wenn Sie ihnen begegnen, damit auch sie sich ihre Augen öffnen und erkennen können, daß sie ihre Sorgen selber verursachen. Hier gilt der oftmals in juristischen Angelegenheiten hart empfundene Satz: Unwissenheit schützt vor Strafe nicht. – Jetzt können Sie sich vor diesen unwissentlich zugezogenen Leiden bewahren, wenn Sie Ihre Gedankenenenergie nicht zum Lebensgewitter, sondern zur stetig strahlenden Sonne Ihres Wesens werden lassen.

Einen anderen Weg der geistigen Bereinigung als die Lenkung der eigenen Vorstellungen gibt es nicht. Positives Denken reißt das »Brett vor dem Kopf« hinweg, hinter dem man »vernagelt« sitzt. Der Volksmund beschreibt sehr bilderreich psychologische Vorgänge, die den in falschen Denkschablonen Verhafteten charakterisieren. In sich selbst ist dieses Verhangensein in einengenden Vorstellungen nur als grenzenlose Ohnmacht gegenüber den Verhältnissen zu spüren. Manchmal suchen wir alle Schuld bei anderen, alle Welt wird zum Gegner, und die Ausflucht ist hadern. Hadern mit dem Schicksal, hadern mit Gott und jedem, der einem in die Quere kommt.

Manchmal sind es Schuldgefühle, die wir in uns selbst zu erdrückenden Gewichten auftürmen, wie bei einer depressiven Patientin, die noch als Fünfzigjährige darum trauerte, dreißig Jahre vorher einem Mann nicht rechtzeitig ihr Jawort gegeben zu haben. In Wirklichkeit bestand der Druck auf ihrer Seele aus einer Abtreibung in jener Zeit, die aber den Mann nicht halten konnte. Für sie galt als stärkste Maxime, sich jetzt zu helfen, dem geistigen Gesetz vom Leben im Hier und Jetzt zu folgen und das Gewebe ihrer Vergangenheitsgedanken für immer zu zerreißen.

»Was Sie hier und jetzt denken, formt Ihr Morgen«, sagte ich ihr. »Solange Sie Vergangenes aufwärmen, leben Sie überhaupt nur noch im Schatten Ihrer alten Vorstellungen, die Ihre ganze Lebenskraft aufsaugen. Sind Sie ein Mensch aus Fleisch und Blut? Dann leben und handeln Sie heute. Denken und handeln Sie positiv, dann ruhen Sie ab sofort so frei und unbelastet in Ihrem göttlichen Wesenskern, wie im Augenblick Ihrer Geburt.«

Durchschauen Sie das Spiel, welches wir uns selbst mit unseren negativen Gedanken inszenieren? Jeder hat Sonne im Herzen, er braucht nur seinen schwarzen Gedankenvorhang abzulegen. Nicht nur seine Seele wird wieder hell und warm, auch der Körper wird von negativer Dauerbeeinflussung befreit.

## Was ist verrückt, was ist normal?

Unsere Neurosen, jeder Tick und jede Depression haben die gleiche Entstehungsursache. Sie sind die Folgen der Vergewaltigung unserer Psyche durch negative Gedankenkomplexe. Solange Sie noch nicht hundertprozentig im Positiven Denken verankert sind – und das zu erreichen ist keine leichte Arbeit –, lassen Sie die nachfolgende Aufstellung auf einem Extrablatt ständig in Ihrem Blickfeld.

Die Verführer zu negativem Denken:

1. Einseitige, untolerante Gedanken;
2. fanatische Ansichten;
3. verstandesmäßig ausgeklügelte Lebensvorschriften;
4. Schuldgefühle;
5. jedes Anzeichen der Ängstlichkeit;
6. Zweifel am Guten in dieser Welt.

Sie erinnern sich, daß die Mediziner 95 Prozent der Menschheit für Neurotiker halten? Sie und ich gehören mit Sicherheit auch dazu. Was können wir also Besseres tun, nachdem wir wissen, wie und warum es mit uns so steht, als uns in ehrlichem Bemühen jeden Tag unseren Sehnsüchten und wirklichen Lebensanliegen einen guten Schritt näherzubringen? Dem einen oder anderen von uns wird das vielleicht besonders schnell gelingen. Jede Nachricht von Ihnen würde mich freuen, mit der Sie mir mitteilen, daß Sie mich überholt haben auf der Bahn zum positiven Leben. Werden Sie so, wie ich sein soll – nach der Vorstellung aller meiner Patienten.

Widmen Sie sich also täglich Ihrer seelischen Hygiene, mindestens einmal abends vor dem Einschlafen. Benutzen Sie auch den von mir empfohlenen Spruch für die Denkpause: »Gottes Liebe erfüllt meine Seele, Gottes Frieden meinen Geist. In mir ist vollkommene Harmonie. Ich strahle Liebe, Frieden und guten Willen aus auf alle, mit denen ich in Berührung komme.«

Dann gehören Sie niemals mehr zu jenen Menschen in unserer Gesellschaft, die andere in Schuldgefühle und Ängste stürzen. Unsere Nervenkliniken sind voll von Mitmenschen, die die Härte der anderen in Ausweglosigkeit gestürzt hat. Ihre krankhaft einseitigen Vorstellungen, durch die sie aus irgendeinem Grund ihrem Normal-Ich entschlüpften und die sie nun als geistig umnachtet gelten lassen, gehen oftmals auf fehlende Liebe und Zuwendung ihrer Umgebung in einer entscheidenden Phase einer Krise zurück.

Der Schritt vom Angepaßten zum Isolierten ist gar nicht weit. Ein Psychologe drückte die drei Stufen zwischen geistiger Klarheit und Verwirrtheit einmal humorvoll so aus:

»Ein Neurotiker ist derjenige, der ein Wolkenschloß baut. Der Psychopath ist derjenige, der darin wohnt, und der Psychotherapeut ist jener, welcher die Miete kassiert.«

Ausscheren aus der gewünschten äußeren Ordnung ist also meistens nur ein Durchbrennen mit der eigenen Phantasie.

Am Psychopathen erweist sich die wahre Macht der Gedanken. Die Magie seiner Vorstellungen be-schränkte ihn. Jetzt sitzt er im sichersten Gefängnis der Welt, hinter den Mauern seiner eigenen Einbildung. Viele Menschen seiner Art wären mit Liebe und Geduld wieder zu befreien – nur nicht mit Psychopharmaka.

Von der Frau eines 38jährigen Schizophrenen, für den eine Hypnotherapie normalerweise nicht in Frage kommt, wurde ich gebeten, mich wenigstens einmal mit ihrem Mann zu unterhalten. In einer katathymen Bildübung sah er sich sofort als Kleinkind in einem Luftangriff auf Dresden. Mit hoher Wahrscheinlichkeit leidet er noch heute an den Schocks aus jener Zeit. Das Gespräch mit ihm brachte mir eine hochinteressante Sicht seiner geistigen Einstellung. Er fühlte sich von allen Menschen unverstanden und behauptete, für jede Unterhaltung einige Stufen tiefer steigen zu müssen, um überhaupt verstanden zu werden. Wie ein Psychedeliker im besten LSD-Rausch verabschiedete er sich von uns, von meinem Assistenten mit den Worten: »Das Gespräch hat mir gut getan! – Viele Kristalle haben Sie um sich« (so sah er die Worte) und zu meiner Sekretärin: »Auf Wiedersehen. Oh, Sie haben ja das linke Auge rechts!«

Welcher Laie, welcher Wissenschaftler könnte ein kritisch sicheres Wort über die Äußerungen dieses Mannes abgeben? Wer über LSD-Erfahrungen zumindest gelesen hat, erfuhr über die unfaßliche Farben- und Formenvielfalt, zu der menschliche Phantasie unter Drogeneinfluß fähig ist. Bei dem Schizophrenen war *das* der Normalzustand. Die Bedeutung oder Steuermöglichkeit dieser geistigen Bereiche ist uns noch völlig fremd.

## Neurosenersatz: Liebe und Harmonie

Ich war einmal als Sachverständiger und Gutachter zu einer Verhandlung in Wolfratshausen bei München über einen rauschgiftabhängigen Ausreißer geladen. Der Angeklagte, ein Lehrling ohne Halt in der Familie, suchte in Münchener Drogenkreisen, was er zu Hause nicht fand. Er stammte aus sehr gutem Hause und bekam, wie so viele gleich gut Gestellte, alles, was er haben wollte – nur nicht Liebe. Wie bei allen Drogenabhängigen zeigte sich bei ihm in lebensbedrohender Verzerrung der Drang, der normalen Bewußtseinsebene entfliehen zu wollen. Wenigstens periodenweise wollte er in einem seligeren, phantastisch vielseitigeren Bewußtseinszustand sein unbefriedigendes irdisches Dasein überwinden. In krankhafter Ichsucht zerstörte er wie viele dieser Hascher und Fixer seine gesunde Lebensgrundlage. Es ist geradezu lächerlich, wieviel über die Erziehungshintergründe der Drogenabhängigen geschrieben und diskutiert wird, aber nichts Effektives dagegen getan wird. Liebe und Zuwendung, Interesse am Innenleben des anderen, diese einfachsten und höchsten Kräfte lassen sich nicht institutionell verordnen. Unser Intimleben müssen wir immer noch selbst steuern und korrigieren, und jede Jugend ist immer nur so gut, wie es die Erwachsenen mit ihrer Lebenseinstellung verdienen.

Auf einer ähnlichen Suchtstufe wie die Drogenabhängigen stehen die Alkoholiker. Sie haben jedoch den Vorteil, sich mit gesellschaftsfähigen Mitteln zu zerstören. Aber auch ein Alkoholiker ist in meinen Augen kein körperlich Kranker. Immer ist es eine psychische Schwäche, die den Körper in Mitleidenschaft zieht. Immer ist es fehlende Liebe zu sich selbst oder aus der Umwelt, die Menschen zu Verzweiflungstaten bringt.

Bei manchem beginnt es in der Kindheit, wenn ein Kind etwa ohne elterliche Obhut in Heimen aufwachsen muß. Wer diese furchtbare Einsamkeit durchschaut, in die manche Menschen in frühester Kindheit gestoßen werden, der kann sogar in der Handlung eines Kriminalbeamten, der einem überführten Verbrecher die Handschellen anlegt, einen negativen Ersatz für den fehlenden positiven Kontakt zu den Mitmenschen sehen. Ein Kleptomane, zu dessen Verhandlung ich zugezogen wurde und der dann auf Bewährung mit der Auflage einer hypnotischen Behandlung freigelassen wurde, erklärte mir in einem Gespräch: »Sonst kümmert sich kein Mensch um mich! In der Zelle bin ich wenigstens für drei Tage der King – bis der Nächste eingeliefert wird!«

Viele Gemüter sehen in ihrer tiefsten Verzweiflung, in die sie sich durch ihre Vorstellungen stürzten und »unlösbare« Probleme aufbauten, nur den Ausweg, aus dem Leben zu scheiden. Sie meinen, damit für immer den Vorhang zuzumachen, der sie von allem Erlebten trennt. Wissen wir, was die Seele außerhalb des Körpers erwartet? Geht nicht aus Hunderten von Berichten Fast-Verstorbener, die wieder zurückkehrten, hervor, »drüben« genauso im Hier und Jetzt zu verbleiben wie auf der Erde?

Als Anhänger der Reinkarnationstheorie, der Wiedergeburtslehre, kann ich nur jedem Lebensmüden sagen, ob hier oder im Jenseits, ob mit oder ohne Körper, du mußt dein Schicksal annehmen, du mußt deine Lebensaufgabe lösen, um sie endgültig zu überwinden. Niemand kann dich hindern, dir das Leben zu nehmen, nur wundre dich dann nicht, im nächsten Leben vor genau der gleichen Aufgabe zu stehen – vielleicht sogar in noch eindringlicherer Form.

Das mag sich für manchen sehr spekulativ anhören. Es bleibt die Tatsache, daß *jedes* Problem, welches ein Menschenherz bedrücken kann, nur ein narrend einseitiger Gedanke ist. Jeder Liebeskummer, der härteste Schicksalsschlag, die schlimmste Krankheit wird immer nur aus einem ganz eingeengten, egoistischen Blickwinkel gesehen. Das Herz ist nicht mehr geöffnet zur unerschöpflichen Kraftquelle in unserer Mitte, die uns verstehen läßt, weshalb wir in diese Lage gekommen sind, und die den Gegenpol darstellt zu unserer einseitigen Lebenssicht. Zusammen mit dieser Kraft in uns kommen wir wieder zur Einheit unseres Wesens, die über allen Problemen steht.

Noch jeden Lebensunlustigen, der sich meiner therapeutischen Führung anvertraute, habe ich aus der Sackgasse einer einschnürenden Vorstellung zu seinem unendlichen Energiezentrum in seinem Selbst zurückführen können. Auch der Zustand scheinbar heilloser Problemverstrickung ist ein Stadium des Nichtbewußtseins. Wer sich wieder zu seinem alles umfassenden Selbst bringen läßt, erlangt wieder die Harmonie der seelischen Kräfte.

## Die natürliche Funktion des Sexes

Es wäre eine faszinierende Studie, die Verwicklungen aufzudekken, die in der westlichen Welt durch die Frustration der körperlichen Liebe verursacht werden. Die höchst natürliche Funktion des Sexes wurde in unserer immer seelenloser werdenden Gesellschaft so diffamiert, daß eine ganze Reihe Zeitkrankheiten daraus entstanden sind. Selbst in unserer Zeit der etwas freizügiger gewordenen »Liebe« dürfen wir uns nicht darüber hinwegtäuschen, daß wir eine Unzahl Frustrierter, sexuell Unterdrückter, Unbefreiter unter uns haben, wie ich es auch in aller Vielfalt am ständigen Zulauf in meiner Praxis erlebe. Ursache ist und bleibt unsere einseitige, materielle Lebensausrichtung.

Da kam der junge, sympathische und verheiratete Klaus N. zu mir, der nicht zum Orgasmus kam, weil er in der vorehelichen Zeit das Prinzip des Coitus interruptus angewandt hatte, um eine Schwangerschaft zu verhindern. Später konnte das auf diesen anerzogenen Reflex motivierte Unterbewußtsein nicht mehr zwischen einem ehelichen oder außerehelichen Geschlechtsverkehr unterscheiden, und somit wurde der Orgasmus auch dann verhindert, als er erwünscht war. Klaus N. brauchte nur eine verhältnismäßig kurze Behandlungszeit mit Hypnose, in der die Suggestionen der Harmonie und Liebe die Disharmonie, den Störreflex in seinem Unterbewußtsein, ersetzten. Bald war er wieder frei in seinen Gefühlen und Funktionen.

Jeden Monat behandle ich Patienten mit fehlendem Selbstvertrauen, Nervenüberlastung oder Angstzuständen, die impotent geworden sind. In seltenen Ausnahmen schlägt Frustration und Unvermögen, zu einem Partner normale Beziehungen aufkeimen zu lassen, in Aggression und Brutalität um, wie bei einem meiner Patienten, der seine Zigaretten am liebsten auf Geschlechtsteilen ausdrückte. Alle Perversitäten und Sexualverbrechen haben ihre Ursachen meistens in dem ungelösten Problem eines Menschen, der sich mit seinem Ego seinen tieferen, natürlichen Wesensanlagen entfremdet hat. Immer ist die Rückkehr zu innerer Harmonie und geistiger Liebe, wie ich hier einmal die allgemeine, positive Lebenszuwendung nennen möchte, auch der Weg zur Gesundung, zu sexueller Befreiung und normalen Funktionen.

Die Grundaufgabe zwischen den Geschlechtern, sich gegenseitig nicht nur körperlich, sondern auch seelisch öffnen zu können, ist in unserer Kultur für viele ein Buch mit sieben Siegeln. Die eine wächst mit lebenslanger Angst vor dem anderen Geschlecht auf, dem anderen gelingt es nicht, sich über seine inneren Hemmungen zu klarer, offener Form durchzuringen, und der Dritte, der Don-Juan-Typ oder die Nymphomanin, nimmt die körperliche Liebe als lebensfüllendes Werk der Selbstbestätigung mit ständig wechselnden Partnern. Die echten, guten Beziehungen zwischen den Geschlechtern sind bei uns weitgehend gestört. Lesen Sie das Buch von Irving Stone »Der Seele dunkle Pfade«, eine Biographie Sigmund Freuds, das Ihnen die überragende Bedeutung des Sexes in unserem Leben schildert.

Seit Sigmund Freud sprechen die Therapeuten von der »Übertragung«, der Abhängigkeit der Patientinnen von der männlich führenden Person des geistigen Helfers, die sich oftmals eben auch in zu weit gehenden Wünschen äußert. Hier wird besonders starkes Selbstvertrauen und eine gefühlsrichtige Sicherheit in Ausdruck und Einfühlungsvermögen vom Hypnotiseur verlangt, der sich nicht – schließlich auch nur ein Mensch – mit den persönlichen Problemen der Patientin identifizieren darf.

Eine der größten Frustrationen erfuhren wir alle zusammen in der Vergewaltigung der Liebe durch den Glauben. Es gibt keine negativere Suggestionssetzung zum Verderben gesunden Geistes als das Märchen von der Erbsünde, das die Kirche zu weltweitem

Machtdruck mißbrauchte. Gott ist kein rächender Gott, sondern Gott ist Fülle, unendliche kosmische Kraft bis ins letzte Molekül der Materie. Gott *ist* Liebe, die jede Seele mit Leben und Freiheit erfüllt, alles Mitgegebene in dieser irdischen Welt sinnvoll zu gebrauchen. Dazu gehört auch die Sexualität.

## Unser Kraftquell Schlaf: Stelldichein mit dem Unbewußten

Die überwältigende Flut der Sinneseindrücke, die uns vom Erwachen bis zum Einschlafen mit Beschlag belegt und die wir im allgemeinen zu den beherrschenden Kräften unseres Bewußtseins werden lassen, stellt für den Körper eine enorme Leistung dar. Die Natur sorgt durch den Schlaf für den notwendigen, regenerierenden Ausgleich. In der Versunkenheit des Schlafes gewinnen wir jenen natürlichen, direkten Kontakt mit der unendlichen Kraft und Weisheit unseres Unbewußten, den wir durch Positives Denken und Suggestionstechnik im Tagesbewußtsein so sehnsüchtig herzustellen suchen.

Schlaflosigkeit ist eines der großen Zivilisationsübel. Technik und Vergnügungssucht haben die Nacht zum Tage gemacht. Ein Großkaufmann, der sich alle fünf Minuten mit zittrigen Fingern die nächste Zigarette ansteckte, erzählte mir, einen Kopf wie einen Brummkreisel zu haben. »Wenn ich abends ins Bett gehe«, sagte er, »dann passieren alle Tagesprobleme vor mir Revue. Oftmals kommen mir dabei grandiose Einfälle – aber von Schlafen ist keine Rede mehr. Da helfen nur Tabletten.«

Eine schwächlich wirkende 83jährige Dame berichtete mir, ohne »ihr« Schlafmittel abends nicht auszukommen. »Sonst käme ich nie auf meine acht bis neun Stunden erholsamen Schlafes«, meinte sie. Sie wußte nicht, daß sie in diesem Alter mit fünf Stunden Nachtruhe auskommen konnte und ihre Körperschwäche der betäubenden Tablettenwirkung zu verdanken hatte.

Bei dem einen sind es Sorgen, bei der anderen vielleicht Schmerzen, die den Schlaf vertreiben. Der Griff zur Tablette ist zur lieben Gewohnheit geworden. Machen Sie noch heute Schluß mit diesem Unfug, Ihre Gesundheit ständig weiter zu untergraben und in eine Betäubung zu tauchen, die sogar noch ihre unbewußte Krafter-gänzung lähmt, wie sie sich auch durch geistige Klärung im Träumen vollzieht. Wenn Ihre Gedanken Sie nicht loslassen, entlassen *Sie* sie. Sie sollten sich für die Übung, die ich Ihnen jetzt vorschlage, eine persönliche Suggestion vorbereiten, die Ihr größtes Anliegen zur Lösung durch Ihr höheres Selbst ins Unterbewußtsein schleusen soll, und dann folgendermaßen verfahren:

*Vorbereitung gesunden, erfrischenden Schlafes:*
1. Wenn es mir irgendwie möglich ist, lege ich das Abendessen nie später als 19.00 Uhr. So habe ich mindestens zwei Stunden Verdauungszeit vor dem Schlafengehen. Später aufgenommene Speisen verdaut der Körper schwer und langsam, weil die Organuhr den Verdauungsapparat auf eine Ruheperiode schaltet.
2. Abends esse ich nur leichtverdauliche Speisen, nicht sehr fett und keine großen Fleischportionen. Alkohol wie Wein und Bier, sollte nur ein Getränk zur Mahlzeit darstellen.
3. Bevor ich mich ins Bett lege, schalte ich eine Viertelstunde vorher jede Tätigkeit, jedes Lesen oder Grübeln ab und mache am besten einen kleinen Spaziergang im meditativen Gehen, d. h. ich widme mich während des Gehens ausschließlich meinen Augenblicksempfindungen zur Umwelt. Ich bin ganz im Hier und Jetzt.
4. Im Bett wird nicht mehr gelesen oder gedacht. Ich lege mich – ganz nach persönlichem Geschmack – ausgestreckt zu einer fünf- bis zehnminütigen Entspannungsübung hin. Alles Tagesgeschehen lasse ich von mir abfallen und versenke mich ganz in meine Mitte. Alles Äußere wird völlig unwichtig. Der Kopf ist frei und klar und gedankenleer.
5. In diesem Zustand empfinde ich meine Wahlsuggestion nach (die ich vorbereitet habe), die ich vertrauensvoll in die Obhut der Weisheit meines Unterbewußtseins lege. Ich weiß, daß ich im Traum, am nächsten Morgen oder in der allernächsten Zeit plötzlich die Antwort intuitiv erfahren werde. Ich verlasse mich vollkommen auf die Lösung oder Durchführung durch mein höheres Selbst. Mit absoluter Sicherheit werde ich die Weisung verstehen, die mir meine innere Stimme gibt, und ich werde sie getreulich ausführen.
6. Danach danke ich meinem Schöpfer, mich in Harmonie mit seiner lenkenden Energie zu befinden und überlasse mich direkt

dem Schlaf. (Sollte ich noch einmal aufstehen wollen, vergesse ich nicht, meinen Körper durch Strecken und Dehnen und tiefes Einatmen wieder in die rechte Bewußtseinslage zu bringen, um mich erheben zu können.)

## Die Aufträge an das höhere Selbst

Sie können Ihrem Unterbewußtsein die direkten Befehle erteilen, auf die sich Ihre höhere geistige Kraft einstellen soll. Das kann der Wunsch sein, den inneren Wecker pünktlich zu stellen und morgens auf die Minute zur gewünschten Zeit aufzuwachen oder am Morgen zu wissen, wo sich ein seit langem verlegter Gegenstand befindet. Ihre unendliche Weisheit holt sogar einen seit Jahrzehnten vergessenen Namen aus Ihrem unbewußten Speicher, der Ihnen vielleicht gerade der Schlüssel zu einem brennenden Problem sein kann.

Viele Menschen haben durch das Traumgeschehen erfahren, was ihr höheres Bewußtsein von ihnen erwartete. Eine Frau erzählte mir von ihrer Scheidung, zu der sie sich über Nacht entschlossen hatte. Zwölf Jahre hatte sie ein Martyrium unter einem zänkischen Egoisten erlebt, der nur sich selbst als Nabel der Welt sah. Ihre hohe ethische Auffassung von der Ehe ließ sie lange Zeit glauben, sie habe die Aufgabe, ihrem Mann zu helfen.

Dann träumte sie plötzlich, im dreizehnten Ehejahr, von einer schwarzen Macht, die ihr Leben verdunkelte und schließlich ihr Lebenslicht ganz auslöschen würde. Wo sie hintappte – im Traum – fielen sogleich die schwarzen Schatten jener dunklen Macht über sie. Dann wuchsen ihr auf einmal Flügel, und sie konnte sich in einem wunderbaren Flug in ewiges Licht von allen Schatten befreien. Sie fühlte, daß sie nur ihre Flügel gebrauchen mußte. – In den Tagen darauf reichte sie ihre Scheidung ein, nachdem sie ihren Mann vorher mit der Erklärung ihrer Absicht zum ersten Mal sprachlos gemacht hatte.

Wer sich den festen abendlichen Auftrag an sein höheres Selbst und die oben geschilderte Art des Schlafengehens zur Gewohnheit macht, befreit sich schnell von lästig bohrenden Vorstellungen, die sich immer wieder nachts in das Gehirn einschleichen und den Schlaf fernhalten.

Wenn alle diese Maßnahmen nichts nutzen – ich bin darauf gefaßt, daß Ihrem Ego noch Tricks einfallen, allen Entspannungen zu entgehen –, dann gibt es nur noch zwei Begründungen dafür. Eine davon ist die Zweifeltour. »Ich werde das natürlich versuchen«, sagen Sie sich, »aber ob das bei mir und meinen hartnäckigen Störungen hilft? Eine Tablette nebenher kann nicht schaden!«

Besser könnten Sie Ihr mangelndes Selbstvertrauen nicht dokumentieren. Sie haben bis zu diesem Abschnitt noch nicht gelernt, Ihre negativen Vorstellungen (ob das aber bei mir hilft?) durch Übungen in den Griff zu bekommen. Bleiben Sie in Ihrer Schwäche und bleiben Sie in Ihren Schlafstörungen. Sie wollen es nicht anders – oder doch?

Die zweite Möglichkeit, nicht aus dem alten Trott zu kommen, wirkt unbewußter und ganz hinterhältig aus dem alten negativen Denken heraus. Immer wieder taucht diese Verblendung in Patientengesprächen bei mir auf, wie bei jener Frau, die mir nach der ersten Behandlungswoche mitteilte: »Ich kann machen, was ich will – und ich bin wirklich getreulich Ihrem Ratschlag gefolgt und habe meine Suggestivformel vor dem Einschlafen angewandt –, aber wenn ich mich ins Bett lege, dann weiß ich schon, daß ich wieder nicht einschlafen werde. Die Formel nützt dann gar nichts mehr.« Sie hatte natürlich recht! Ich mußte der Frau erst auseinandersetzen, daß sie mit ihrer alten Erwartungshaltung, die auch programmierte Gedankenenergie ist, von vornherein ihre Schlafvorbereitungen unterminierte. Wer seinem positiven Energieaufbau zu einem Sonderziel das altbewährte, negative Kraftpaket voranstellt, braucht sich nicht zu wundern, wenn seine Absicht sozusagen kurzgeschlossen wird.

Wer anfangs mit Einschlafübungen Schwierigkeiten hat, kann auch folgende Vorübung anwenden. Sagen Sie Ihrem Unterbewußtsein in der entspannten Lage vor dem Einschlafen: »Lasse mich jetzt richtig schlafen – oder sage mir, was mich wirklich vom Schlaf abhält!« Über Nacht ist die richtige Antwort da. Entweder im Traum oder als Intuition. Die merkwürdigsten Gründe tauchen auf diese Weise manchmal auf. Bei einer jungen Witwe war der Grund das Heiratsversprechen, das sie einem Mann gegeben hatte, den sie untergründig aber überhaupt nicht als guten Vater ihrer elfjährigen Tochter sehen konnte. Eine ältere Frau schlief nicht aus Schuldgefühlen, ihren verstorbenen Sohn in seiner Krankheit nicht ausreichend unterstützt zu haben. Einem Firmenbuchhalter raubte die Angst den Schlaf, den Firmencomputer womöglich falsch bedient zu haben.

Glauben Sie nie, durch ehrgeiziges Unterdrücken des Schlafes besondere Vorteile für sich erringen zu können. Der übermüdete Kraftfahrer, der unbedingt noch ein Ziel erreichen will, kommt in die Zone, in der das überstrapazierte Gehirn einfach abschaltet. Das unwiderstehliche Schlafbedürfnis führt zu Bewußtseinsstörungen. Wer sich oft dem notwendigen Schlaf entzieht, wird reizbar, launisch, depressiv oder aggressiv. Kein Wille kann den Organrhythmus steuern; das vegetative System ist stärker. Hier liegt eine der Beweismöglichkeiten dafür, daß wir mehr sind als Wille und Verstand. Wenn diese beiden sich einbilden, die höchste Lebensautorität zu sein, und den Körper nach Belieben drangsalieren, dann kommt ganz unvermutet die Zurechtweisung von der wirklichen Zentrale in uns. Lassen Sie es nicht zu einem funktionellen Zusammenbruch kommen. Der positive Denker kennt die Zusammenhänge und stellt sich auf die richtige Seite in seinem Wesen – die Grundlage für Gesundheit und Harmonie.

# Die Überwindung von Krankheiten – Der Gedanke als Ursache physischer Krankheit

> *Krank ist nur der Geist,*
> *Der Körper wird es erst dadurch.*
>
> *Indische Weisheit*

## Eine Basis schaffen für die Gesundheit

»Erkenne Dich selbst« steht am Apollotempel in Delphi, eine Aufforderung, der wir nur gelegentlich gerne nachkommen. Wir wollen immer nur anderen alles bewußtmachen und rational erklären – nämlich das, was wir denken und was wir wollen. Verstoßen unsere untergründigen Wünsche gegen die Logik der Gesellschaftsdisziplin und werden wir in unserer Sexualität, unserem Ehrgeiz oder unserem Machtanspruch behindert, dann fühlen wir uns frustriert. Bald ersetzt Krankheit die Frustration, weil wir dem Druck von außen nicht mehr standhalten, und nun erkennen wir schon gar nicht mehr, daß wir selbst dieses Übel durch unsere Vorstellungen verursachen. Wer sich lange genug einredet, zu etwas, das er sich sehnlichst wünscht, nicht fähig zu sein, dem zeigt das Unterbewußtsein die Auswirkung dieser negativen Vorstellung vielleicht auch im Körperlichen.

Die Medizin erkennt die Krankheit am Symptom, dem offensichtlichen Erscheinungsbild, das der Körper offenbart. Noch ist die Anzahl der Ärzte gering, die sich auch in der Praxis die psychosomatische Erklärung zu eigen gemacht haben gemäß der Ansicht: Die meisten Krankheiten sind eigenständige Abläufe energetischen Geschehens im Körper; zu deutsch: Fehlgeleitete psychische Energien haben sich verselbständigt.

Sie haben inzwischen vielen Menschen das Wissen voraus, daß

es ausschließlich unsere eingespeicherten Gedankenenergien sind, die zu ihrer Verwirklichung drängen und die unser Erleben gestalten. Sind wir krank, dann haben wir negatives Gedankenmaterial gespeichert. Die Krankheit wird uns zum Warnzeichen, zur Aufgabe, die wir uns selbst gestellt haben. – Das ist im Grunde unter menschlicher Entwicklung zu verstehen, das Schicksal mit seinen Zeichen anzunehmen. – Die Krankheit zu umgehen, fehlte uns die Reife. Wer das kosmische Gesetz der Harmonie und Liebe mißachtet, schafft sich selbst das Problem, an dem er dann zu beißen hat.

Mancher stolze Mann, der sein Leben allzu stark auf seinen Verstandeskräften aufbaute, wird in der »midlife crisis« aus seinem Unterbewußtsein heraus alarmiert, endlich den Sinn des Lebens zu erfassen und wieder in die Einheit von Geist, Leib und Seele zurückzukehren, anstatt sich ständig Zerreißproben auszusetzen. An keiner Schule oder Universität im Westen werden diese Zusammenhänge gelehrt.

Gar nicht selten besteht dieser Alarm des Unterbewußtseins aus einem kräftigen Krankheitsschlag. Herzinfarkt, Nierenversagen, Magen- und Darmstreiks oder endlose Kopfschmerzen gehören zu den Zeichen, die uns der Körper setzt, um uns zur Vernunft zu bringen. Ich ersetze das Wort »Vernunft« lieber durch »höhere Einsicht«, denn was alles im Namen der »Vernunft« verbrochen wird, ist oft schlimmer als Krankheit.

Lassen Sie es nicht dazu kommen. Sie haben sich jetzt in der Hand. Sie denken positiv und haben mit Krankheit nichts zu tun. Und selbst wenn Sie Tuberkulose haben, vertrauen Sie auf die unendliche Stärke in sich, die alles richtet, und folgen sie dem südafrikanischen Geistlichen, der im gleichen Fall, wie Dr. Murphy in seinem Buch »Die Macht unseres Unterbewußtseins« schilderte, folgende Methode anwandte:

»Mehrere Male am Tag sorgte ich für völlige geistige und körperliche Entspannung«, beschrieb der Geistliche, der an Lungenkrebs litt. Wie im autogenen Training entspannte er die einzelnen Körperpartien und sagte zu sich zum Schluß: »Herz und Lunge sind entspannt, mein Kopf ist entspannt, mein ganzes Wesen und Sein ist völlig gelöst.« Nach etwa fünf Minuten fiel er dann gewöhnlich in einen schlafähnlichen Zustand, in dem er sich die Suggestion einprägte: »Die Vollkommenheit Gottes findet nun Ausdruck durch meinen Körper. Die Vorstellung völliger Gesundheit erfüllt jetzt mein Unterbewußtsein. Gott schuf mich nach einem vollkommenen Bild, und mein Unterbewußtsein schafft nun meinen Körper von neuem – in völliger Übereinstimmung mit dem vollkommenen Bild im Geiste Gottes.«

Seinem Unterbewußtsein gelang die vollkommene Vorstellung seiner Gesundheit. Er war gesund. Mögen Sie es glauben oder nicht. Mögen Sie die Kraft in sich haben, genauso zu verfahren, oder nicht. Ich bin so hundertprozentig von der Heilungsmöglichkeit durch geistige Kraft überzeugt und habe so viele Suggestivheilungen miterlebt, daß ich auch in Ärztekreisen zu dieser Ansicht stehe, die nichts anderes als die Überzeugung von der Wahrheit ist.


## Der Weg zur Selbstbefreiung

Kommen Sie durch echte Arbeit an sich selbst zu innerer Harmonie, die Sie bereits weitgehend vor körperlichen Gebrechen bewahrt. Ihre innere Stimme wird Sie aus Kenntnis der Ursachen mit Sicherheit warnen, wenn Sie sich trotzdem eine ernsthafte Krankheit zugezogen haben, die in ärztliche Behandlung gehört. Sie erleben, was Sie sich vorstellen. Sagen Sie sich: »Ich habe mich für das Glück entschieden, ich bin gesund, und ich ruhe in vollkommener Harmonie in meiner Mitte.«

Viele Krankheiten sind Flucht vor dem Alltag oder Selbstbestrafung. Die Krankenkassen haben errechnet, daß achtzig Prozent aller Arbeitsunfälle von nur zwanzig Prozent der Arbeitnehmer erlebt werden. Es grenzt an Masochismus, wie manche Menschen ihr Unvermögen, ihre persönlichen Sorgen oder ihre Antipathie gegen ihre Arbeit auf diese Weise abreagieren. Ich habe eine Bekannte, die sich meine Freundschaft durch eine negative Eigenheit verscherzt hat. Ich brauche sie nur anzurufen, um zu erfahren, daß gerade wieder die Grippe herrsche oder ein Darmvirus kursiere. Immer »herrscht« gerade irgendeine Krankheit, immer ist sie krank, am meisten aber leidet sie unter sich selbst.

Grippe und Schnupfen, diese beiden üblichsten Büro- und Beamtenkrankheiten, sind typische Zeichen zivilisatorischer Unlustgefühle, d. h., die Psyche ist in einem allgemeinen Großarbeitsklima, das sich über ganze Kontinente erstrecken kann, wieder einmal so abgeladen, daß der Körper leicht jedem Außenreiz anheimfällt. Unlust, Überdruß, Unzufriedenheit mit der Arbeit, mit dem Freund, mit der Ehefrau, einfach mit dem ganzen Alltagsrummel insgesamt, lassen Kollektivfluchtwege entstehen. Wer krank ist, muß schon einmal bedauert werden, kann vielleicht sogar im Bett bleiben oder hat die Gelegenheit, anstatt ans Fließband einmal den abwechslungsreicheren Gang zum Arzt zu machen. Ahnen wir überhaupt, welche Tricks unser Ego anwendet, um über unsere Vorstellungen insgeheim gegen die Vergewaltigung zu opponieren, die wir durch das Gesellschaftssystem erfahren?

Wer sich seiner Gesundheit widmet, spürt ganz von selbst, welche Hürden er überspringen muß und welche Umwege oft nötig sind, um seiner Sehnsucht nach Glück und Vollkommenheit näherzukommen. Auch Ihr Sohn und Ihre Tochter sind auf diesem Wege, wenn sie plötzlich morgens mit Halsweh aufwachen – weil am Vormittag vielleicht eine Mathematikarbeit fällig ist. Treiben Sie sie nicht mit Gewalt in ihr Unglück und in die Schule, aber beachten Sie den Verlust des Selbstvertrauens, den das Kind an den Tag legt und versuchen Sie, ab sofort Harmonie und Liebe zu verbreiten und in Ihrem Kind wachsen zu lassen, die die Aufnahmefähigkeit wieder steigern und die Bewältigung des Schulpensums zur Leichtigkeit werden lassen. Das ist schwerer, als es sich anhört, denn wir erkennen meistens dabei, daß wir selbst eine gehörige Wandlung nötig haben, um nicht mehr ungeduldig, streßgeplagt und beziehungslos gegenüber unseren Familienangehörigen zu sein.

## Die psychosomatischen Krankheiten

Mir wäre es viel lieber, über die psychosomatische (seelisch-körperlich zusammenhängende) Gesundheit zu schreiben, die ich mit meinem Buch auch bei Ihnen anstrebe. Doch einmal muß ich auch das Kind beim Namen nennen, dessentwillen unsere positiven Wandlungsanstrengungen so wichtig für uns alle sind: die körperlichen Leiden. Mancher, der für sein ganz persönliches Leben exakte Hilfe erwartet, wird seine Fragen in den nächsten Abschnitten wiederfinden.

Die Psychosomatik, die Lehre von den psychisch bedingten Körperkrankheiten, hat in den letzten Jahrzehnten einen ungeheuren Aufschwung genommen. So werde ich heute viel eher und besser verstanden, wenn ich erkläre, warum ein reicher Geizhals viel eher Angina pectoris zu erwarten hat als ein Landarbeiter. In dem Maße, in dem sich ein Mann einseitig einer Idee verhaftet, zieht er auch durch einseitigen Energieentzug körperliche Funktionen in Mitleidenschaft.

Viele kleine Unfälle, vom Hammerschlag auf den Daumen bis zum Ausrutschen auf winterlicher Straße können wir vermeiden, wenn wir mit unseren Gedanken nicht irgendwo, sondern im Vollgefühl unseres Seins ganz bei unserem Tun sind.

Die östliche Ansicht, Krankheit als selbstverursachten Richtungsweiser zu sehen, als Aufgabe, durch die wir hindurchgehen müssen, um im Umgang mit unseren psychischen Kräften zu reifen, findet sogar im westlichen Denken – meistens unterbewußt – eine Bestätigung. Ein befreundeter Arzt in einer Münchener Großklinik erzählte mir einmal, wie viele Menschen es gibt, die nach schweren Operationen beschließen, ein neues Leben zu beginnen. Sie haben gespürt, daß sie in einem falschen Trott gelebt haben, und die Härte ihrer körperlichen Schäden machte sie hellhörig für den Sinn des Lebens.

Für denjenigen, der auf diese Art eine schwere Lebenskrise überwunden hat, heißt es dann: durchhalten, den Entschluß nicht wieder vergessen, wenn er das Krankenhaus verlassen hat. Wenn es Sie betrifft oder einen Ihrer Angehörigen, lesen Sie immer wieder dieses Buch und machen Sie sich dicke rote Striche an die Stellen, die Sie persönlich ansprechen. Ersetzen Sie Ihre alten Vorstellungen vom Tagesablauf zu Hause durch positive Gedanken, die Ihren größten Sehnsüchten in Ihrer Lebenskrise entsprechen. Sprechen Sie mit keinem Ihrer Nächsten darüber, was Sie planen und vorhaben. Lassen Sie selbst Ihre Familienmitglieder erst über Ihr gewandeltes Wesen und Ihre gewandelten Lebensformen staunen. Selbst der nächststehende Lebenspartner sah und sieht Sie in einer Lebensschablone, die *er* oder *sie* sich vorgestellt hat. Sie leben jetzt aus eigener Kraft in ein für Sie vollkommeneres Dasein hinein, wobei Sie äußere Kritik, auch der bestgemeinte Rat, nur stören könnte. Sie allein haben in Ihrer Krisenzeit erkannt, welche Ursache Sie dort hineingeführt hat, und Sie haben die Kraft in Ihrem Wesen entdeckt, sich darüber zu erheben.

Bleiben Sie deshalb in jedem Fall der festen Überzeugung: »So verrückt kann ich jetzt vor meinen Angehörigen bei meiner *positiven* Wandlung gar nicht wirken, wie ich es damals war, als ich im umgekehrten Sinne meine Krise, meine Leidenszeit verursachte!«

## Erkennen Sie das Verrückte im Normalen

Sie werden beobachten, daß in vielen Fällen das offiziell Normale das Verrückte ist, denn alle Welt wird krank davon. In den USA ist der Ehemann der zur Fron getriebene Geldbringer. Im strenggläubigen Spanien ist die Geliebte mit bezahlter Stadtwohnung für den solventen Geschäftsmann eine stillschweigende Verpflichtung. Schläft er ständig mit seiner eigenen Frau, heißt es in der Gesellschaft: »Was muß das für ein unanständiges Weib sein!«

Bei uns stört sich kein Mensch daran, an jeder Straßenecke, bei jedem Besuch, bei jeder geschäftlichen Besprechung das Nervengift Alkohol angeboten zu bekommen. Seitdem ich keinen Alkohol mehr trinke, werde ich auf Parties ständig angesprochen: »Nanu, sind Sie krank? Die Leber, hm? – Das können Sie doch nicht machen, einfach Wasser trinken. Ja, wenn es da nur nicht noch ganz woanders fehlt!«

Was immer Sie bei Ihrer positiven Wandlung gegen die Erwartungen der Gemeinschaft tun, Sie werden es schwer haben, aber bleiben Sie hart. Ich werde Ihnen immer zur Seite stehen und gebe Ihnen die Gewißheit, die Umwelt wird sich an Ihr neues Persönlichkeitsbild gewöhnen. Sie wird sogar in erheblichem Maße davon profitieren, denn Sie verstärken von nun an die Sonnenseite des Lebens, die Kräfte der Harmonie.

Es ist keine leichte Aufgabe, sich der psychischen Ursachen seiner Leiden überhaupt erst einmal bewußt zu werden. Ein Angestellter in gehobener Position kam in meine Praxis und klagte über Depressionen, die ihm das Leben vergällten. Er war gerade nach jahrzehntelangen Beschwerden durch Magengeschwüre aus dem Krankenhaus entlassen worden, wo man ihn chirurgisch davon befreit und ein Drittel seines Magens entfernt hatte. Niemand hatte ihn je in den vergangenen Jahren nach den Hintergründen seiner Beschwerden, nach seiner seelischen Verfassung befragt. Lediglich

Rollkuren, Tabletten und Diät wurden zur Symptombehandlung verschrieben.

In fünf Minuten hatte ich heraus, welche familiären und beruflichen Schwierigkeiten den Mann über viele Jahre in die Enge trieben und mit Sicherheit in Zukunft den Rest seines Magens zerstören würden. Zwei Monate Suggestionstherapie machten ihn zu einem freien, gesunden Menschen, der es nun verstand, die positiven Kräfte in sich zur Lösung seiner Probleme zu aktivieren. Grundzug seiner Suggestionen, die er nach der Hypnosebehandlung auch zu Hause weiter benutzte, waren innere Harmonie, Liebe zu sich und der Umwelt und Ruhen im Kraftquell der eigenen Mitte.

»Wäre ich nur früher zu Ihnen gekommen«, sagte er mir später einmal auf einem Murphy-Freundestreffen. »Das Selbstvertrauen, das ich jetzt gewonnen habe, löst manche Probleme von ganz alleine auf.« Das bezog sich mit Sicherheit auch auf seine Ehefrau, denn zu Hause ging es ihm früher wie Sokrates. Seiner Xanthippe schien er jetzt den Wind aus den Segeln genommen zu haben. Mit Sicherheit wird er nicht mehr von Magengeschwüren behelligt.

Die härteste Warnung und oft tödliche Reaktion des Körpers bei ständigem Mißbrauch seiner Funktionsfähigkeit ist der Herzinfarkt. Seine Entstehung und Auswirkung ist im letzten Jahrzehnt durch alle Medien in breiter Ausführlichkeit zum Allgemeinwissen geworden. Die Infarkte haben aber nur geringfügig abgenommen. Das ist wieder ein Beweis für die Macht der Gedanken. Die Lieblingsvorstellungen in der Gesellschaft, die das Stressleben verursachen, sind als Suggestionen so fest im Unterbewußtsein verankert, daß nicht einmal das Bekanntwerden ihrer lebensgefährlichen Folgen die Menschen davon Abstand nehmen läßt. Die Statistik 1981 besagt, daß in Deutschland mehr geraucht wird als je zuvor.

Diese Worte sollten Sie in einen Alarmzustand versetzen. Nutzen Sie diesen Lichtblitz, den diese Gedanken auf Ihr eigenes Leben werfen, sofort für eine Bestandsaufnahme Ihrer Zielstrebigkeiten und Ihres täglichen Wirkens. Nehmen Sie ein Blatt Papier, machen Sie eine senkrechte Trennungslinie darauf, und notieren Sie links alle lebensnotwendigen Bestrebungen, Ziele und Arbeiten, denen Sie nachgehen, und rechts alle Tätigkeiten, die Sie Ihrem reinen Wunschstreben zuliebe unternehmen (etwa: erhöhtes Gewinnstreben zur Finanzierung eines neuen Autos, Hauses, Motorbootes, Hobbys, Parties, Konsumverhalten). Zum Schluß schätzen Sie aus der Menge der Notizen rechts und links und dem erforderlichen Einsatz Ihrer Zeit und Kraft ab, was in Ihrem Leben den größten Druck und den größten Zeitaufwand verursacht. Lehnen Sie sich zurück und denken Sie nach: »Ist das alles meine Anstrengungen wirklich wert? Werde ich den Erfolg davon in diesem Leben wirklich genießen können?«

Wenn Sie nicht völlig überzeugt sind, immer die richtige, notwendige Gangart zu haben, dann schalten Sie besser aus dem Schnellgang eine Stufe tiefer. Ihr Körper wird es Ihnen danken, denn er ist nicht für die Geschwindigkeiten gebaut, die wir heute mit der Technik erreichen können. Sie werden in diesem Fall sogar die Feststellung machen, im ruhigeren Tempo den Genuß und die Anteilnahme am Umweltgeschehen enorm zu steigern. Und der Herzinfarkt? Den können Sie dann vergessen; Ihre Herzenswarnung hat gefruchtet.

## Der Weg zur psychosomatischen Gesundheit

Zur Umkehr ist es nie zu spät. Ein Leben in Harmonie und Liebe kann wahre Wunder vollbringen und die Schattenseiten des Seins umwandeln in Freude, Harmonie, Liebe.

Viele Menschen brauchen allerdings die Leiderfahrung, um innerlich zu wachsen. Kein Hausarzt, Prediger oder Psychologe könnte sie vorher zum Umschalten bringen. Prüfen Sie sich selbst, zu welchem Typ Sie gehören:

Typ 1 geht mit dem Kopf durch die Wand, wenn es seine Vorstellung befiehlt.

Typ 2 kalkuliert in den ersichtlichen Nutzen einer guten Idee auch die Risiken ihrer Verwirklichung mit ein.

Typ 3 richtet sich ganz nach seiner Intuition. Er denkt und handelt aus seinem guten Gefühl für die Sache.

Typ 1 lernt nichts aus seinen Erfahrungen; Typ 2 machen sie vorsichtiger; Typ 3 ist der einzige, dem es gelingen kann, alle Folgen eines Fehlverhaltens zu überwinden. Ein Kreislaufkollaps oder Herzinfarkt stürzt ihn nicht in Ängstlichkeit. Es ist ein Aberglaube, den Körper nach solchen Erkrankungen nur noch im Schongang benutzen zu können. Ein Nach-Infarkt-Sanatorium im Schwarzwald beginnt mit den aus der Klinik entlassenen Patienten am ersten Tag mit einer kurzen gymnastischen Übung. Am nächsten Tag werden sie zu einem einminütigen Waldlauf aufgefordert, der täglich um eine Minute verlängert wird. Vier Wochen später absolvieren alle ehemals Herzgeschädigten – von 30 bis 78 Jahren – täglich einen halbstündigen Waldlauf. Wer sich nebenher durch positives Denken von den negativen Prägungen seines Unterbewußtseins befreit und seine Gedanken zukünftig von der Weisheit seines Lebensstromes lenken läßt, der führt nach dem Infarkt ein gesünderes Leben als vorher.

Positives Denken verlangt aber auch eine besondere Konsequenz. Die Gespräche über Krankheiten und alle Vorgänge, die einem vorher, dabei oder nachher noch zu schaffen machten, gehören in den geistigen Mülleimer. Machen Sie es wie ich mit meiner immer kranken Bekannten: rufen Sie nicht mehr an, hören Sie nicht mehr hin! Sie bekommen nur neue, negative Energie zugeführt, die in dem alten Vorstellungsmilieu verharrt und das alte Unheil nur verlängert.

Wer mir in Gesellschaft mit Krankengeschichten kommt, sieht mich im nächsten Augenblick von hinten. Positive Denker sind nicht teilnahmslos, sie bekommen nur ein taubes Ohr für Gedankenproduzenten der Schwäche und der Verneinung. Niemand kann einem aus dem Verhalten der Abkehr Mitleidlosigkeit oder Gefühlsarmut nachsagen. Würden Sie einem gesunden Partner am Abendbrottisch zumuten, ein Gift zu trinken, das Sie ihm reichen? Dann muten Sie ihm auch nicht das geistige Gift negativer Gedanken zu, das durch die Beschäftigung mit Krankheit erzeugt wird. Niemand hat das Recht, einen anderen Menschen auf sein negatives Niveau herabzuziehen. – Schützen müssen Sie sich dagegen selbst. Ich für meinen Teil entferne mich von derartigen Gesprächspartnern.


## Schutz und Geborgenheit im geistigen Gesetz

Die größte geistige Hilfe für alte Leute ist oft das Lösen von Ängsten, auch vor dem Tod, wenn sie sich zu ihrer ewigen, inneren

Wesenheit führen lassen. Tiefempfundene Harmonie und Liebe zu allem Geschehen und Leben wirken auf jeden Fall unsagbar fruchtbringender als jedes Beruhigungsmittel. Psychische Schwächen sind oftmals mit körperlichen Beschwerden verbunden.

Immer wieder erlebe ich Überraschungen in bezug auf die Vielseitigkeit suggestiver Beeinflussungsmöglichkeiten. Eine Frau kam aus Österreich und brachte ihren zwanzigjährigen Sohn mit, den ich wegen seines kleinen Wuchses zuerst für einen Zwölfjährigen hielt. Aus lauter Ängsten war der junge Mann zu nichts mehr in seinem Leben fähig. Unablässig stürzte er von einer Krankheit in die andere; anscheinend, um nicht von zu Hause weg zu müssen und sich die Zuwendung der Mutter zu erhalten. Seit sieben Jahren litt er nun auch stark an Diabetes (Zuckerkrankheit).

Die Hypnosetherapie gegen seine Angstneurosen gestaltete sich schwierig. Es war sehr schwer, ihn ruhigzustellen, doch nach etwa sechs Wochen wurde in einer Therapie-Pause zu einer klinischen Behandlung wegen einer Nierenkomplikation auf einmal ein Rückgang der Zuckerwerte von 135 auf 75 festgestellt. Die Suggestionen auf Gesundheit hatten auch die Nebennierenfunktion verbessert. *Keine* Krankheit ist vor dem massiven Einsatz positiver, geistiger Energie sicher.

Als mir Eltern einen Spastiker brachten, mußte ich allerdings die Hypnose weglassen. Spastiker sind durch ihre unkontrollierten Bewegungen nicht hypnotisierbar. Ich konnte aber die Eltern zu einem Experiment überreden, das mir plötzlich einfiel. Wir brachten den Jungen zu einer dynamischen Meditation in ein Münchner Bhagwan-Zentrum. Die Vibration, in die er dabei den Körper in der ersten Viertelstunde versetzen muß, bewirkt ein totales Abladen aller körperlichen Verspannungen. Es stellte sich heraus, daß selbst spastische Krampfbewegungen davon nicht ausgenommen sind. Der Junge schüttelte sich freier. Seine spastischen Zuckungen waren unmittelbar danach halb so stark. Dieses Experiment werde ich weiter verfolgen.

Zu einem besonderen Erfolgserlebnis – auch der Therapeut braucht diese Bestätigungen seiner Arbeit – wurde mir die darmkranke Frau Charlotte P. Seit viereinhalb Jahren litt sie an Depressionen, Schilddrüsenbeschwerden und Kopfschmerzen. Mit Beginn der Hypnosetherapie hatten meine Mitarbeiter und ich den Eindruck, einen wirklich geplagten, hilfsbedürftigen Menschen vor uns zu haben. Die Nebenschulung auf Positives Denken in einem meiner Seminare wurde ihr fast zu einer Erleuchtung.

Nach den ersten vierzehn Tagen hatte sie sich bereits aus Dr. Murphys Büchern und meinen Parxisunterlagen eine Reihe eigener Suggestionen zusammengestellt, die als Generalheilmittel gegen fast alle Krankheiten gelten konnten. Aus diesem Grund bringe ich hier einen Auszug ihrer abendlichen Hausarbeit, die als eigene Erkenntnis einer Leidenden zur Selbsthilfe besonderes Gewicht gewinnt. Sie notierte sich, als gläubige Katholikin zum Teil mit religiösem Hintergrund, folgende Suggestionen:

- Friede, Harmonie und Ausgeglichenheit herrschen den ganzen Tag über in meinem Herzen und in meinem Geist.
- Die unendliche Heilkraft meines Unterbewußtseins durchströmt mein ganzes Sein. Sie nimmt sichtbare Gestalt an als Harmonie, Gesundheit, Friede und Freude.
- Die Vollkommenheit Gottes findet Ausdruck durch meinen Körper. Die Vorstellung völliger Gesundheit erfüllt jetzt mein Unterbewußtsein.
  *Das Mittel gegen abnorme Furcht:*
- Ich suchte den Herrn, der mich erhörte und mich frei machte von allen meinen Ängsten. Mir kann nichts geschehen.

Dreißig Doppelstunden Hypnose machten aus ihr einen innerlich ruhigen Menschen, der es gelernt hatte, mit seinen Leiden umzugehen – und mit ihnen fertig zu werden. Die Kopfschmerzen waren schon während der Therapie verschwunden. Im Sommer danach hörte ich von ihr auf einer Veranstaltung, daß auch ihre Darm- und Schilddrüsenbeschwerden verschwunden seien.

## Krebs, unsere härteste Aufgabe

Fast an erster Stelle stehen in diesen Jahrzehnten die Bemühungen der Medizin, die unnahbarste Krankheit, den Krebs, unter Kontrolle zu bekommen. Immer wieder wird den Betroffenen mit einem neuen Wunderheilmittel, einer neuen Therapie Hoffnung gemacht, die sich letzten Endes als Trugschluß oder nur als Hilfe für Wenige erweisen. Alle möglichen Reizstoffe oder vererbte Anlagen versuchten die Wissenschaftler für die Krebsentstehung verantwortlich zu machen. Unzählige Details wurden zusammengetragen, die beim Krebs eine Rolle spielen. Bis heute ist es ein vergeblicher und noch erfolgloser Einsatz. Ist das hinsichtlich dieser schlimmen, scheinbar unangreifbaren Krankheit nun unserer Weisheit letzter Schluß?

Es muß einmal ganz deutlich gesagt werden: Die Medizin steht nur deshalb diesem Krankheitsphänomen so hilflos gegenüber, weil sie Patienten einseitig als körperliche Objekte betrachtet, in denen ein Mechanismus außer Kontrolle geraten ist. Diese Selbstherrlichkeit des ärztlichen Berufsstandes, sich bald wieder »Herr« auf dem Felde des menschlichen Körpers zu dünken, nimmt Außenseitern manchmal die Lebensluft, weil nach Palmström »nicht sein kann, was nicht sein darf«. Auch Dr. Issels ging es so, der seine Krebsklinik am Tegernsee auf einer neuartigen Zusammenstellung einer Ganzheitsbehandlung aufbaute und über den jahrelang Berufsverbot verhängt wurde. Er fand die Kraft, trotz der Engstirnigkeit der Medizinal-Bürokratie seine Klinik wieder zu eröffnen. 1978 bestätigte er den Besuchern eines Seminars, das ich für Dr. Murphy veranstaltete, seinen meistens unheilbaren Krebskranken schon seit vielen Jahren geistige Hilfe nach Murphy zuteil werden zu lassen.

»Wer Dr. Murphy kennt, weiß, daß wir alle falsch programmiert sind«, sagte Dr. Issels in seiner Einführungsansprache, »daß besonders der Krebskranke falsch programmiert ist, weil ihm von allen Seiten gesagt wird: du bist unheilbar, dir ist nicht mehr zu helfen. Wir wissen aus Murphys Lehre vom Positiven Denken, daß wir diese Schallplatte endlich einmal löschen müssen. Wir müssen neue Wege gehen, um auch vom Geiste her frei zu sein und einer Therapie des Geistes positiv gegenüberzustehen.

Unsere Medizin ist, muß ich sagen, sehr primitiv«, fuhr Dr. Issels fort. »Wir behandeln unsere Patienten somatisch (körperlich) und glauben, damit alles zu tun, um ihnen zu helfen. Im letzten Jahrzehnt ist gewiß die Psyche mit einbezogen worden, so daß wir jetzt teilweise psychosomatisch behandeln. Das ist schon ein Fortschritt. Und ich brauche nur denen zu sagen, die sich damit befassen, wie schwierig das manchmal ist – wie eine psychische Therapie manchmal gut anspricht und ein anderes Mal auf sehr große Schwierigkeiten stößt.

Aber wir haben alle vergessen, daß über der Psyche der Geist steht, daß da noch ein Drittes steht, das gleichfalls therapeutisch zu beeinflussen ist. Wie wir zum Geistigen stehen, wie wir zu Gott stehen, ob wir in Harmonie zu uns selbst leben oder nicht leben, ist für uns von hoher Bedeutung. Wir wissen auf der anderen Seite, daß gerade das Geistige das fordernde Prinzip der Seele und des Körpers ist, dem wir zu wenig Beachtung schenken.«

Diesem großen Arzt konnten seine Kollegen lange nicht den Weitblick verzeihen, mit dem er den Horizont der Medizin erweitern konnte. Er steht nicht allein mit seiner Überzeugung, die Lösung des Problems Krebs im Geistigen suchen zu müssen. Der Mediziner und Leiter von ZIST (Zentrum für Individual- und Sozialtherapie), Dr. Rolf Büntig, hielt in München einen Vortrag zu dem Thema »Selbstmord Krebs«. Für ihn ist bei dieser Krankheit die psychische Auslösung vorrangig. Er hat sich damit die Anschauung der östlichen Ganzheitswissenschaft zu eigen gemacht. Wer jahrzehntelang Probleme, Konflikte und negative Vorstellungen in sich hineinfließen läßt, wer sich den unendlichen Aufbaukräften seines Wesenskerns entzieht und damit seine Ganzheit der göttlichen Ordnung entrückt, der kann die Wirkung eventuell auch an jenen körperlichen Veränderungen ablesen, die in Krebs ausarten.

Alle Suche nach äußeren Anlässen ist wiederum nur somatische Forschung. Es ist der unzulängliche Versuch der Schulmedizin, für das Krebssymptom eine materielle Ursache zu finden. Wenn Dr. Manfred Köhnlechner in seinem Buch »Leben ohne Krebs« in bester Absicht Vitamin A-E-Mulsin, Vitamin C und Wobe Mucos Enzyme den Krebsvorsorgenden mit den Worten anpreist: »Für rund drei Mark (täglich) ist man damit krebsversichert«, dann verharrt er auf der traditionellen Krebsbehandlung, die wohl wenigstens schon einmal die Symptome anzugehen versucht, doch nicht die Ursache trifft.

Lassen Sie sich von meinen Bemerkungen aber nicht die Hoffnung nehmen, die Sie vielleicht in diese Selbstbehandlungsart gesetzt haben. Wie ich Ihnen gezeigt habe, ist jede positive Vorstellung hilfreich, ein Problem zu überwinden. Alles, was ich Ihnen in diesem Buch gesagt habe, ist sogar eine Verstärkung Ihrer Hoffnung, bereits einen großen Schritt über jede medikamentöse Behandlung hinaus gemacht zu haben.

Dr. Carl Simonton aus Texas beschreitet diesen psychologischen Weg in der Krebsbekämpfung ganz konsequent. In seinem »Cancer Counseling and Research Center« ging er seit Anfang der siebziger Jahre ganz auf die emotionalen Bedürfnisse seiner Patienten ein. Als einer der wenigen Fachärzte auf der ganzen Erde, die aus den modernen Arbeitsrichtungen der transpersonalen Psychologie einschließlich Meditation Folgerungen zogen für ihre Arztpraxis, fand er bei Streßuntersuchungen, daß der Streß meistens eine emotionale Depression nach sich zieht. Diese wiederum führt mit hoher Wahrscheinlichkeit zu einer körperlichen Depression. Der Ausbreitung einer Krankheit durch die Schwäche des Immunsystems ist damit Vorschub geleistet. Dr. Simonton geht nun ganz systematisch an den psychologischen Aufbau eines Krebspatienten heran; er führt ihn zu mehr Körperbewußtsein, mehr Lebensmotivation und baut sein Werterhaltungssystem neu auf. So wird er vom »hilflosen Opfer seiner Krankheit« zum glaubensstarken Mitarbeiter des Arztes.

Viele der Elemente Dr. Simontons zur Lebensstiländerung, zur höheren Bewußtwerdung und auch hinsichtlich der spirituellen Bedeutung einer Krankheit für den Patienten sind auch in diesem Buch und in meinen Seminaren enthalten. Wer die negativen Aspekte seiner streßgeplagten Lebenssituation durch positive Motivation *und* Handlung verändert, verläßt den Teufelskreis, in den er sich hineingezogen hat. Positives Denken, Entspannungs-, Suggestionstechniken und Meditation aktivieren einen Teil jener 95 Prozent unseres unbewußten Potentials, auf das wir im normalen Alltag selten bis gar nicht zurückgreifen. Hier liegen in jedem die Reserven, um sein Bewußtseinsbild wandeln zu können, auch das Bild seiner Krankheit.

## Es gibt keinen »hoffnungslosen Fall«

Der Geist ist es, der den Körper schuf, sagte Goethe. Der schwächste Körper, nicht einmal der »incurable« Krebsfall in der Klinik, ist kein hoffnungsloser Fall. Er ist es nur in dem Augenblick, in dem er sich selbst aufgibt, in dem er vor seinen negativen Energien kapituliert und sie in seinem Körper frei wirken läßt. Sein Untergang ist der Zweifel, den er an der unendlichen Stärke in sich selbst aufkommen läßt.

Denken Sie einmal kurz nach: Spüren Sie die Verantwortung, die Sie mit diesem Wissen gegenüber anderen Kranken haben? Fühlen Sie die Kraft des Trostes, den Sie offenen Ohren spenden können? Die Geschichte, die das Leben schreibt, ist eine Geschichte, deren Ende nicht feststeht. Wir können zu jeder Zeit und in jeder Situation Regie führen und den Fortgang in jeder Weise beeinflussen – der Krebs ist dabei nicht ausgenommen.

Allein in München kenne ich zwei von Medizinern aufgegebene Patientinnen, die mir zwei Jahre nach dem Todesurteil durch ihre Ärzte freudestrahlend nach einem positiven klinischem Gesundheitstest entgegentraten. Die Metastasen, gegen die ein Mediziner somatisch nichts mehr unternehmen kann, waren bei ihnen verschwunden. – Wodurch?

Die Rettung dieser beiden Frauen hatte einen sehr ähnlichen Verlauf genommen. Beide erlebten die Krebserkrankung nach einem langen Leben in Sorgen, Frustrationen und unter seelischen Belastungen. Niemand hatte sich je im Höhepunkt ihrer Krankheit um ihre seelische, geistige Verfassung gekümmert. Die Chirurgen waren die letzte Alternative – und auch sie konnten kein Ende des Leids bringen. Ein östlicher Weiser würde sagen, wer in den Ozean der Unwissenheit gefallen ist, kann nicht dadurch gerettet werden, daß man sein äußeres Gewand, den grobstofflichen, materiellen Körper, rettet.

Beide Frauen kamen in ihrer größten Leidenszeit mit dem Positiven Denken in Berührung. Es fiel ihnen im rechten Augenblick zu. Die eine las Dr. Murphys Bücher, die andere kam nach der Operation in meine Praxis zur seelischen Aufrichtung in der Hypnose. Ihre eigene Erkenntnis, in ihrem Leben nur negative Kräfte in sich aufgenommen zu haben – die ihnen recht detailliert klar wurde –, überkam beide wie eine Erleuchtung. Von diesem Augenblick an widmeten sie sich vollkommen der Harmonisierung ihres Innenlebens; im Gebet die eine mit selbstzusammengestellten Murphy-Texten, in positiver Suggestionsarbeit im gleichen Sinne bei mir die andere.

Demütig unterstellten sie sich der göttlichen Ordnung: »Dein Wille geschehe!« – Den geistigen Gesetzen der Harmonie und Liebe zu folgen, brachte ihnen die Erlösung. Sie wollten nichts mehr, sie haderten nicht mit ihrem Schicksal, sie nahmen es rückhaltlos an – und sie fanden mit diesem »Geschehenlassen« die stärkste und heiligste Kraft in ihrem Selbst, die sie Jahrzehnte vernachlässigt hatten und die sie jetzt gesund werden ließ.

Es war ein endgültiges Lossagen von ihrer Ichverkrampfung, von ihren falschen Vorstellungen. Der Leidensdruck brachte sie zu jener Bewußtseinserweiterung, die so viele esoterische Gruppen, Meditationsschulen und Yogazentren den reinen Verstandesmenschen nahelegen möchten. Jeder kann zu einem solchen begnadeten Menschen werden. Jeder kann die unendliche Weisheit seines höheren Selbst in diese irdische Realität durchscheinen lassen. »Das Himmelreich ist in euch«, sagt Jesus. Niemand wird es je außerhalb von sich selbst finden. Ein weiser Mensch ist wie eine weiße Wolke, die am Himmel dahintreibt, nicht wissend wohin, aber voller Vertrauen. Wohin auch der Wind sie weht, dort wird das Ziel sein. Wir müssen es nur zulassen, einfach geschehen lassen!

Wer bei Personen in seiner nächsten Umgebung das Leiden Krebs erfährt und keine Möglichkeit sieht, den geistigen Horizont zu öffnen, der allein Hilfe bringen könnte, braucht trotzdem nicht verzweifelt die Hände in den Schoß zu legen. In diesem Fall ist Zweifel fehlendes Vertrauen in die eigene Kraft und Auflehnung gegen den Schicksalslauf, den ein anderer zu nehmen hat.

Senden Sie dem Kranken Liebe und Kraft, sich selbst zu finden. Vereinigen Sie Ihre Kraft mit der einer gleichgesinnten Gruppe. Sie wird sich mit jedem Teilnehmer verstärken. Eine ganze Familie, die ihre gesamte Energie einem kranken Mitglied im Gebet oder der gemeinsamen Meditation zusendet, entwickelt gewaltige Kraft, die vieles ändern kann, wenn es dem Kranken bestimmt ist. Nicht Mitleid und Anteilnahme sind dem Kranken zu schicken, sondern alle zusammen müssen ihn gesund und strahlend auf sich zukommen sehen. Nur so gewinnt nach dem geistigen Gesetz der Kraftübertragung eine positive Vorstellung Verwirklichungsgewalt.

Ein Kollege berichtete mir, im vorigen Jahr einer Familie mit einem sehr rational denkenden Vater mit unheilbarem Lungenkrebs zu dieser einzig noch möglichen Übertragung der Kraft der Liebe geraten zu haben. Die Ärzte gaben ihm im Februar 1979 noch vierzehn Tage. – Er lebte nach letzter Nachricht im Winter 1981 immer noch. Die Familie berichtete von der kaum glaublichen geistigen Wandlung des Vaters, und die Ärzte sprechen von »spontanen Veränderungen«.

# Der positive Schlußstrich

Es gibt kein Leid und kein Problem, das nicht auch ein Geschenk in sich trüge. Bhagwan sagte einmal: »Du suchst Probleme, weil du Geschenke brauchst!« Probleme können dem Verursacher Einsichten schenken, sie grundsätzlich zu überwinden. Jedes Problem beinhaltet gleichzeitig auch seine Lösung. Die Zeit, die verstreichen muß zwischen der Entstehung eines Problems und seiner Lösung, dient der Reifung eines Individuums. Manchmal fällt der Tod *in* diese Zeit. Kann ein Menschenhirn sich anmaßen, nach dem »Warum« zu fragen?

Dies ist ein Handbuch für Erlöser. Wenn Sie erkennen, daß Sie Ihr eigener Erlöser sind, dann wird es Ihnen gute Dienste leisten. Gelegentlich sage ich einem Patienten, der mich und meine Therapieart besonders anhimmelte, beim Abschied: »Werden Sie, wie ich sein soll!«

»Meide den Guru, der Anbetung von dir verlangt«, sagte einmal ein indischer Weiser. Ich bin kein Idol, sondern ein Mensch, dem wie jedem anderen sein Eigenleben gestattet ist. Einem Zuhörer, der mich persönlich in Widersprüche zu meinen Erkenntnissen verwickeln wollte, sagte ich frei heraus: »Haben Sie schon einmal einen Wegweiser gesehen, der dorthin geht, wo er hinweist? Aber verlassen können Sie sich trotzdem auf ihn.« Erwartungshaltung ist Abhängigkeit von einem anderen und Zwangsjacke für das Vorbild. Nicht das ist wichtig, was wir in einen Menschen hineinlegen, sondern was wir von ihm an Erfahrung gewinnen.

Nehmen Sie also aus allem, was Sie in diesem Buch gelesen haben, das heraus, was Sie besonders anspricht. Das andere übersehen Sie vorläufig. Vielleicht nehmen Sie es ganz anders auf, wenn Sie das Buch ein zweites Mal lesen. Nehmen Sie mich auch nicht immer wörtlich. Manches kann ganz anders sein, als ich es darstelle. So viele Menschen, wie jetzt auf Erden leben, so viele Wege gibt es zu höherem Bewußtsein und vollkommenerem Leben. Machen Sie sich nicht zum Dialektiker, der einzelne Begriffe zerrupft, sondern empfinden Sie den geistigen Hintergrund, mit dem ich Ihr Bewußtsein erweitern helfen möchte. Der Erleuchtung ist es egal, wie Sie sie erlangen!

Ihren eigenen Weg können Sie nur finden, wenn Sie sich frei machen von den herkömmlichen Denkschablonen, in die uns unser

Schulwissen gedrängt hat. Ich bin für Sie nur eine Durchgangsstation für ein unendlich tieferes Wissen, dessen Er-fahrung Ihnen durch dieses Buch zufließt. Vielleicht übersteigt sein endgültiges Erfassen auch mein Fassungsvermögen noch bei weitem. Solange wir einen irdischen Körper haben, sind wir alle und immer auf dem Weg der evolutionären Entwicklung. Wer dürfte die Überheblichkeit an den Tag legen und behaupten, er hätte es schon weiter gebracht als sein Nachbar?

Ihr persönliches Lebensglück ist das einzig Erfahrbare auf dieser Welt, was Sie nicht von einem anderen Menschen erhalten können. Sie müssen es selbst bereiten, um es zu erleben. Halten Sie deshalb nicht die Hand auf, um auf die Freigebigkeit des Schicksals zu warten. Legen Sie dieses Buch nicht einfach zur Seite, sondern arbeiten Sie es erneut durch, streichen Sie alle für Sie persönlich wichtigen Stellen an, *und* bereiten Sie sie für den täglichen Gebrauch vor. Als Sie lesen lernten, haben Sie sich auch täglich damit beschäftigen müssen. Halten Sie es nun genauso, wenn Sie feste Beziehungen zu Ihrem Unterbewußtsein aufnehmen. Wenden Sie die größten Weisheiten und Erkenntnisse, die Sie hier neu gewonnen haben, auch in den kleinen Dingen Ihres Alltags an. So werden Sie in kurzer Zeit ein neuer Mensch. Sie sind wie ich Student an der Universität des Lebens.

Wenn Ihnen die Zusammenhänge von Seele, Körper und Geist wie ich sie darstellte, einleuchtend erscheinen, dann helfen Sie mit, den schulwissenschaftlichen Geist, der immer noch zu »körperlich« denkt, zu verändern. Bereiten Sie selbst durch Positives Denken und positive Suggestionspraktik den Zugang zu Ihrem Wesenskern, zu Ihrer Gesundheit.

Der Weg zur geistigen Befreiung ist lang. Das Christentum schaffte es nicht in 2000 Jahren. Je unbeirrbarer Sie sich auf Ihren Schicksalsweg begeben, desto mehr werden Sie sich dem Sinn Ihres Lebens verbunden fühlen. Manche kenne ich, die sich im Falle einer aussichtslosen Krebserkrankung nicht mehr operieren lassen würden. Sie haben die Machtlosigkeit äußerer Eingriffe hierbei erkannt und spüren die Mahnkraft der Krankheit. Dann hilft tatsächlich nur noch die absolute Unterstellung unter die geistige Führung, und der Ausgang hängt von rein immateriellen Kräften ab.

Wenn Sie darin meiner Meinung sind, gehen Sie generell nur

noch zu einem Heilpraktiker oder einem Arzt, der auch in seiner Praxis danach verfährt. Lassen Sie sich niemals mehr mit einem schnell verschriebenen Medikament nur symptomatisch behandeln. Versuchen Sie in Zukunft immer zu ergründen, ob Sie sich von dem Arzt Ihres Vertrauens auch seelisch-hintergründig behandelt wissen können. Im Zweifelsfall wenden Sie sich an den Verband Deutscher Heilpraktiker; Heilpraktiker, die hauptsächlich mit Naturheilverfahren und natürlichen Behandlungsmethoden arbeiten, gibt es zwar in Deutschland nur drei Prozent – aber zwölf Prozent der deutschen Bevölkerung gehen zu ihnen.

Sind Sie ein kritischer Geist, dann verwenden Sie diese Ihre Eigenschaft im positiven Sinn: Überprüfen Sie Ihre Umwelt auf Täuschungsmanöver. Unterliegen Sie nicht jedem Werbeangebot oder Illustriertenartikel, und glauben Sie nicht ein neues Präparat, eine Pille für das Wohlbefinden sofort selbst ausprobieren zu müssen. Unzählige dieser Präparate, besonders die rezeptfreien, bringen nur einem Gewinn: dem Produzenten.

Läßt Ihr Wohlbefinden zu wünschen übrig, dann tauchen Sie als erstes in Ihr eigenes Selbst hinab. Sie kennen jetzt die Möglichkeiten, den Ursachen seelischer und körperlicher Störungen auf die Spur zu kommen. Rechte Entspannung und suggestive Kraftsammlung verhelfen Ihnen wieder zur inneren Harmonie, und Sie werden bemerken, Harmonie und Liebe bescheren Ihnen alles, wonach Sie sich im Leben sehnen – auch Gesundheit und Erfolg – und auch die Aussöhnung mit manchem meiner Gedanken, mit dem Sie nicht ganz einverstanden waren. Bleiben Sie Mensch, wie ich. Gemeinsam wollen wir uns in Zukunft die größte Mühe geben, nicht mehr auf die Tricks unseres egoistischen Seelenanteils hereinzufallen. – Wir haben uns für das Glück entschieden!

Ich danke Ihnen, daß Sie während dieser Seiten mit mir den gleichen Weg gingen. Vielleicht berühren sich unsere Schicksale erneut; lachen Sie mich einfach an, wenn wir uns begegnen. Die Früchte unserer Arbeit lassen uns einander erkennen.

Sollten Sie zu diesem Buch bzw. zu den Seminaren noch Fragen haben, wenden Sie sich bitte an:

**Erhard F. Freitag,**
**Institut für Hypnoseforschung**
**8000 München 2**
**Postfach 20 13 22**
**Tel.: 0 89/55 52 84**

# Register

Aggression 203, 208, 215, 227
  Überwindung von – 70 ff.
Akupunktur 133 f.
Alkoholismus 225
Allopathie 132 f., 134, 149
Alpha-Wellen 155
Anandmayakos 134
Angst 196 ff., 203 ff., 215, 221, 227
Angstneurose 242
Antriebsschwäche 79 f.
Astrologie 48
Atemübung 217 (s. a. Tiefenatmung)
  – regulierung 217
autogene Ruhestellung 63
autogenes Training 65, 86 ff., 122, 210, 234
  (s. a. Entspannungstechnik)
  Übungen zum – 88 ff., 122 f.
Autosuggestion s. Suggestion
Ayurveda 133

Beruf, Versagen im – 211 f.
Beta-Wellen 154 f.
Bewußtsein 20 ff., 35, 37, 41
Bewußtseinserweiterung 24, 58, 193, 248
  – inhalte 193
  – selektive – 127
  – lenkung 20
  – wandlung 24, 86, 207 f.
Bhagwan Shree Rajneesh 132, 145, 150, 176,
  198, 200, 202, 203, 208, 249
Bioenergetik 25
  – energie 132
  – plasma 132
Brunton, Paul 201
Buddha 40
Büntig, Dr. Rolf 245

Chakralehre 168
Clayton, Donald 187
van Corvin, Otto 184
Coué, Emile 110, 115, 121

Denken, negatives – 178 ff.
Denkpause, schöpferische – 32 f., 38, 220,
  223
Depression 215, 222, 242, 246
Diabetes 174, 242

Drogenabhängigkeit 224
  – experimente 24
Dumas, Alexandre 126

Eifersucht 68 f.
Einstein, Albert 22, 23, 188
Elten, Jörg Andrees alias Swami
  Satyananda 42
Engramme 122
Entspannungstechnik 88, 153, 246
  (s. a. autogenes Training)
  – training 95
Erbsünde 227
Erwartungshaltung, unbewußte – 21
Extremsituation 202

Fallstudien 23, 27 f., 31 f., 34 f., 36 f., 46 f.,
  54 ff., 56 ff., 62 ff., 64 ff., 66 ff., 68 ff.,
  70 ff., 72 ff., 74 ff., 77 ff., 79 f., 84 f., 95, 97,
  112 f., 114 f., 145 f., 153, 156 f., 160 f.,
  162 f., 163 f., 164 f., 166, 167, 169 f.,
  170 f., 171 f., 174 f., 177 f., 179, 197, 205 f.,
  210 f., 211, 212, 213 f., 214, 215, 217, 221,
  223 f., 226, 230, 231 f., 234 f., 242 f.
Freiheit, innere – 52
Freud, Sigmund 121, 137 f., 227
Fromm, Erich 49, 54
Frustration 226, 233, 247
Fuchsberger, Joachim 179
Furchtsamkeit 211

Gandhi, Mahatma 208
Gedächtnisschwäche 137
  – störung 156
Gedankenarbeit, negative – 60
Gehirnströme 154 f.
Geisteskrankheit 148
Geller, Uri 29
Gestalttherapie 25
Gewissen 52
Goethe, Johann Wolfgang 22, 177, 246
Gruppendynamik 77

Hahnemann 133
Halluzinationen, sensorische – 138 f.
Harmonie, innere – 34, 51, 53, 54, 55, 58 f.,
  67, 116, 119, 121, 182, 186 f., 189 f., 196,
  208 f., 220, 224 f., 234, 235, 238, 239, 240

Haysche Trennkost 114f.
Hebephrenie 199
Herzinfarkt 234, 239, 240
Homöopathie 133f., 149
Horoskop 48
Hubbard, L. Ron 176
Hufeland, C. W. 82
von Humboldt, Wilhelm 151
Hypnose 73f., 75f., 77f., 125ff., 130, 134f.,
    136, 137, 138, 206, 216, 226, 247
    Anwendung der – 129f., 133, 139ff., 159,
    173, 184, 212
    Erfolge bei der – 152ff.
    Grenzen der – 148f.
    Krise bei der – 152
    Lernen bei der – 153ff.
    drei Phasen der – 136ff.
    Versuche mit Kriminellen 144ff.
    Wissen in der – 153ff.
– behandlung 77, 129f., 130, 225, 239
– sperre 148
– therapie 129f., 130, 133f., 146f., 159,
    174, 180, 205, 211, 242
    Wirkung der – 150f.

Ichverkrampfung 248
Ignoranz 39f.
Imagination, positive – 111, 180ff.
Imponiergehabe 207
Impotenz 227
Intuition 23, 29, 195, 231
Intuitivkraft 19, 20
Issels, Dr. 244f.

Jesus Christus 34, 40f., 45, 59, 182, 195, 248
Jung, C. G. 112, 160

Kant, Immanuel 199
katathymes Bilderleben 65, 75, 159ff.,
    169, 173, 207, 214
Kirchner, Josef 33
Kleptomanie 145
Köhnlechner, Dr. Manfred 245
Kolle, Oswald 150
Kommunikationsschwierigkeit 51, 60
Konzentration 54
Konzentrationsschwäche 156
Krebs 243ff.
Kreislaufkollaps 240
Krishnamurti 69
Kurzzeitgedächtnis 154

Lao-Tse 45
Lebensführung, positive – 119
Lebensverbesserung 121
Leibtherapie 25
Lethargie 192
Leuner, Hanscarl 159, 160, 162
Liebe 48f., 66ff., 70
Lilly, John C. 202
logisches Denken 29
Losanov, Prof. 131, 155

Magengeschwür 212
Magen- und Darmversagen 234
Magnetismus 133
Maharishi Mahesh Yogi 115
Manomayakos 132
Meditation 30, 54, 55, 61, 115, 134, 194,
    202, 246
    dynamische – 242
    transzendentale – 193
Merges, Stefanie 201
Mesmerismus 133
»midlife crisis« 234
Migräne 86, 212, 234, 242
Minderwertigkeitsgefühl 103f., 183
– komplex 78, 211f.
Mitleid 204, 208
Motivation des Unterbewußtseins 59
Murphy, Dr. Joseph 25, 43f., 112, 147f.,
    180, 186, 234, 243, 244, 247

Neurose 222
Nierenversagen 234
Nulldiät 115

Patanjali 132
Persönlichkeitsbildung 191
Positives Denken 25, 28, 30, 33, 35, 37, 40,
    45, 46f., 48, 49, 51, 52, 54, 59, 61, 63, 77,
    78, 79, 88, 97, 109, 112, 115, 117, 120, 123,
    151, 153, 165, 177, 179, 181, 182, 186, 187,
    195, 196, 200, 203f., 204, 207, 211, 212,
    213, 215, 216, 218, 219, 220, 221, 222, 228,
    241, 243, 244, 246, 250
Positive Suggestion s. Suggestion
Pranamayakos 132
Prüfungsangst 216
Psychokatharsis 203
– somatik 237
psychosomatische Gesundheit 240f.

– Krankheit 237 ff.
Psychosynthese 25

Quimby, Phineas Parkhurst 185

Rapport 142. 143
Reflex 85, 120, 221, 226
Regeneration 52
Regression 173, 174
Reinkarnation 225

Schilddrüsenbeschwerden 242
Schiller, Friedrich 48
Schizophrenie 199
Schlaf 52, 228 ff.
    Übungen für gesunden Schlaf 229 f.
Schreibhemmung 77 f.
Schulz, Prof. J. H. 87
Schwarzer, Alice 67
Selbstbefreiung 33
– bewußtsein 37, 50, 71, 95, 118
– hypnose 78 f. (s. a. Hypnose)
– vertrauen 64 ff., 227
– verwirklichung 33, 49, 54
Sexualität 48, 75, 78, 150, 163, 226 ff., 233
Simonton, Dr. Carl 245 f.
Sinnestäuschungen 138
Sokrates 26
Somatische Krebsforschung 245
somnambuler Zustand 137, 142
Spastiker 242
Sprechschwierigkeit 167
Stone, Irving 227
Suggestion 44, 81, 82, 82 ff., 85, 86, 87, 95, 96 f., 242
    Angst – 85
    Auto – 82, 87, 122, 125, 128
    Entspannungs- 138
    Fremd- 125 f., 148
    Gruppen- 105 f.
    Nacht- 156
    positive – 83 f., 95 f., 99 ff., 106 f., 107 f., 109 f., 118, 121, 123, 126, 128, 135, 141, 158, 207
    Übungen zur – 91 ff., 99 ff., 106 f., 107 f.
    bei Angstgefühlen 103 f.
    bei Depressionen 103 f.
    für die geistige Gesundheit 100 f.
    für Jugendliche 101
    für die körperliche Gesundheit 100 f.
    bei Minderwertigkeitsgefühlen 103 f.

    bei Nervosität 102 f.
    für Raucher 104 f.
    bei Schlaflosigkeit 102 f.
    bei Schuldgefühlen 102 f.
– der Gesellschaft 115 f.
Suggestionsformeln 26, 31, 36, 38, 47, 49, 53, 55, 57, 59, 60, 61, 63, 65, 67, 69, 71, 73, 76, 76 f., 78, 79 f., 84 f., 91 f., 95, 97, 100 ff., 113 f., 118, 119, 146, 156, 181, 184, 189, 193, 193 f., 209, 223, 231, 234 f., 243
– therapie 239

Tagesbewußtsein 195, 228
Tiefenatmung 216 (s. a. Atemübung)
– entspannung 173
– gedächtnis 153 f., 155
– wirkung 209
Trigeminus-Neuralgie 212

Überdruß 236
Überforderung im Beruf 211 f.
Übersinnliche Vorfälle 23 f.
Uhse, Beate 150
Unlust 236
Unselbständigkeit überwinden 72
Unterlegenheitsgefühle 77
Unzufriedenheit 236

Verantwortung 50 f.
– delegieren 56
Versenkung 195
Verstand 52
Vester, Frederic 60
Vigyanmayakos 133
Virchow, Rudolf 132

Wandlung, positive – 189 f.
Waschzwang 74 ff.
Wunschsetzung, willkürliche – 83 ff.
Wunschstreben 239

Yesudian 213
Yoga 30, 202, 217

Zentrum für Individual- und Soziatherapie (ZIST) 245
Zufall 18, 19
Zuwendung 70
Zweifel als Energieverschwendung 59
Zwischenentspannung 209

# Aktivieren Sie die Kräfte
# Ihres Unterbewußtseins...

## 12 Programme für Sie zur Auswahl:

**101  Konzentration** Steigerung der geistigen Aktivitäten

**102  Frei von Angst** Leichter leben durch inneren Frieden

**103  Frei von Streß** Ausgeglichenheit in jeder Situation

**104  Selbstbewußtsein** Ein neues Leben voller Selbstvertrauen

**105  Liebe und Partnerschaft** Glück und Harmonie in der Beziehung

**106  Schlank sein** Idealgewicht erreichen und halten

**107  Selbstheilung** Aktivierung der inneren Heilkräfte

**108  Ruhig schlafen** Natürlich und erholsam schlafen

**109  Wohlstand** Der Weg zu innerem und äußerem Wohlstand

**110  Erfolg** Leichter und schneller zum Erfolg

**111  Positiv denken** Erfolgreich leben durch positive Gedanken

**112  Nichtraucher** Gesünder und freier leben ohne zu rauchen

# ...mit dem positiven Selbsthilfe-Kassetten-Programm des bekannten Therapeuten Erhard F. Freitag.

**Die neuen Subliminal-Programme von E. F. Freitag mit 2-fachem Nutzen.**

### 1. Die BEWUSSTE TECHNIK

(Seite A der Kassette). Die wohlklingende Stimme von E. F. Freitag führt Sie in eine angenehme Entspannung. Sie regenerieren dabei an Geist und Körper.

### 2. Die SUBLIMINAL-TECHNIK

(Seite B der Kassette). Diese unterschwellige Programmierung hilft Ihnen, Ihr Ziel ganz nebenbei ohne Zeitaufwand zu erreichen,

indem Sie angenehme Musik hören.

**Ihre Bestellung richten Sie bitte an Ihren Fachbuchhändler oder direkt an:**

**EDITION KRAFTPUNKT**
Toni Fedrigotti
Karlsbader Straße 27a
D-8900 Augsburg
Telefon (0821) 70 50 12

Kostenfreie Information erhalten Sie ebenfalls über den Verlag EDITION KRAFTPUNKT, Tel. (0821) 70 50 12.

# Goldmann
# Taschenbücher

**Allgemeine Reihe**
**Unterhaltung und Literatur**
**Blitz · Jubelbände · Cartoon**
**Bücher zu Film und Fernsehen**
**Großschriftreihe**
**Ausgewählte Texte**
**Meisterwerke der Weltliteratur**
**Klassiker mit Erläuterungen**
**Werkausgaben**
**Goldmann Classics (in englischer Sprache)**
**Rote Krimi**
**Meisterwerke der Kriminalliteratur**
**Fantasy · Science Fiction**
**Ratgeber**
**Psychologie · Gesundheit · Ernährung · Astrologie**
**Farbige Ratgeber**
**Sachbuch**
**Politik und Gesellschaft**
**Esoterik · Kulturkritik · New Age**

Goldmann Verlag · Neumarkter Str. 18 · 8000 München 80

Bitte
senden Sie
mir das neue
Gesamtverzeichnis.

Name: _____

Straße: _____

PLZ/Ort: _____